江苏"十四五"普通高等教育本科省级规划教材

教育部"产学合作、协同育人"项目成果教材

"十三五"江苏省高等学校重点教材（教材编号：2020-2-059）

高等教育新商科人才培养系列教材

高等教育大数据管理与应用专业系列教材

商务数据分析导论

主　编　朱晓峰　程　琳　王一民
参　编　胡文婷　黄晓婷　郑　乐　盛天祺

机械工业出版社

本书针对"新商科"各专业开设"数据分析"相关课程的现实需求，分为理论部分和实训部分。理论部分主要介绍商务数据分析的基础知识、模型方法、专业工具和实践应用等，侧重通过案例导读、实验操作等培养学生解决问题的能力；实训部分强调的是运用来自企业的商务数据和分析工具，结合实际需求，开展真正的商务数据分析。

　　本书结构严密，内容新颖，叙述清晰，强调实践，可用于本科院校、高等职业院校数据科学类课程的教学，也可作为商务数据分析的培训教材及企事业单位电子商务、企业管理、市场营销、国际贸易等相关从业人员的参考用书。

　　与本书配套的所有图例（彩色）、教学PPT课件、实训原始数据、实训操作视频等资料，都可以从机械工业出版社教育服务网（www.cmpedu.com）下载，欢迎联系作者索取与本书教学配套的相关资料或进行教学交流。作者邮箱：zxf2611@sina.com；QQ：263534010。

图书在版编目（CIP）数据

商务数据分析导论/朱晓峰，程琳，王一民主编. —北京：机械工业出版社，2021.11（2025.2重印）
高等教育新商科人才培养系列教材
ISBN 978-7-111-69333-8

Ⅰ.①商… Ⅱ.①朱…②程…③王… Ⅲ.①商业统计-统计数据-统计分析-高等学校-教材 Ⅳ.①F712.3

中国版本图书馆CIP数据核字（2021）第213753号

机械工业出版社（北京市百万庄大街22号　邮政编码100037）
策划编辑：刘琴琴　责任编辑：刘琴琴　刘　静
责任校对：王　欣　封面设计：鞠　杨
责任印制：刘　媛
涿州市京南印刷厂印刷
2025年2月第1版第8次印刷
184mm×260mm·17.25印张·424千字
标准书号：ISBN 978-7-111-69333-8
定价：55.00元

电话服务　　　　　　　　　网络服务
客服电话：010-88361066　　机　工　官　网：www.cmpbook.com
　　　　　010-88379833　　机　工　官　博：weibo.com/cmp1952
　　　　　010-68326294　　金　书　网：www.golden-book.com
封底无防伪标均为盗版　　　机工教育服务网：www.cmpedu.com

前　言

本书是专门针对"新商科"各个专业的统编教材，也是数据科学领域为数不多的理论与实践相结合的入门级教材。本书专门针对非计算机类专业开设"数据分析""大数据""可视化分析"等课程的现实需求，通过详细介绍商务数据分析的基础理论和案例实训，全景展现了商务数据分析各个阶段的基本概念、基础知识、专业工具和实际应用场景。

本书分为两部分：第1部分是商务数据分析的理论部分，包括商务数据分析概述、商务数据的基本理论、商务数据采集、商务数据预处理、商务数据分析、商务数据可视化和商务数据分析报告；第2部分是商务数据分析的实训部分，包括用户画像数据分析实训、财务数据分析实训、网站流量分析实训、楼盘数据分析实训和公司销售数据分析实训。本书在第1部分中的每章以1000字左右的小案例引出本章内容，然后指出本章学习目标，最后设计专门的实验，方便学生认知和操作；第2部分中的每章都包括实训背景、实训简介、实训过程、实训总结和实训思考题五方面的内容。

本书由朱晓峰、程琳、王一民主编。朱晓峰负责编写第1章，程琳负责编写第2~6章，王一民（北京中云国创数据科技有限公司）和黄晓婷（国家税务总局肥西县税务局）共同负责编写第8、9章，胡文婷（江苏开放大学）负责编写第10、11章，郑乐负责编写第7章，盛天祺负责编写第12章。程琳和朱晓峰共同审核本书的第1~7章，王一民和朱晓峰共同审核本书的第8~12章。

本书在编写过程中，得到了"十三五"江苏省高等学校重点教材项目、南京工业大学校级教材重点项目的资助，并得到了北京中云国创数据科技有限公司和机械工业出版社的支持和帮助，在此特别感谢南京工业大学教务处姚山季处长、北京中云国创数据科技有限公司裴海钦总监在进行项目申报、收集行业案例、提供分析工具及原始数据等方面提供的指导和帮助。此外，南京工业大学经济与管理学院的许睿、杨建豪、杨壬淦等同学积极参与课题讨论和资料收集整理，在此表示衷心的感谢！

本书在内容编写上难免有不妥之处，恳请广大读者提出宝贵意见，以期不断改进。希望本书能够对数据科学类课程的教学、学习和实践提供有益的帮助。

编　者

目　　录

前言

第 1 部分　商务数据分析的理论部分

第 1 章　商务数据分析概述 ······ 2
案例导读：点球成金——商务数据分析无处不在 ······ 2
学习目标 ······ 3
1.1 商务数据分析的背景与作用 ······ 3
 1.1.1 商务数据分析的背景 ······ 3
 1.1.2 商务数据分析的作用 ······ 4
1.2 商务数据分析的概念与比较 ······ 6
 1.2.1 已有的商务数据分析定义 ······ 6
 1.2.2 商务数据分析的概念界定 ······ 7
 1.2.3 商务数据分析与相关概念的比较 ······ 7
1.3 商务数据分析的流程与步骤 ······ 9
 1.3.1 明确分析目的和思路 ······ 9
 1.3.2 数据收集 ······ 10
 1.3.3 数据处理 ······ 10
 1.3.4 数据分析 ······ 10
 1.3.5 数据展现 ······ 11
 1.3.6 撰写报告 ······ 11
1.4 商务数据分析的基本原理 ······ 12
 1.4.1 数据核心原理 ······ 12
 1.4.2 数据价值原理 ······ 12
 1.4.3 预测原理 ······ 13
 1.4.4 信息找人原理 ······ 14
1.5 商务数据分析岗位的职业发展 ······ 14
 1.5.1 商务数据分析师的职业要求 ······ 14
 1.5.2 商务数据分析师的能力要求 ······ 16
 1.5.3 商务数据分析师的发展路径 ······ 17

目　录

1.6　商务数据分析的常用指标 ·· 18
1.6.1　统计学的常用指标 ·· 18
1.6.2　电子商务领域的常用指标 ··· 20
实验一：认知商务数据分析工具——以 BBL 为例 ·· 22

第 2 章　商务数据的基本理论 ··· 27
案例导读：飓风与蛋挞——商务数据的相关性 ··· 27
学习目标 ·· 28
2.1　数据的含义与常见类型 ·· 28
2.1.1　如何理解数据 ·· 28
2.1.2　复杂程度视角下的数据类型 ··· 31
2.1.3　具体功能视角下的数据类型 ··· 33
2.1.4　其他视角下的数据类型 ··· 34
2.2　数据分布特征 ·· 37
2.2.1　数据分布的集中趋势 ·· 37
2.2.2　数据分布的离散程度 ·· 40
2.2.3　数据分布的形状 ··· 43
2.3　数据关系 ·· 44
2.3.1　相关关系 ·· 44
2.3.2　趋势关系 ·· 45
2.3.3　分布关系 ·· 45
2.3.4　离群关系 ·· 45
2.3.5　比较与排名关系 ··· 46
实验二：基于 BBL 的数据格式与计算 ·· 46

第 3 章　商务数据采集 ··· 50
案例导读：京东数据采集——标准化的数据采集方案 ··· 50
学习目标 ·· 51
3.1　商务数据采集概述 ·· 51
3.1.1　商务数据采集原则 ·· 51
3.1.2　商务数据采集对象 ·· 52
3.1.3　商务数据采集方法 ·· 53
3.1.4　商务数据采集途径 ·· 55
3.2　数据采集工具 ·· 56
3.2.1　八爪鱼采集器 ··· 56
3.2.2　火车采集器 ··· 57
3.2.3　探码 Dyson 数据采集系统 ·· 58
3.2.4　集搜客 GooSeeker ··· 59
3.2.5　前嗅 ForeSpider 数据采集系统 ·· 60
3.2.6　爬山虎采集器 ··· 60

实验三：基于 BBL 的数据导入 ·· 61

第 4 章　商务数据预处理 ·· 65
　　案例导读：电子病历——让人头疼的"脏数据" ······················· 65
　　学习目标 ··· 66
　　4.1　数据探索 ··· 66
　　　　4.1.1　数据质量探索 ·· 66
　　　　4.1.2　数据特征分析 ·· 69
　　4.2　数据清洗 ··· 72
　　　　4.2.1　数据清洗概述 ·· 72
　　　　4.2.2　数据清洗的实现 ··· 73
　　4.3　数据集成 ··· 76
　　　　4.3.1　数据集成概述 ·· 76
　　　　4.3.2　数据集成模式 ·· 77
　　　　4.3.3　数据集成的常见问题 ···································· 79
　　4.4　数据转换和数据规约 ·· 80
　　　　4.4.1　数据转换 ·· 80
　　　　4.4.2　数据规约 ·· 81
　　实验四：基于 BBL 的数据加工 ·· 82

第 5 章　商务数据分析 ·· 89
　　案例导读：奥巴马的秘密武器——捐赠页面的 A/B 测试 ··········· 89
　　学习目标 ··· 90
　　5.1　商务数据分析模型 ·· 90
　　　　5.1.1　PEST 分析模型 ·· 90
　　　　5.1.2　SWOT 分析模型 ·· 91
　　　　5.1.3　5W2H 分析模型 ·· 92
　　　　5.1.4　波特五力模型 ·· 93
　　　　5.1.5　AARRR 模型 ··· 94
　　　　5.1.6　RFM 模型 ·· 95
　　　　5.1.7　SCP 分析模型 ·· 96
　　　　5.1.8　用户行为决策分析模型 ································· 97
　　　　5.1.9　逻辑树分析模型 ··· 97
　　5.2　商务数据分析的常用方法 ·· 99
　　　　5.2.1　基本分析方法 ·· 99
　　　　5.2.2　高级分析方法 ·· 103
　　实验五：基于 BBL 的可视化多维分析 ································· 108

第 6 章　商务数据可视化 ·· 112
　　案例导读：泰尔重工——数据可视化驱动下的业务增长 ··········· 112
　　学习目标 ··· 113

6.1 商务数据可视化概述 ··· 113
　　6.1.1 商务数据可视化的含义 ·· 113
　　6.1.2 商务数据可视化的作用与价值 ··· 115
　　6.1.3 商务数据可视化的基本步骤 ·· 118
6.2 比较类商务数据的可视化 ··· 120
　　6.2.1 柱状图 ·· 120
　　6.2.2 条形图 ·· 122
　　6.2.3 气泡图 ·· 122
　　6.2.4 子弹图 ·· 124
6.3 分布类商务数据的可视化 ··· 125
　　6.3.1 地图 ··· 125
　　6.3.2 热力图 ·· 127
　　6.3.3 直方图 ·· 129
　　6.3.4 箱线图 ·· 130
6.4 占比类商务数据的可视化 ··· 131
　　6.4.1 饼图 ··· 132
　　6.4.2 南丁格尔玫瑰图 ·· 133
　　6.4.3 词云图 ·· 134
　　6.4.4 桑基图 ·· 135
6.5 关联类商务数据的可视化 ··· 136
　　6.5.1 散点图 ·· 136
　　6.5.2 维恩图 ·· 137
　　6.5.3 弦图 ··· 138
　　6.5.4 矩形树图 ··· 139
实验六：基于 BBL 的数据可视化 ·· 140

第 7 章　商务数据分析报告 ·· 143
案例导读：马萨诸塞州的大数据分析报告 ··· 143
学习目标 ·· 144
7.1 商务数据分析报告概述 ·· 144
　　7.1.1 商务数据分析报告的类型 ··· 144
　　7.1.2 商务数据分析报告的作用 ··· 145
　　7.1.3 商务数据分析报告的评价标准 ··· 146
7.2 商务数据分析报告的结构 ··· 146
　　7.2.1 思维结构 ··· 146
　　7.2.2 体例结构 ··· 148
　　7.2.3 要素结构 ··· 149
7.3 商务数据分析报告的注意事项 ··· 149
　　7.3.1 选题方面的注意事项 ··· 149

  7.3.2 写作方面的注意事项 ……………………………………………………… 150
  7.3.3 排版方面的注意事项 ……………………………………………………… 151
 7.4 商务数据分析报告模板 …………………………………………………………… 153
  7.4.1 PPT 中的报告模板 ………………………………………………………… 153
  7.4.2 Word 中的报告模板 ……………………………………………………… 153
 实验七：基于 BBL 的商务数据分析报告 ……………………………………………… 153

第 2 部分　商务数据分析的实训部分

第 8 章　用户画像数据分析实训 …………………………………………………… 162
 8.1 实训背景 …………………………………………………………………………… 162
 8.2 实训简介 …………………………………………………………………………… 162
  8.2.1 原始数据情况 ……………………………………………………………… 162
  8.2.2 实训分析过程 ……………………………………………………………… 163
 8.3 实训过程 …………………………………………………………………………… 163
  8.3.1 数据上传 …………………………………………………………………… 163
  8.3.2 数据处理 …………………………………………………………………… 164
  8.3.3 数据可视化分析 …………………………………………………………… 165
  8.3.4 数据可视化应用 …………………………………………………………… 178
 8.4 实训总结 …………………………………………………………………………… 189
 8.5 实训思考题 ………………………………………………………………………… 190

第 9 章　财务数据分析实训 ………………………………………………………… 191
 9.1 实训背景 …………………………………………………………………………… 191
 9.2 实训简介 …………………………………………………………………………… 191
  9.2.1 原始数据情况 ……………………………………………………………… 192
  9.2.2 实训分析过程 ……………………………………………………………… 192
 9.3 实训过程 …………………………………………………………………………… 192
  9.3.1 数据上传 …………………………………………………………………… 192
  9.3.2 数据处理 …………………………………………………………………… 193
  9.3.3 数据可视化分析 …………………………………………………………… 194
  9.3.4 数据可视化应用 …………………………………………………………… 203
 9.4 实训总结 …………………………………………………………………………… 212
 9.5 实训思考题 ………………………………………………………………………… 212

第 10 章　网站流量分析实训 ……………………………………………………… 213
 10.1 实训背景 ………………………………………………………………………… 213
 10.2 实训简介 ………………………………………………………………………… 214
  10.2.1 原始数据情况 …………………………………………………………… 214
  10.2.2 实训分析过程 …………………………………………………………… 214

	10.3	实训过程	215
		10.3.1 数据上传	215
		10.3.2 数据处理	215
		10.3.3 数据可视化分析	216
	10.4	实训总结	224
	10.5	实训思考题	225

第 11 章 楼盘数据分析实训 …… 226

- 11.1 实训背景 …… 226
- 11.2 实训简介 …… 226
  - 11.2.1 原始数据情况 …… 227
  - 11.2.2 实训分析过程 …… 227
- 11.3 实训过程 …… 227
  - 11.3.1 数据上传 …… 227
  - 11.3.2 数据处理 …… 228
  - 11.3.3 数据可视化分析 …… 228
  - 11.3.4 数据可视化应用 …… 237
- 11.4 实训总结 …… 241
- 11.5 实训思考题 …… 242

第 12 章 公司销售数据分析实训 …… 243

- 12.1 实训背景 …… 243
- 12.2 实训简介 …… 243
  - 12.2.1 原始数据情况 …… 243
  - 12.2.2 实训分析过程 …… 243
- 12.3 实训过程 …… 244
  - 12.3.1 数据上传 …… 244
  - 12.3.2 数据处理 …… 244
  - 12.3.3 数据可视化分析 …… 245
  - 12.3.4 数据可视化应用 …… 254
- 12.4 实训总结 …… 263
- 12.5 实训思考题 …… 264

参考文献 …… 265

第1部分

商务数据分析的理论部分

第 1 章
商务数据分析概述

案例导读：点球成金——商务数据分析无处不在

贝尼特·米勒执导的电影《点球成金》讲述了美国职业棒球大联盟（MLB）的小市场球队"奥克兰运动家"如何以最低的预算来对抗资金充沛的球队的故事。电影中，布拉德·皮特饰演的球队总经理比恩通过团队合作与数据分析来做出球队的决策。他利用统计学的方式分析数字，评估对球员的投资，聪明地分配资源，组合出最能发挥战力的团队，成功以小搏大，更带领球队连赢 20 场比赛，刷新了大联盟的连胜纪录。2012 年，该片在第 84 届奥斯卡金像奖获得最佳影片提名。

该影片改编自迈克尔·刘易斯的《魔球：逆境中致胜的智慧》（*Moneyball: The Art of Winning an Unfair Game*）。这本颠覆了美国体育管理层思路的书讲述的是精明的"奥克兰运动家"棒球队总经理比恩的经营哲学，他是逆向投资的表率，用极少的资金经营着俱乐部，并使用复杂的计算机程序分析比赛数据，使得该俱乐部的球队取得了一场又一场的胜利，甚至有能力与大名鼎鼎的纽约扬基队（New York Yankees）竞争市场。

长期以来，美国职业棒球队的教练们所依赖的惯例规则是，依据球员的"击球率"（Batting Average，AVG，其值等于安打数除以打数）来挑选心仪的球员。而比恩另辟新径，采用上垒率（On-base Percentage，OBP）来挑选球员。上垒率代表一个球员能够上垒而不出局的能力。

采用上垒率来选拔人才，并非毫无根据。通过精细的数学模型分析，比恩发现高"上垒率"与比赛的胜负存在某种关联，据此他提出了自己独到的见解，即一个球员怎样上垒并不重要，不管他是地滚球还是三跑垒，只要结果是上垒就够了。这一新发现最初面临着广泛的批评和质疑，在这一背景下，比恩通过自己的数据分析，创立了"赛伯计量学"（Sabermetrics）。根据这一理论，比恩依据"高上垒率"选取了自己所需的球员，这些球员的身价远不如其他知名球员，但他却能带领这些球员实现了 20 连胜的空前战绩。虽然"奥克兰运动家"队未能在该赛季夺冠，其当时的成就依旧被认为是一个"奇迹"。

虽然有人认为，球探对运动员定性指标（如竞争性、抗压力、意志力、勤奋程度等）的衡量，是少数结构化数据（如上垒率等）指标无法量化反映的，但是，"奥克兰运动家"队在比恩数据分析的指导下，获得了震惊业界的好成绩，这充分证明了数据量化分析和预测对棒球运动的巨大贡献。

"点球成金"的案例表明，商务数据分析可以基于历史数据，发现这些数据表面下的相关规律或者特定模式，并使其发挥作用。

第 1 章 商务数据分析概述

> **学习目标**
> - 理解商务数据分析产生的背景与作用
> - 理解和掌握商务数据分析的真正含义与价值
> - 理解和掌握商务数据分析与相关概念的关联
> - 熟悉正确的商务数据分析的流程与步骤
> - 理解商务数据分析的基本原理
> - 熟悉商务数据分析师的职业发展要求
> - 熟悉商务数据分析的常用指标

1.1 商务数据分析的背景与作用

商务数据分析是数学与计算机科学相结合的产物,学习商务数据分析,应该首先了解它的产生背景。目前正处于数据大爆发的时代,如何获取商务数据并对这些数据进行有效分析显得尤为重要。如何基于以往的运行数据,对未来的运行模式进行预测,从而提前进行准备或者加以利用、调整,对于很多企业都是一个关乎生死存亡的问题,所以除了背景,还需要了解商务数据分析的作用和影响。

1.1.1 商务数据分析的背景

商务数据分析的产生有其深刻的时代背景和历史的必然性,是 IT 发展变革以及商务应用需求驱动的必然结果。具体而言,就是数据的数量与日俱增,数据的价值日益被认可,而商业的变革需要数据分析的支撑。

1. 数据的数量与日俱增

21 世纪处于数据/信息大发展的时代,移动互联、社交网络、电子商务等极大拓展了互联网的边界和应用范围,各种数据正在迅速膨胀。互联网、移动互联网、物联网、医学影像、安全监控、金融、电信等各个领域都在疯狂产生着数据。

半个世纪以来,随着计算机技术全面融入社会生活,数据量已经积累到了一个开始引发变革的程度。全球数据总量变化图如图 1-1 所示,可以看出不仅世界充斥着比以往更多的数

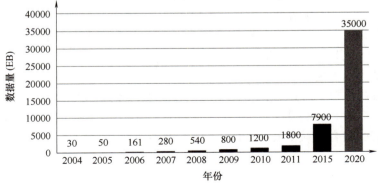

图 1-1 全球数据总量变化图

据，而且数据的增长速度也在加快。甚至可以说，最近三年新增加的数据，是过去所有数据之和。

2. 数据的价值日益被认可

数据，已经渗透到当今每一个行业和职能领域，成为重要的生产因素。社会对于海量数据的挖掘和运用，预示着新一波生产率的增长和消费者浪潮的到来。数据分析虽在物理学、生物学、环境生态学等领域以及军事、金融、通信等行业早已被应用，但却是因为近年来互联网和信息行业的发展而引起社会关注的。

布拉德·皮特主演的《点球成金》是一部获美国奥斯卡奖提名的影片，讲述的是皮特扮演的棒球队总经理打破传统思维，基于历史数据，利用数据建模定量分析不同球员特点，寻找"性价比"最高球员，合理搭配、重新组队，帮助球队取得成功的故事。

Netflix 发布的数据显示，用户每天产生 3000 多万个行为，比如暂停、回放或者快进，同时还会给出 400 万个评分，以及 300 万次搜索请求。Netflix 投资翻拍《纸牌屋》，邀请凯文·史派西作为男主角、大卫·芬奇作为制片人，选择一次性播放 13 集《纸牌屋》等决策，都是基于影迷数据分析得出的结论。

3. 商业的变革需要数据分析的支撑

随着现代信息技术的不断创新以及由此带来的巨大社会影响，整个世界的风向标由物理维度转变为数字维度，商务数据分析则是商业变革的关键所在。未来商业的发展可以通过对可流转性数据、消费者消费行为数据及个人偏好数据的分析，挖掘每一位消费者的不同兴趣和爱好，进而提供专属于消费者的个性化产品和服务。

换言之，数据视角下的世界可能会完全不同。某些时候，数据透露出来的信息确实会颠覆传统观点和认知。例如，有数据显示，教育培训、旅游和保健是现代女性的三大消费品类，其中女性在旅游和教育培训方面的消费意愿显著高于男性。从地域来看，女性教育培训消费排名靠前的城市为兰州、石家庄、杭州等地。这个调查结果可能会让人非常意外。教育培训消费较高的城市，不是人们熟悉的北上广，而是兰州、石家庄等。从年龄段来看，80 后和 70 后女性对教育培训更感兴趣，60 后女性对保健养生更感兴趣。

1.1.2 商务数据分析的作用

当今企业可以收集客户的各种数据，以互联网客户数据为例，可能包括移动应用使用情况、网络点击、社交媒体互动等，所有这些数据构成了客户独特的数据使用轨迹。如何发挥数据的作用至关重要。商务数据分析的作用包括：积极主动预测需求，缓冲风险、减少欺诈，提供相关产品，用户反馈分析。

1. 积极主动预测需求

通过商务数据分析，可以积极主动预测需求。当今企业面临着越来越大的竞争压力，它们不仅需要获取客户，还需要了解客户的需求，以便提升客户体验，并发展长久的合作关系。为此需要整合传统数据源和数字数据源来理解客户的行为，提供情境相关的实时体验。

例如，在产品消费的高频场景下，对产品进行"一物一码"的改造，在产品外包装上印制具有营销、防伪、溯源等多种功能的"二维码"，让消费者通过"扫码"与企业的公众号关联，从而实现精准对接用户的采集行为。对产品赋码，不仅可以解决精准对接用户采集的问题，还可以通过营销功能提升产品销量，而且通过不同功能的二维码，企业可以解决打假、防止窜货、追根溯源等很多刚性需求。

2. 缓冲风险、减少欺诈

通过商务数据分析，可以缓冲风险、减少欺诈。高效的数据和分析能力将确保最佳的欺诈预防水平，提升整个企业的安全性。为此需要建立有效的机制，以便企业快速检测并预测欺诈活动，同时识别和跟踪欺诈肇事者。

例如，对整个企业的数据进行集成和关联可以提供统一的跨不同业务线、产品和交易的风险评估。多类型数据分析和基础数据分析可以提供更准确的欺诈趋势分析和预测，并预测未来的潜在操作方式，确定欺诈审计和调查中的漏洞。

3. 提供相关产品

通过商务数据分析，可以提供相关产品。产品是企业生存的基石，通常也是企业投入最大的领域。产品管理团队的作用是推动创新、发现新功能。

通过对个人公布的想法和观点的第三方数据源进行有效整理，再进行相应分析，可以帮助企业在需求发生变化或开发新产品时保持竞争力，并能够加快对市场需求的预测，在需求产生之前提供相应产品。图 1-2 所示是从近万份某问卷的开放式问答题中提炼出的焦点话题，其中有苏宁电器、国美电器，也有小米手机、电动自行车等，五花八门，各种各样。

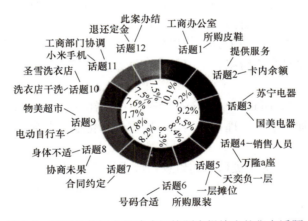

图 1-2　近万份某问卷开放式问答题中提炼出的焦点话题

4. 用户反馈分析

通过商务数据分析，可以在与用户的交互过程中实时回应，并让用户感觉受到重视。例如，可以从众多用户评论中提取出和产品属性相关并且有代表性的关键词，进行相似文本聚类，然后给出相应权重，最后匹配相应的情绪属性和情绪值。这一过程最终的结果使得运营者拥有了用户视角，知晓产品有哪些方面表现尚可，哪些方面反响较差，从而进行改进和完善。

图 1-3 所示是从用户对于 Kindle 使用后的评论中提取并聚类的关键词词云，其中文字大小代表该词的重要程度和词频，即权重。文字越大，权重越大。通过观察这个词云，会发现屏幕显示效果良好这一点用户很是认可，这是因为"自动调节""显示效果""看着舒服"

"字体清晰"等关键词显示较大,说明给出此类评价的用户居多;此外,"限量珍藏版"这个概念接受度比较高,用户也愿意为此买单,这主要体现在"限量珍藏版"这个词的词频较高。

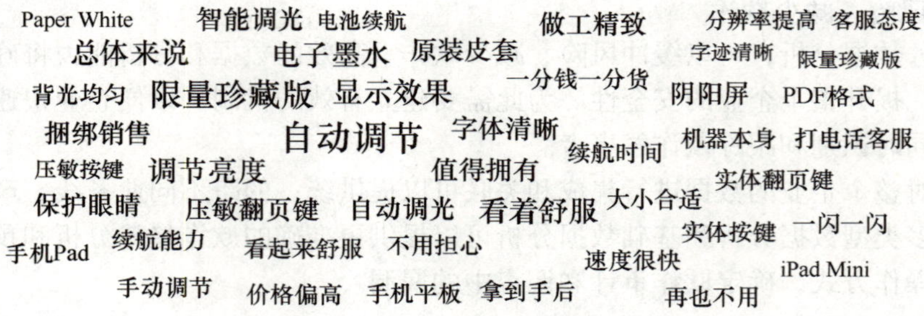

图 1-3　Kindle 用户评论的关键词词云

1.2　商务数据分析的概念与比较

1.2.1　已有的商务数据分析定义

数据分析早已有之,在统计学领域,有些人将数据分析划分为描述性统计分析、探索性数据分析以及验证性数据分析。其中,探索性数据分析侧重于在数据之中发现新的特征,而验证性数据分析则侧重于对已有假设的证实或证伪。

随着大数据时代的来临,商务数据分析日益成为一个极为活跃且重要的业务领域。关于商务数据分析的含义也是众说纷纭,不同的专家学者给出了不同的理解和看法,以下是几种具有代表性的定义。

1)商务数据分析(Business Analytics)是指用适当的统计分析方法对收集来的大量数据进行分析,将它们加以汇总、理解并消化,以求最大化地开发数据功能、发挥数据作用的过程。

2)商务数据分析,是为了提取有用信息和形成结论而对数据加以详细研究和概括总结的过程。这里的数据也称观测值,是指通过实验、测量、观察、调查等方式获取的结果,常常以数量的形式展现出来。

3)商务数据分析,是指通过对数据的深度分析、挖掘来研究企业以往的业绩,以及对行业市场潜在的商业信息的搜索等活动与过程。商务数据分析的目的是获取那些通过定性分析和简单的定量分析根本无法获得的洞察性信息,可能包括企业组织上的变更、业务流程的改善、策略性的规划、政策的制定和提高等。

4)商务数据分析,是指在电子商务领域中通过数据分析发现企业内部的不足、客户体验的不足、营销手段的不足,并了解客户内在需求的一系列步骤和活动。

5)商务数据分析,是指通过分析手段、方法和技巧对准备好的数据进行探索、分析,从中发现因果关系、内部联系和业务规律,为商业目标提供决策参考的过程。

6)商务数据分析,是指对大量数据进行整理后,利用适当的统计分析方法,把隐藏在数据背后的信息提炼出来,并加以概括总结的过程。它包括如下几个主要内容:现状分析,就是分析已经发生了什么情况;原因分析,就是分析为什么发生某一情况;预测分析,就是分析将来可能发生什么情况。

7) 商务数据分析,是指基于商业目的,有目的地收集、整理、加工和分析数据,提炼有价值信息的过程。

1.2.2 商务数据分析的概念界定

通过比较已有的各种商务数据分析的定义,不难发现有些定义过于狭窄,比如把商务数据分析仅仅局限在电子商务领域。但是,所有定义基本上都有两个共性:第一,都强调运用一定的方法(如统计分析方法);第二,都强调商务数据分析是一个过程。

因此我们认为,商务数据分析,是指用适当的统计分析方法对收集来的大量数据进行分析,提取有用的信息以及对数据加以详细研究和概括总结的过程。在实际应用中,商务数据分析可帮助管理者进行判断和决策,以便采取适当策略与行动。商务数据分析的目的是把隐藏在一大批看似杂乱无章的数据背后的信息集中和提炼出来,总结出所研究对象的内在规律。

如何理解商务数据分析的基本概念呢?从字面上来看,"商务数据分析"其实是两个词:"商务"和"数据分析"。这两个词表明了商务数据分析基本概念的两个方面:一方面,"商务"一词实质上就是对商务需求、商务目的的理解,通过理解业务问题,构建分析假设和分析框架;另一方面,"数据分析"一词是指从各种商务数据中提取有价值的信息并形成对业务有帮助的结论。没有"商务"作为指引的"数据分析",无异于盲人摸象,没有和具体的商务场景、商业问题关联的分析,也就毫无价值;没有"数据分析"的商务活动,很难做到言之有理、言之有信、言之有据。

1.2.3 商务数据分析与相关概念的比较

1. 商务数据分析与统计分析

统计分析,常指对收集到的有关数据资料进行整理归类并进行解释的过程。统计分析是统计工作中统计设计、资料收集、整理汇总、统计分析、信息反馈五个阶段最为关键的一步。统计分析的具体内容包括:第一,它对大量通过调查和整理的统计资料进行科学分析,找出发展规律;第二,发现企业管理和计划执行中的问题和薄弱环节,并找出其原因;第三,提出符合实际的解决问题的办法或建议。通过对资料的分析,最后会形成统计分析结果。统计分析结果可以通过表格、图形和文章等多种形式表现出来。

与商务数据分析不同的是,统计分析仅仅围绕数据本身,在采用方法、最终结果、反馈调整、从业岗位等方面,两者存在诸多不同(见表1-1)。

表 1-1 商务数据分析与统计分析的比较

比较指标	采用方法	最终结果	反馈调整	从业岗位
商务数据分析	统计+机器学习	讲故事+数据价值	跟踪结果并进行反馈	各行各业
统计分析	统计	表格+图形	没有反馈	政府统计、企业市场调查与统计

各行各业都有数据统计,统计分析专门负责统计各方面的数据及市场调查,不负责数据

的后期工作，或者说几乎没有对数据的分析；商务数据分析是专门从事企业、行业的商务数据的收集、整理、分析，并依据这些商务数据进行研究、评估和预测，重点在于对商务数据的分析和研究。因此，统计师可以在统计局做政府统计、在金融机构从事金融工作、在企业负责市场调查及统计分析等相关事务；而数据分析师就业范围更广，可以根据各行各业统计出来的数据进行研究、预测，从而给出相对应的建议和策略。

2. 商务数据分析与数据挖掘

数据挖掘一般是指从大量的数据中揭示出隐含的、先前未知的并有潜在价值的信息的非平凡过程。数据挖掘是一种决策支持过程，它主要基于人工智能、机器学习、模式识别、统计学、数据库、可视化技术等，高度自动化地分析企业的数据，进行归纳性的推理，从中挖掘出潜在的模式，帮助决策者调整市场策略，减少风险，做出正确的决策。

数据挖掘与商务数据分析两者紧密相连，具有循环递归的关系，商务数据分析的结果需要进一步进行数据挖掘才能指导决策，而数据挖掘进行价值评估的过程也需要调整先验约束而再次进行商务数据分析。商务数据分析与数据挖掘的比较见表1-2。

表1-2 商务数据分析与数据挖掘的比较

比较指标	数据量	约束	对象	结果
商务数据分析	可能不大	从假设出发	数字化的数据	解释所呈现的结果
数据挖掘	极大	没有假设	海量异构数据	决策性建议

1）数据量上：商务数据分析的数据量可能并不大，而数据挖掘的数据量极大。

2）约束上：商务数据分析是从一个假设出发，需要自行建立方程或模型来与假设比对的过程，而数据挖掘不需要假设，可以自动建立方程。

3）对象上：商务数据分析往往是针对数字化的数据，而数据挖掘能够采用不同类型的数据，如声音、文本等。

4）结果上：商务数据分析可以对结果进行解释，呈现有效信息，而数据挖掘的结果不容易解释，它是对信息进行价值评估，着眼于预测未来，并提出决策性建议的过程。

商务数据分析是把数据变成信息的工具，数据挖掘是把信息变成认知的工具，如果想要从数据中提取一定的认知规律，往往需要将商务数据分析和数据挖掘结合使用。

3. 商务数据分析与数据管理

数据管理是指利用计算机硬件和软件技术对数据进行有效的收集、存储、处理和应用的过程，其目的在于充分有效地发挥数据的作用，实现数据有效管理的关键是数据组织。随着计算机技术的发展，数据管理经历了人工管理、文件系统管理、数据库系统管理三个发展阶段。在数据库系统中所建立的数据结构，更充分地描述了数据间的内在联系，便于数据修改、更新与扩充，同时保证了数据的独立性、可靠性、安全性与完整性，减少了数据冗余，提高了数据共享程度及数据管理效率。

随着管理对象——数据的增加，数据管理的方式也会随之升级。传统的数据管理侧重的数据对象是流程、表单、数据项、算法等直接面向具体业务需求的数据；面向应用的数据管理所涉及的数据对象，还增加了通过标准化的手段描述流程、表单、数据项、算法等应用对象的数据，即它们对应的元数据（Metadata），以及记录各类数据变化结果的档案、记录运行状态的日志等非直接面向业务的数据,以实现对各类应用业务需求的加载、变化、记录、复用等过程的管理。

商务数据分析与数据管理的不同之处:前者输入的是数据,输出的结果是用于决策的分析报告;后者输入的是数据,输出的也是数据。

1.3 商务数据分析的流程与步骤

商务数据分析的基本流程,概括起来主要包括:明确分析目的和思路、数据收集、数据处理、数据分析、数据展现和撰写报告六个阶段,如图1-4所示。

1.3.1 明确分析目的和思路

法国学者哈伯特曾经说过:"对于一只盲目航行的船来说,所有的风都是逆风。"做任何事情都要求明确目标,商务数据分析也是一样。专业的数据分析师在进行分析之前通常都会思考:为什么要开展数据分析?通过这次数据分析需要解决什么问题?而数据分析的初学者在进行数据分析之前,更多考虑的是要用什么公式、要用什么图表、图表怎么设计才漂亮等。也就是说,商务数据分析的第一步,就是明确商务数据分析的目的和思路。例如,2009—2015年主要国民经济指标(见表1-3)能够反映哪些问题?

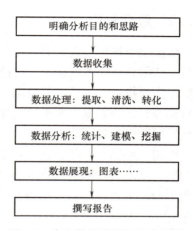

图1-4 商务数据分析的基本流程

表1-3 2009—2015年主要国民经济指标

指　　标	2015年	2014年	2013年	2012年	2011年	2010年	2009年
国民总收入/亿元	686181.5	644791.1	590422.4	539116.5	484753.2	411265.2	348498.5
国内生产总值/亿元	689052.1	643974.0	595244.4	540367.4	489300.6	413030.3	349081.4
第一产业增加值/亿元	60862.1	58343.5	55329.1	50902.3	46163.1	39362.6	34161.8
第二产业增加值/亿元	282040.3	277571.8	261956.1	244643.3	227038.8	191629.8	160171.7
第三产业增加值/亿元	346149.7	308058.6	277959.3	244821.9	216098.6	182038.0	154747.9

显然,表1-3反映了2009—2015年国民总收入、国内生产总值和三大产业增加值的统计数据。通过它可以分析很多内容,如对比不同年份国民总收入的变化,或分析不同产业增加值在不同年份总增加值中所占的比例及其变化。此时,明确数据分析的目的和思路就很重要。什么是好的分析目的和思路呢?图1-5的左侧表格和右侧表格分别反映了初学者和专业分析师的分析目的和思路。

这个动态柱形图具体怎么做的呢?	国内生产总值近几年呈现怎样的变化?
为第一产业的数据添加次要坐标轴合适吗?	所有的数据都表现为增长,这意味着什么?
是不是可以给数据系列添加数据标签?	这种图表结构是否能够有效表达观点?
这个图表的颜色是不是可以调整一下?	分析目的是否都考虑全面了?

图1-5 初学者和专业分析师的分析目的和思路对比示意图

专业的数据分析师,是根据分析目的来寻求解决方法,实现满足需要目标的结果,其整个过程不会偏离最初预想的方向;而初学者会更多地考虑外在表现形式,缺乏目标性。所以,很显然,左侧的分析目的和思路尚待完善,是初学者的分析目的和思路;而右侧的分析目的和思路相对较好,比较专业深入,是专业分析师的分析目的和思路。

1.3.2 数据收集

数据收集是按照确定的数据分析框架,收集相关数据的过程,它为商务数据分析提供了素材和依据,是商务数据分析的前提。收集获取的数据,主要包括一手数据与二手数据:一手数据主要指可直接获取的数据,如公司内部的数据库、物联网采集的数据、市场调查取得的数据等;二手数据主要指经过加工整理后得到的数据,如统计局在互联网上发布的数据、公开出版物中的数据等。

如图1-6所示,以企业用户数据来源渠道为例,分为企业内部数据来源和企业外部数据来源。企业内部数据来源包括企业自有网站/App、内部客户关系管理(CRM)/企业资源计划(ERP)系统、自有电商平台、线下零售店、客户服务中心、官方微博/微信、内部POS系统等;企业外部数据来源包括社会化媒体、第三方电商平台、搜索引擎、邮件ISP、广告DSP、第三方数据提供商、支付平台等。

图1-6 企业用户数据来源渠道

1.3.3 数据处理

数据处理的基本目的是从大量的、可能是杂乱无章的、难以理解的数据中抽取并推导出对于某些特定的人群来说有价值和有意义的数据,并将其整理成适合数据分析的形式。说得形象一点,就是让数据从不可用变为可用,从低程度可用变为高程度可用。

如果数据本身存在错误,那么即使采用最先进的数据分析方法,得到的结果也是错误的,不具备任何参考价值,甚至还会误导决策。数据处理主要包括数据清洗、数据转化、数据抽取、数据合并、数据计算等处理方法。一般的数据都需要进行一定的处理才能用于后续的数据分析工作,即使再"干净"的原始数据也需要先进行一定的处理才能使用。

1.3.4 数据分析

数据分析是指通过分析手段、方法和技巧对准备好的数据进行探索、分析,从中发现因果关系、内部联系和业务规律,并提供决策参考。

到了这个阶段,要能驾驭数据、开展数据分析,就要涉及数据分析工具和方法的使用。一是要熟悉常规数据分析方法,例如最基本的对比分析法、分组分析法等;二是要熟悉数据分析工具,Excel是最常见的工具,一般的数据分析可以通过Excel完成,此外,也应熟悉一个专业的分析软件,例如SPSS。

1.3.5 数据展现

数据展现,也就是选择合适的数据呈现方式。通过数据分析,隐藏在数据内部的关系和规律就会逐渐浮现,那么通过什么方式展现这些关系和规律,才能让别人一目了然呢?一般情况下,数据是通过表格和图形的方式来呈现的,即用图表说话。

常用的数据图表包括饼图、柱形图、条形图、折线图、散点图、雷达图等,当然可以对这些图表进一步整理加工,使之变为人们所需要的图形,例如金字塔图、矩阵图、瀑布图、漏斗图、帕累托图等。

正所谓"字不如表,表不如图"。多数情况下,人们更愿意接受图形这种数据展现方式,因为它能更加有效、直观地传递出分析师所要表达的观点。一般情况下,能用图说明问题的就不用表格,能用表格说明问题的就不用文字。

1.3.6 撰写报告

报告是对整个数据分析过程的总结与呈现。通过报告,可以把数据分析的起因、过程、结果及建议完整地呈现出来,以供决策者参考。因此,数据分析报告是通过对数据全方位的科学分析,评估企业运营质量,为决策者提供科学、严谨的决策依据,以降低企业运营风险,提高企业核心竞争力。

一份好的数据分析报告,首先需要有一个好的分析框架,并且图文并茂,层次明晰,能够让阅读者一目了然。结构清晰、主次分明的数据分析报告可以使阅读者正确理解报告内容;图文并茂的数据分析报告可以令数据更加生动活泼,提高视觉冲击力,有助于阅读者更形象、直观地看清楚问题和结论,从而产生思考。

另外,数据分析报告不仅要找出问题,更重要的是要有明确的结论、建议和解决方案,否则就不是好的分析报告,同时也失去了报告的意义。数据分析的初衷就是通过分析实现一个商业目标,不能舍本求末。如图1-7所示,关于科沃斯扫地机器人的数据分析报告,不仅

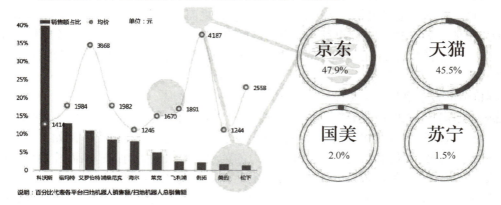

图1-7 科沃斯扫地机器人的数据分析报告示例

说明了科沃斯在某一时段占据了四成市场份额这一情况，还说明了其在不同销售渠道比如京东、天猫、苏宁的所占份额，观点明确、结论清晰。

1.4 商务数据分析的基本原理

理论是指导实践的基础，商务数据分析也同样遵循一些基本理论，包括数据核心原理、数据价值原理、预测原理和信息找人原理。

1.4.1 数据核心原理

数据核心原理是指处于当今数据飞速增长的时代中，数据分析模式发生了转变，从以"流程"为核心转变为以"数据"为核心。因为海量非结构化数据及分析需求，已经改变了IT系统的升级方式，从简单增量变为架构变化。Hadoop体系的分布式计算框架，正是以"数据"为核心的范式。

例如，IBM将使用以数据为中心的设计，目的是降低在超级计算机之间进行大量数据交换的必要性。云计算找到了破茧重生的机会，在存储和计算上都体现了以数据为核心的理念。云计算为商务数据分析提供了有力的工具和途径，商务数据分析为云计算提供了很有价值的用武之地。

科学进步越来越多地由数据来推动，海量数据给数据分析既带来了机遇，也构成了新的挑战。商务数据往往是利用众多技术和方法，综合来自多个渠道、不同时间获得的数据。为了应对商务数据分析带来的挑战，需要新的统计思路和计算方法。

用以数据为核心的思维方式思考问题、解决问题，反映了当下IT产业的变革，数据成为人工智能的基础，也成为智能化的基础，数据比流程更重要，人工智能、云计算机可以从数据库中搜索出消费者的特点、偏好，从而推荐给消费者需要的信息。

1.4.2 数据价值原理

数据价值原理是指商务数据分析不是强调具体的功能，而是强调数据产生价值。数据价值原理说明数据价值在扩大，数据驱动成为可能。究其原因，在于数据作为原始素材被加工处理后，变为有逻辑的数据，也就是信息。Who（对象）、What（内容）、Where（位置）和When（时间）等信息被组织化，从信息变为了知识，进而知道了How（方式）和Why（原因），最后形成智慧，这一过程也就是应用知识预测未来。简单而言，数据被解释后是信息，信息常识化是知识，应用知识预测未来从而形成智慧。所以说数据解释、数据分析能产生价值。

数据价值的金字塔如图1-8所示。

数据价值原理，表明商务数据分析能发现每一个客户的消费倾向，即他们想要什么、喜欢什么，每个人的需求有哪些区别，哪些又可以被集合到一起来进行分类。例如，通过数据分析，餐厅可以随时了解客户喜欢的包厢、忌口的菜肴、上次到店时间，从而提供个性化的服务与关怀，提高客户的被重视度、忠诚度。借助客户的生日、结婚纪念日等，企业可以提前通过各种方式（打电话、拜访、发送电子邮件等）对客户表达关心，随着客户数据的积累，将能带来更多销售机会。

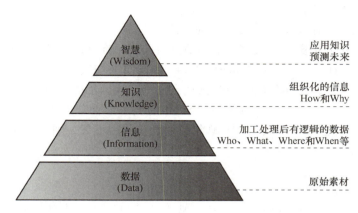

图 1-8　数据价值的金字塔

数据价值原理说明，应该用数据价值思维方式思考问题、解决问题。例如，美国有一家创新企业 Decide.com，它可以帮助客户进行购买决策，告诉他们什么时候买什么产品，什么时候买最便宜，预测产品的价格趋势，这家公司背后的驱动力就是数据分析。它在全球各大网站上搜集数以十亿计的数据，然后帮助客户省钱，为采购找到最好的时间，降低交易成本，为终端的用户带去更多价值。在这类模式下，尽管一些零售商的利润会进一步受到挤压，但从商业本质来讲，可以让购物变得更理性，这是依靠数据分析出现的一项全新产业。这家为数以十万计的客户省钱的公司，后来被 eBay 以高价收购。

再如，一款"智能学习系统"可以针对素质教育的相关知识点，自动生成专属于每个学生的个性化提升报告，让学生在长期的"定制化"训练中，逐渐将错题知识点还原到整个学科的知识脉络中，纵观全局，举一反三，获得知识和素养的双重提升，成长为一个拥有跨学科思考能力的综合型人才。

1.4.3　预测原理

预测原理是指商务数据分析使得很多事情，从不能预测转变为可以预测。也就是把相关分析方法、基础模型、数学算法运用到商务数据中，预测事情发生的可能性。

例如，微软数据团队在 2014 年巴西世界杯赛前设计了世界杯预测模型，该预测模型正确预测了世界杯最后几轮每场比赛的结果，包括预测德国队将最终获胜。预测如此成功，是因为微软在世界杯进行过程中获取了大量数据，到淘汰赛阶段，数据如滚雪球般增加，微软掌握了有关球员和球队的足够信息，不断校准模型从而从容预测后续的比赛。

世界杯预测模型与设计其他事件的模型相同，诀窍就是在预测中去除主观性，让数据说话。预测性数学模型几乎不算新事物，但它们正变得越来越准确。在这个时代，数据分析能力终于开始赶上数据收集能力，分析师不仅有比以往更多的数据用于构建模型，也拥有了在很短时间内通过计算机分析海量数据的技术。

再如，数据分析曾被用于预测葡萄酒的品质。很多品酒师品酒的时候葡萄酒还没有真正做成，他们品的是发烂的葡萄。因此在这个时间点就预测当年葡萄酒的品质是比较冒险的，而且人的心理因素会影响他们所做的预测。这使得地位越高的品酒师在做预测时会越保守，因为他一旦预测错了，要损失的名誉代价非常巨大。

经济学家奥利·阿什菲尔特是资深的葡萄酒爱好者，他通过研究1952—1980年波尔多地区的气象资料，对照拍卖行的波尔多葡萄酒价格曲线，推导出一条葡萄酒品质公式：葡萄酒品质＝12.145＋0.00117×冬季降水量＋0.0614×生长期平均气温－0.00386×采收期降水量。理论上，把任何产区、任何年份的气象数据代入这个公式，都能推算出该产区该年份的葡萄酒品质。通过这个公式，阿什菲尔特曾在1989年的波尔多葡萄酒刚转入橡木桶不久，就推算出1989年的品质超过1961年；在1990年的葡萄采收后不久，阿什菲尔特又算出1990年的波尔多葡萄酒品质超过1989年。

1.4.4 信息找人原理

信息找人原理是指通过商务数据分析，从人找信息转变为信息找人。过去，是通过搜索引擎查询信息；现在，是通过推荐引擎，合适的信息以合适的方式直接传递给合适的人。

谷歌有一个机器翻译的团队，起初翻译之后的文字根本看不懂，但现在60%的内容都能读得懂。谷歌机器翻译团队里有一个笑话：团队每离开一个语言学家，翻译质量就会提高。这个笑话说明：打破常规让数据说话，得到真理的速度反而更快。

商务数据分析的一个核心目标是要从体量巨大、结构繁多的数据中挖掘出隐蔽在其背后的规律，从而使数据发挥最大的价值。从人找信息到信息找人，是交互时代的一个转变，也是智能时代的要求。因此，信息找人原理，从本质上是要求商务数据分析以人为本，由计算机代替人去挖掘信息、获取知识，从各种各样的结构化、半结构化和非结构化数据中快速获取有价值的信息，提供所需要的信息。

1.5 商务数据分析岗位的职业发展

1.5.1 商务数据分析师的职业要求

商务数据分析师指的是在不同行业中，专门从事行业数据收集、整理、分析，并依据数据做出行业研究、评估和预测的专业人员。商务数据分析师首先需要有正确的思维、对数据敏感，这是最基本的要求；其次，需要懂业务、懂管理，这是"商务"方面的要求；最后，需要懂分析、懂工具、懂设计，这是"数据分析"方面的要求。如图1-9所示。

1. 基本要求

若想从事商务数据分析工作，首先，商务数据分析师需要具备正确的思维，包括基本的数学思维、基础的统计思维和基本的逻辑思维。因为数据本身没有价值，只有借助这些思维，了解各项数据中的联系，才可能将数据转化为有价值的、有用的信息。其次，商务数据分析师需要对数据敏感，真正理解数据，把业务人员说的只言片语，抽象为明确的数据需求；清楚如何从基础数据中抽取出隐含的规律。

2. "商务"要求

具备了正确的思维和对数据敏感只是从事商务数据分析的最基本要求，除此之外，还需要懂业务、懂管理。

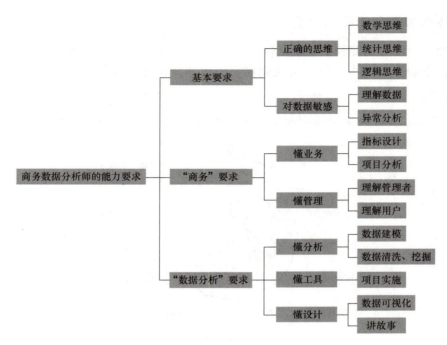

图 1-9　商务数据分析师的能力要求

1）懂业务，是指熟悉行业知识、公司具体业务及流程。若脱离行业基本认知和公司具体业务的实际背景，即使进行数据分析，价值也不大。

2）懂管理，是指能够将数据分析与管理理论进行紧密结合。一方面，这是搭建数据分析框架的要求，比如确定分析思路就需要用到营销、管理等理论知识，如果不熟悉管理理论，就很难搭建数据分析的框架，后续的数据分析也很难进行。另一方面，"懂管理"的作用是针对数据分析结论提出有指导意义的分析建议。

3. "数据分析"要求

合格的商务数据分析师，还需要懂分析、懂工具和懂设计，这样才能够获取所需数据并对这些数据进行有效分析。

1）懂分析，是指掌握数据分析基本原理与一些有效的数据分析方法，并能将其灵活运用到实践工作中，以便有效地开展数据分析。基本的分析方法有对比分析法、分组分析法、交叉分析法、结构分析法、漏斗图分析法、综合评价分析法、因素分析法、矩阵关联分析法等。高级的分析方法有相关分析法、回归分析法、聚类分析法、判别分析法、主成分分析法、因子分析法、对应分析法、时间序列等。

2）懂工具，是指掌握数据分析相关的常用工具。数据分析方法是理论，而数据分析工具就是实现数据分析方法理论的工具，面对越来越庞大的数据，必须依靠强大的数据分析工具完成数据分析工作。

3）懂设计，是指运用图表有效表达数据分析师的分析观点，使分析结果一目了然。图表的设计对于商务数据分析，尤其是最终的分析报告而言非常重要。诸如图形的选择、版式的设计、颜色的搭配等，都要求商务数据分析师需要掌握一定的设计原则。

1.5.2　商务数据分析师的能力要求

商务数据分析师需要的技能主要包括数学能力、分析工具应用能力、编程语言能力、业务能力、逻辑思维能力、数据可视化能力、沟通协调能力和持续学习能力,如图 1-10 所示。

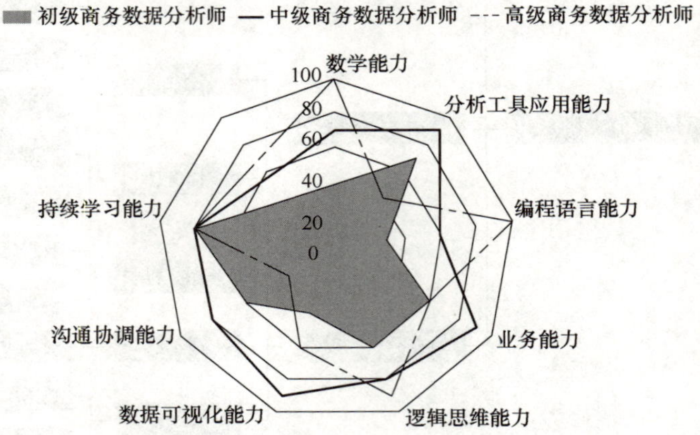

图 1-10　商务数据分析师的能力要求

1. 数学能力

数学能力是指在高等数学、线性代数、统计学等方面具备的能力,这些也是决定商务数据分析师未来发展高度的基石。对于初学者,学习描述统计相关的内容和公式即可,再进一步就需要掌握统计算法,甚至是机器学习算法。对于与算法相关的工作,则需要深入学习高等数学。

2. 分析工具应用能力和编程语言能力

商务数据分析需要专业的分析工具,Excel 是运用最广,也是最容易入门的数据分析工具之一,其中的函数、数据透视表和公式必须熟练掌握。另外,商务数据分析师需要学会一个专业的统计分析工具(如 SPSS)。随着数据量的飞速增长,编程语言的学习将会使数据处理变得更加高效。对于编程语言的学习,首先要学习结构化查询语言(Structured Query Language,SQL),掌握基本的增、删、改、查等操作;其次,可以考虑学习 Python 或 R 语言。

3. 业务能力

业务能力是指商务数据分析师要对业务了如指掌,脱离业务的纯数据分析是没有任何意义的,没有行业背景的技术就如同空中楼阁。在熟悉业务后,再去获取需要的数据,通过数据分析,制订相应的方案。

4. 逻辑思维能力

逻辑思维能力是指正确、合理思考的能力,即对事物进行观察、比较、分析、综合、抽象、概括、判断、推理的能力,以及采用科学的逻辑方法,准确而有条理地表达自己思维过程的能力。

5. 数据可视化能力

数据可视化是商务数据分析师经常用到的一项工作技能,也就是说,分析师在处理数据时，应当尽可能以高效、准确的方式将图表呈现给他人。可视化不是单纯的数据展示，它的真正价值是设计出可以被读者轻松理解的数据展示方式。可视化过程中的每一个选择，最终都应落地于用户的体验，而非分析师个人。

6. 沟通协调能力

数据分析工作会涉及很多和业务部门、技术部门的沟通，做出报告后也需要进行展示，并说服他人接受自己的分析结果。因此，数据分析工作对商务数据分析师的沟通协调能力也有一定的要求。

7. 持续学习能力

无论从事商务数据分析的哪个方向，都需要有持续学习的能力，学业务逻辑、学行业知识、学技术工具、学分析框架……商务数据分析领域涉及海量知识，需要从业者保持学习的心态和状态。

1.5.3 商务数据分析师的发展路径

商务数据分析师的发展路径通常有两种：一种是往技术端发展，对算法做深入的研究，然后去做数据挖掘；另一种是往业务端发展。前者往往都是原先对技术比较熟悉，但与单纯做数据挖掘的人相比，更熟悉业务的人员。懂一些业务，技术能力又突出，常见的职位名称是"数据挖掘工程师""数据算法工程师""数据开发工程师""数据研发工程师""机器学习工程师"甚至"数据科学家"。后者往往都是对业务有比较深刻的理解，逐渐成为"数据产品经理""数据运营经理"，甚至成为某个项目的总监、总经理，如图 1-11 所示。

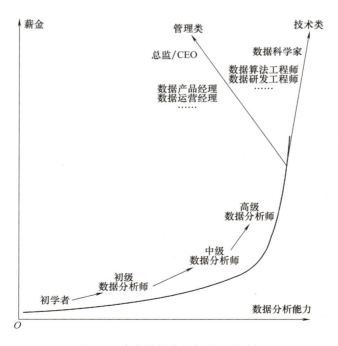

图 1-11 商务数据分析师的发展路径

1.6 商务数据分析的常用指标

1.6.1 统计学的常用指标

除了表现数据分布特征的众数、中位数、方差等指标之外（详见第 2 章 2.2 节），还有一些是在商务数据分析中必须了解和掌握的基本常用指标。

1. 总体与样本/参数和统计量

总体，是指包含所研究的全部个体（数据）的集合，通常由所研究的个体组成。样本，是指从总体中抽取的一部分元素的集合，构成样本的元素的数目称为样本量。抽取样本的目的是根据样本提供的信息推断总体的特征。

参数，是用来描述总体特征的概括性数字度量，是研究者想要了解的总体的某种特征值。统计量，是用来描述样本特征的概括性数字度量，是根据样本数据计算出的一个量，因此统计量是样本的一个函数。

通常是根据抽样计算样本统计量，再根据样本统计量去估计总体参数。比如，用样本平均数去估计总体平均数等，如图 1-12 所示。

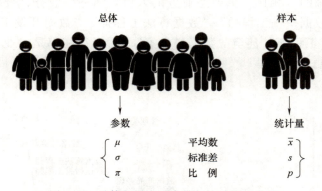

图 1-12 总体与样本、参数与统计量的关系

2. 绝对数和相对数

绝对数是反映客观现象总体在一定时间、一定地点下的总规模、总水平的综合性指标，也是数据分析中常用的指标。比如年 GDP、总人口等都是绝对数。

相对数是指通过计算两个有联系的指标而得出的数值，它是反映客观现象之间的数量联系紧密程度的综合指标。相对数一般以倍数、百分数等表示，计算公式为

$$相对数 = 比较值(比数)/基础值(基数)$$

3. 百分比和百分点

百分比是相对数中的一种，它表示一个数是另一个数的百分之几，也被称为百分率或百分数。百分比的分母是 100，也就是用 1% 作为度量单位，因此便于比较。

百分点是指不同时期以百分数的形式表示的相对指标的变动幅度，1% 等于 1 个百分点。

4. 频数和频率

频数是指一个数据在整体中出现的次数。

频率是指某一事件发生的次数与总的事件数之比。频率通常用比例或百分数表示。

5. 比例与比率

比例是指在总体中各数据占总体的比重，通常反映总体的构成和比例，即部分与整体之间的关系。

比率是样本（或总体）中各不同类别数据之间的比值，由于比率不是部分与整体之间的对比关系，因此比率可能大于1。

6. 倍数和番数

倍数是指用一个数据除以另一个数据获得的结果，倍数通常用来表示上升、增长幅度，一般不表示减少幅度。

番数是指原来数量的2的n次方倍。

7. 同比和环比

同比指的是与历史同时期的数据相比较而获得的比值，反映事物发展的相对性。

环比指的是与上一个统计时期的值进行对比获得的值，主要反映事物的逐期发展情况。

8. 变量

变量来源于数学，是计算机语言中能存储计算结果或能表示值的抽象概念。变量可以通过变量名访问。

9. 连续变量和离散变量

在统计学中，变量按变量值是否连续可分为连续变量与离散变量两种。

在一定区间内可以任意取值的变量叫作连续变量，其数值是连续不断的，相邻两个数值可无限分割，即可取无限个数值。比如年龄、体重等变量均为连续变量。

离散变量的各变量值之间都是以整数断开的，如人数、工厂数、机器台数等，都只能按整数计算。离散变量的数值只能用计数的方法取得。

10. 定性变量

定性变量又名分类变量，是指观测的个体只能归属于几种互不相容类别中的一种。一般用非数字来表示定性变量的类别。定性变量可理解成可以分类别的变量，如学历、性别、婚姻状况等。

11. 缺失值

缺失值指的是现有数据集中的某个或某些属性的值是不完全的。

12. 特征值

特征值是线性代数中的一个重要概念，在数学、物理学、化学、计算机等领域有着广泛的应用。设 A 是向量空间的一个线性变换，如果空间中某一非零向量通过 A 变换后所得到的向量和 X 仅差一个常数因子，即 $AX=kX$，则称 k 为 A 的特征值，X 称为 A 的属于特征值 k 的特征向量或特征矢量。

13. 异常值

异常值是指一组测定值中与平均值的偏差超过两倍标准差的测定值，其中，与平均值的偏差超过3倍标准差的测定值称为高度异常的异常值。

14. 皮尔逊相关系数

皮尔逊相关系数是最早由统计学家卡尔·皮尔逊（Karl Pearson）设计的统计指标，是研究变量之间线性相关程度的量，一般用字母 r 表示。由于研究对象的不同，相关系数有多种定义方式，较为常用的是皮尔逊相关系数。

1.6.2 电子商务领域的常用指标

1. 页面浏览量

页面浏览量（Page View，PV），是指某段时间内访问某一网站或某一页面的用户的总数量，通常用来衡量一篇文章或一次活动带来的流量效果，也是评价网站日常流量数据的重要指标。PV 可重复累计，以用户访问网站次数作为统计依据，用户每刷新一次即重新计算一次。

2. 独立访客数

独立访客数（Unique Visitor，UV），是指来到网站或页面的用户总数，该指标中的用户是独立的，同一用户不同时段访问网站只算作一个独立访客，不会重复累计，通常以 PC 端的 Cookie 数量作为统计依据。

3. 访问

访问（Visit）指用户通过外部链接来到网站时，从用户来到网站到用户在浏览器中关闭页面的过程。访问可重复累计，比如用户打开一个网站又关闭，再重新打开，这就算作两次访问。

4. 主页

主页（Home Page）是指一个网站起主目录功能的页面，也是网站起点。主页通常是网站首页。

5. 着陆页

着陆页（Landing Page）是指用户从外部链接来到网站后直接跳转到的第一个页面。例如，某用户发了一个介绍畅销款 T 恤的淘宝链接给好友，对方点开后直接跳转到介绍 T 恤的页面，而不是淘宝网众多其他页面，此时，介绍 T 恤的页面就是着陆页。

6. 跳出率

跳出率（Bounce Rate）是指用户"跳出"网站的比率。用户通过链接来到网站后，如果在当前页面没有任何交互就离开网站，就算作此页面增加了一个"跳出"。跳出率一般是针对网站的某个页面而言的。

$$跳出率 = 在某个页面跳出的用户数 / PV$$

7. 退出率

退出率一般也是针对某个页面而言的。用户访问某网站的某个页面之后，从浏览器中将与此网站相关的所有页面全部关闭，就算此页面增加了一个"退出"。

$$退出率 = 在某个页面退出的用户数 / PV$$

8. 顾客的生命周期价值

顾客的生命周期价值是指顾客一生中为某个公司产生的预期折算利润。

9. 平均停留时长

平均停留时长（Avr. time）是指某个页面被用户访问后，用户在该页面停留时长的平均值，通常用来衡量一个页面内容的质量。

$$平均停留时长 = 访客数量 / 用户总停留时长$$

10. 点击率

点击率（Click-Through Rate，CTR）也被称为"点击通过率"，是指某个广告（Banner）的 URL 被点击的次数和被浏览的总次数的比值。它一般是用来考核广告投放的引流效果的一项重要指标。

$$点击率 = 点击数（Click）/用户浏览次数$$

11. 转化率

转化率（Conversion Rate）就是指用户进行了相应目标行动的次数（成交人数）与总访问次数的比率。需要说明的是，转化率是一个广义的概念。以网站用户为例，定义中所指的"相应目标行动"可以是登录、注册、订阅、下载、购买等一系列用户行为。例如，某网站每 100 次访问中有 10 个用户登录网站，那么此网站的登录转化率就为 10%，而登录用户中有 2 个用户订阅，则订阅转化率为 20%，有 1 个用户下订单购买，则购买转化率为 50%，而网站转化率为 1%。

12. "漏斗"

"漏斗"通常是指产生目标转化前可能发生用户流失的明确流程，比如在网店购物，从点击商品链接到查看详情页，再到查看顾客评价、领取商家优惠券，再到填写地址、付款，每个环节都有可能流失用户，这就要求商家必须做好每一个转化环节，"漏斗"是评价转化环节优劣的指标。

13. 投资回报率

投资回报率（Return on Investment，ROI）反映投入和产出的关系，用来衡量某个投资是否值得，能带来多少有价值的东西（非单指利润），这一指标是站在投资的角度从长远方向上看的，其计算公式为

$$投资回报率（ROI）= 年利润或年均利润/投资总额 \times 100\%$$

ROI 通常用于评估企业某项活动的价值，该指标数值高表示该项目价值高。

14. 重复购买率

重复购买率是指消费者在网站中的重复购买次数。

15. 流失分析

流失分析（Churn Analysis/Attrition Analysis）用于描述哪些顾客可能停止使用企业的产品或业务，以及识别哪些顾客的流失会带来最大损失。流失分析的结果用于为可能要流失的顾客准备新的优惠。

16. 购物篮分析

购物篮分析通常用于识别在交易中经常同时出现的商品组合或服务组合，比如经常被一起购买的产品。此类分析的结果用于推荐附加商品，为陈列商品的决策提供依据等。

17. 社交网络分析

社交网络分析（Social Network Analysis，SNA）用于描绘并测量人与人、组与组、机构与机构、计算机与计算机、URL 与 URL 以及其他种类间相连的信息或知识实体之间的关系与流动。这些实体是网络中的节点，它们之间的连线表示关系或流动。社交网络分析为分析人际关系提供了一种方法，它既是数学的分析又是视觉的分析。

18. 生存分析

生存分析（Survival Analysis）是指估测一名顾客继续使用某业务的时间，或在后续时段

流失的可能性。生存分析能让企业判断所要预测时段的顾客留存，并引入合适的忠诚度政策。

实验一：认知商务数据分析工具——以 BBL 为例

一、实验目的
1）熟悉商务数据分析工具（如 BBL）的操作界面。
2）能够运用商务数据分析工具完成最基本的操作。
3）初步了解商务数据分析工具的特点。

二、实验准备
1）寻找并确定一种商务数据分析工具，下载并正确安装。
2）通过帮助文件、网络教程等多种途径，熟悉商务数据分析工具的基本界面。

三、实验内容——以 BBL 为例

1. 了解 BBL

BBL（蓝鹰商业数据分析实验室）是一个数据可视化服务（Data Visualization as a Service，DVAAS）平台解决方案，它面向业务人员、数据工程师、数据分析师、数据科学家，致力于提供一站式数据可视化解决方案。既可作为公有云/私有云独立部署使用，也可作为可视化插件集成到第三方系统。用户只需在可视化界面上简单配置即可获得多种数据可视化应用服务。该工具支持高级交互、行业分析、模式探索、社交智能等可视化功能。

BBL 围绕"数据视图"与"可视化组件"两个核心概念设计

☆ 数据视图是数据的结构化形态，一切逻辑、权限、服务等相关概念都是从数据视图展开。

☆ 可视化组件是数据的可视化形态，一切展示、交互、引导等都是从可视化组件展开。

☆ 作为数据的两种不同形态，两者相辅相成，让用户拥有一致的体验和认识。

BBL 强化集成定制能力和社交智能能力

☆ 集成定制能力是指无缝集成到第三方系统，并提供强大的定制化能力，使平台和第三方系统融为一体。

☆ 社交智能能力是指共享优秀的数据可视化思想，激发用户对数据可视化的表达能力和艺术美感的追求，同时也使平台更加智能地引导和提高用户的数据可视化能力。

☆ 在数据可视化领域里，平台重视基础的交互能力和多种多样的图表选择能力，同时更加重视集成定制能力和社交智能能力。

BBL 的模块架构如图 1-13 所示。

2. 熟悉 BBL 的基本界面

访问 http://bbl.zygcdata.com:9001/#/login，输入账号及密码后登录，进入 BBL 首页，如图 1-14 所示。

BBL 首页的界面由"我创建的项目""我参与的项目""浏览历史""搜索框"等组成。

利用 BBL 进行商务数据分析以项目为基础，用户可以根据不同的分析主题创建不同的项目，同时可以对项目进行编辑、删除等操作。

"我创建的项目"是用户自己创建的项目，单击项目图标，进入该项目的操作界面，通

第 1 章　商务数据分析概述

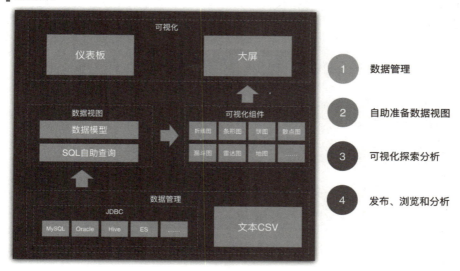

图 1-13　BBL 的模块架构

图 1-14　BBL 首页

过左侧的导航栏如图 1-15 所示,即可完成数据导入、数据处理、可视化分析、可视化应用（包括仪表盘和数据大屏）和定时任务等操作。

"我参与的项目"是用户作为组织成员,可以浏览、编辑处理的项目,根据自身在组织中的角色与权限,单击项目图标,进入该项目的操作界面,完成项目浏览、项目分享、项目下载,甚至项目的数据导入、数据处理、可视化分析、可视化应用（包括仪表盘和数据大屏）和定时任务等操作。

"浏览历史"显示用户最近浏览、编辑的项目名称。

"搜索框"输入搜索关键词，即可查询用户创建和参与的项目。

图 1-15 所示的 BBL 的导航栏，包括"数据源""数据视图""可视化分析""可视化应用"和"定时任务"。

图 1-15　导航栏

"数据源"专门用于添加数据源和导入数据源，如图 1-16 所示。

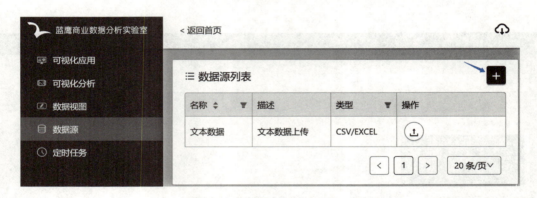

图 1-16　"数据源"操作页面

"数据视图"用于对添加的数据源进行再加工，如图 1-17 所示。

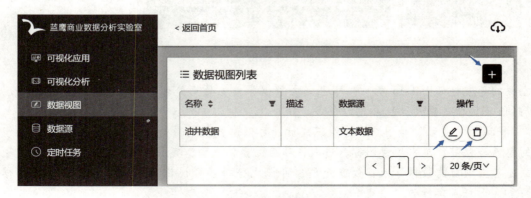

图 1-17　"数据视图"操作页面

"可视化分析"用于对导入数据进行可视化分析,如图1-18所示。

图1-18 "可视化分析"操作页面

"可视化应用"通过"仪表盘"和"数据大屏",集中了可视化分析的所有图表,同时可对图表进行编辑与修饰,如图1-19所示。

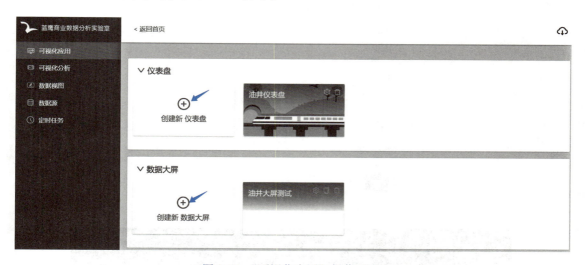

图1-19 "可视化应用"操作页面

"定时任务"用于设定完成仪表盘、数据大屏等工作的规定时间,如图1-20所示。

3. 新建项目

第一步,在BBL的首页,单击"创建新项目"按钮,会弹出"创建项目"的对话框,如图1-21所示。

在该对话框中,选择项目所属"组织",输入项目的"名称"、相关"描述",确定项目的"可见"范围(公开或者授权),单击"保存"按钮,即完成了项目的创建。

4. 项目管理

在BBL的首页,单击项目图标右上角或者左下角的按钮,即可完成项目的管理,包括移交、编辑、删除与点赞,如图1-22所示。

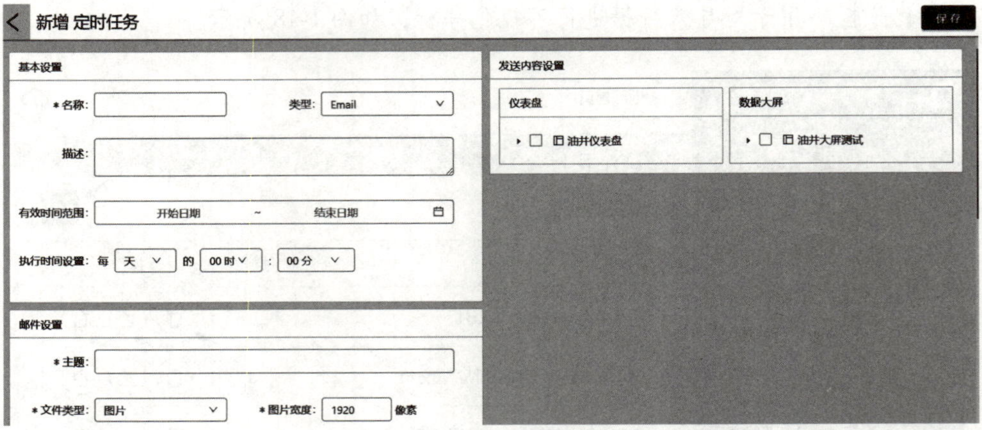

图 1-20 "定时任务"操作页面

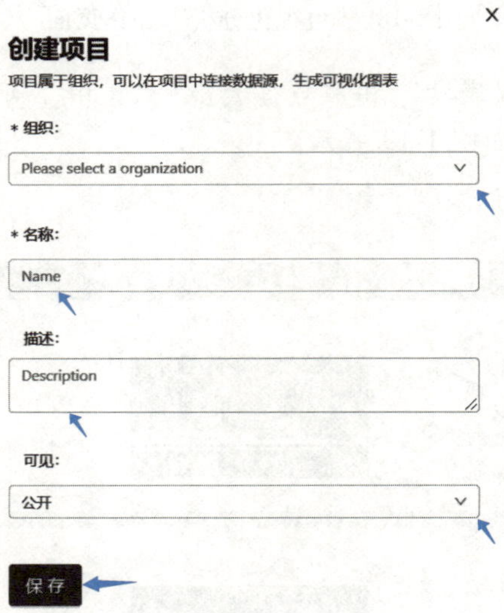

图 1-21 "创建项目"对话框

图 1-22 项目管理示例

第 2 章
商务数据的基本理论

案例导读：飓风与蛋挞——商务数据的相关性

在网络带来海量数据之前，沃尔玛在美国企业中拥有的数据资源大概是最多的。2004年，沃尔玛对过去交易形成的庞大的数据库进行了观察，这个数据库记录的数据不仅包括每一个顾客的购物清单以及消费额，还包括购物篮中的物品、具体购买时间，甚至购买时的天气。沃尔玛注意到，每当在季节性飓风来临之前，不仅手电筒的销售量会增加，而且 POP-Tarts 蛋挞（美式含糖早餐零食）的销量也增加了。因此，当季节性飓风来临时，沃尔玛会把库存的蛋挞放在靠近飓风用品的位置，以便行色匆匆的顾客选购，从而增加销量。

人们更为耳熟能详的是沃尔玛的另一个经典案例"尿布和啤酒"。沃尔玛将其会员卡系统中的数据与销售网点系统中的数据相结合，前者向沃尔玛提供了其客户的基本信息等统计数据，后者则告诉沃尔玛这些客户在何处、何时何地购买产品。数据合并后，数据间也出现了许多相关性，其中一些是显而易见的，例如购买杜松子酒的人也可能会购买补品，他们还经常购买柠檬。但是，有一种相关性因其非常出乎意料而脱颖而出：跟一次性尿布一起购买最多的商品竟是啤酒！这是数据挖掘技术对历史数据进行分析的结果，反映的是数据的内在规律。那么这个结果符合现实情况吗？是否是一个有用的信息？是否有商业价值？

为了验证这一结果，沃尔玛派出市场调查人员和分析师对其进行调查分析。经过大量实际调查和分析，他们揭示了一个隐藏在"尿布和啤酒"背后的美国消费者的一种行为模式：在美国，到超市去购买婴儿一次性尿布是一些年轻的父亲下班后的日常工作，而他们中有30%~40%的人同时也会为自己买一些啤酒。产生这一现象的原因是：美国的年轻母亲们常叮嘱她们的丈夫不要忘了下班后为小孩买一次性尿布，而丈夫们在买一次性尿布后又随手带回了他们喜欢的啤酒。另一种情况是丈夫们在买啤酒时突然记起他们的责任，又去买了一次性尿布。既然一次性尿布与啤酒一起被购买的机会很多，沃尔玛就在所有的门店里将一次性尿布与啤酒并排摆放在一起，结果是得到了一次性尿布与啤酒销售量的双双增长。

无论是"飓风与蛋挞"，还是"尿布和啤酒"，都表明商务数据本身存在相关性，通过搜集所有的相关数据，可以发现"未知的问题"。Xoom 是一个专门从事跨境汇款业务的美国公司，它会分析一笔交易的所有相关数据。2011 年，Xoom 注意到用"发现卡"从新泽西州汇款的交易量比正常情况多一些，于是启动系统报警。虽然单独来看，每笔汇款交易都是合法的，但是事实证明这是一个犯罪集团在试图诈骗。Xoom 的首席执行官约翰·库恩泽

（John Kunze）解释说："这个系统关注的是不应该出现的情况。"

上述案例充分表明，看起来毫不相关的两种情况同时或相继出现的现象比比皆是，通过商务数据的相关性分析，有可能发现常规思维无法发现的规律。

> **学习目标**
> - 理解商务数据的含义与常用术语
> - 理解和掌握商务数据在各种视角下的复杂类型
> - 理解和掌握商务数据的分布特征
> - 熟悉商务数据之间的相关关系等各种关系

2.1 数据的含义与常见类型

2.1.1 如何理解数据

1. 何谓数据

数据（Data）是指对客观事件进行记录并可以鉴别的符号，是对客观事物的性质、状态以及相互关系等进行记载的物理符号或这些物理符号的组合，它是可识别的定性或定量的符号。人们在日常生活中会接触到大量的数据，如银行的账簿数据、学校的教学管理数据、企业的生产管理数据和产品销售数据等。

数据可以是数字、文字、图像、符号等，它直接来自于事实，可以通过原始的观察或度量来获得。也就是说，数据不仅指狭义上的数字，还可以是具有一定意义的文字、字母、数字符号的组合或图形、图像、视频、音频等，它也是客观事物的属性、数量、位置及其相互关系的抽象表示。例如，"0、1、2…""阴、雨、下降、气温""学生的档案记录、货物的运输情况"等都是数据。

在计算机科学中，数据是指所有能输入到计算机并被计算机程序处理的符号介质的总称，包括具有一定意义的数字、字母、符号和模拟量等。计算机存储和处理的对象十分广泛，表示这些对象的数据也随之变得越来越复杂。

所谓原始数据是一个相对的概念，数据处理可能包含多个阶段，由一个阶段加工的数据可能是另一个阶段的原始数据。此外，数据可以是定量的，也可以是定性的，比如客户满意度调查中用户反馈的意见就是定性数据。尽管数据的存在形式可以多种多样，比如电子表格等，但数据仅仅代表本身，并不包含任何潜在的意义。例如，服务台每个月收集到5000个故障单，这些故障单仅仅表示数据的存在，本身没有意义，并不能代表任何东西。只有当人们有目的地处理和使用它们时，才有意义。

2. 数据与信息、知识、智慧的联系[①②]

数据是指那些未经加工过的事实或是着重对一种特定现象的描述，是对客观事物记录下

---

① 王珊，萨师煊. 数据库系统概论［M］. 5版. 北京：高等教育出版社，2014.
② 周屹，李艳娟. 数据库原理及开发应用［M］. 2版. 北京：清华大学出版社，2013.

来的并可以鉴别的符号。

信息是经过加工后的数据,它对接收者的行为能产生影响,它对接收者的决策具有价值。也就是说,通过某种方式组织和处理数据,分析数据间的关系,数据就有了意义,这就形成了信息。这些信息可以回答一些简单的问题,譬如:"谁?什么?哪里?什么时候?"所以信息也可以看成是被理解了的数据。

信息与数据既有联系,又有区别。数据是信息的表现形式和载体,它可以是符号、文字、数字、语音、图像、视频等。而信息是数据的内涵,信息是加载于数据之上,对数据所做的具有含义的解释。数据和信息是不可分离的,信息依赖数据来表达,数据则生动具体地表达出信息。数据是符号,是物理性的;信息是对数据进行加工处理之后所得到的并对决策产生影响的数据,是逻辑性和观念性的。数据是信息的表现形式,信息是对数据有意义的表示。数据是信息的表达、载体,信息是数据的内涵,它们是形与质的关系。数据本身没有意义,它只有对实体行为产生影响时才成为信息。

另外,由于只有经过加工处理的数据,才能成为对管理决策有用的信息,所以,数据和信息之间的区别是相对的,低层决策所用的信息又可以成为加工处理高一层决策所需信息的数据。如图 2-1 所示,"环境 1"中加工处理后用于决策的"信息 1",同时又是"环境 2"中即将被加工处理的"数据 2"。

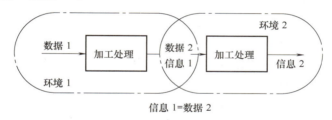

图 2-1　数据和信息区别示意图

知识是以某种方式把一个或多个信息关联在一起的信息结构,是对客观世界规律性的总结。如果说数据是一个事实的集合,从中可以得出关于事实的结论。那么知识就是信息的集合,它使信息变得有用。知识是对信息的应用,是一个对信息判断和确认的过程,这个过程结合了经验、上下文、诠释和反省。知识可以回答"如何?"的问题,可以帮助建模和仿真。对于知识,需要的不仅仅是简单的积累,还需要理解。理解是认知和分析的过程,是指根据已经掌握的信息和知识创造新的知识。

数据、信息和知识的关系如图 2-2 所示,信息的表现形式是数据;信息是经过加工以后,对客观世界产生影响的数据;知识就是信息,但并非所有的信息都是知识。

智慧是一种向外推导的、非确定性的过程。智慧是哲学探索的本质,是判断是非、对错和好坏的过程,它所思考的是还没有答案的问题。与前几个阶段不同,智慧关注的是未来,是试图理解过去未曾理解的东西,过去未做过的事,并且智慧是人类所特有的,是唯一不能用工具实现的属性。智慧可以简单地归纳为做正确判断和决定的能力,包括对知识的最佳使用,数据、信息、知识、智慧的关系如图 2-3 所示。

通过图 2-3,可以很好地理解数据、信息、知识和智慧之间的关系,以及数据是如何一步步转化为信息、知识乃至智慧的。简单而言,随着数据向信息、知识和智慧的发展,理解(Understanding)的深度在不断增加,与此同时,需要考虑的上下文(Context)范围也在扩大。

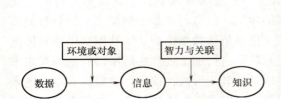
图 2-2 数据、信息和知识的关系示意图

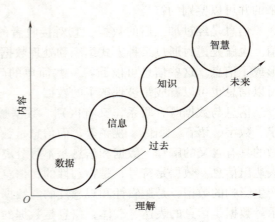
图 2-3 数据、信息、知识、智慧的关系示意图

例如,售后服务中心每个月收集到 5000 个保修申请单,这些保修申请单仅仅表示每个月有 5000 个保修申请,本身没有意义,并不能代表任何东西。通过对保修申请单的分析处理,可以发现哪些用户在使用售后服务,他们遇到的是故障维修还是服务请求,哪些客户遇到了故障,这些故障具体是什么等问题。进一步分析可能会发现,35% 的保修申请是简单的问题咨询,15% 的保修申请是网络故障,10% 的保修申请是 ERP 系统故障等。此时,数据变为了信息。基于上述数据和信息,可以知道哪些用户使用售后服务,同时综合过去的经验、上下文信息(如客户使用这些售后服务的原因,服务级别中对故障响应的约定等),就可以确定故障对业务的影响、故障的优先级以及如何来处理故障等。此时,信息就变成了知识。进而,根据故障对业务的影响,制定已有售后服务的改进措施,如制订一个售后服务培训计划或者制订一个 ERP 服务改进计划等。此时,基于知识的智慧就产生了。

3. 数据、数据对象、数据元素、数据项

数据(Data)是所有能输入到计算机中去的描述客观事物的符号;数据对象(Data Object)是指相同特性数据元素的集合,是数据的一个子集;数据元素(Data Element)是指数据的基本单位,也称结点(Node)或记录(Record);数据项(Data Item)是指有独立含义的数据最小单位,也称域(Field)。它们的关系如图 2-4 所示。

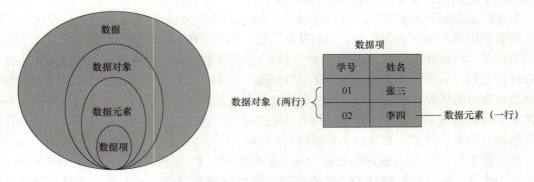
图 2-4 数据、数据对象、数据元素、数据项的关系示意图

2.1.2 复杂程度视角下的数据类型

根据数据的复杂程度,数据可以分为结构化数据、半结构化数据和非结构化数据。三者的对比见表 2-1。

表 2-1 结构化数据、半结构化数据和非结构化数据的对比

数据类型	数 据 内 容	举 例
结构化数据	包括预定义的数据类型、格式和结构的数据	事务性数据和联机分析处理
半结构化数据	具有可识别的模式并可以被解析的文本数据文件	自描述和具有定义模式的 XML 数据文件
非结构化数据	没有固定结构的数据,通常将其保存为不同类型的文档	TXT 文档、PDF 文档、图像和视频

1. 结构化数据

结构化数据,是高度组织和整齐格式化的数据,是能够用数据或统一的结构加以表示的信息,如数字、符号。在项目中,保存和管理这些数据的一般为关系数据库,当使用结构化查询语言时,计算机程序很容易搜索这些数据。典型的结构化数据包括信用卡号码、日期、财务金额、电话号码、地址、产品名称等。

结构化数据的一般特点是:数据以行为单位,一行数据表示一个实体的信息,每一行数据的属性是相同的。所以,结构化数据也称为行数据,它是由二维表结构来表达逻辑和实现的数据,严格地遵循数据格式与长度规范,主要通过关系型数据库进行存储和管理。结构化数据示例见表 2-2。

表 2-2 结构化数据示例

学号	姓名	课程	成绩
1998075032	张三	高等数学	99
1998075033	李四	大学语文	84
1998075034	王五	数理统计	87

2. 半结构化数据

半结构化数据,某种意义上是结构化数据的一种形式,但它并不符合关系型数据库或其他数据表的形式关联起来的数据模型结构,只是包含相关标记,用来分隔语义元素以及对记录和字段进行分层。因此,它也被称为自描述的结构。属于同一类实体的半结构化数据可以有不同的属性,即使它们被组合在一起,这些属性的顺序并不重要。综上,半结构化数据就是介于完全结构化数据和完全无结构的数据之间的数据,XML、HTML 文档就属于半结构化数据,如图 2-5 所示。它一般是自描述的,数据的结构(如"Title")和具体内容(如"The Joshua Tree")混在一起,没有明显的区分。

3. 非结构化数据

非结构化数据顾名思义,就是没有固定结构的数据,它们没有固定的标准格式,无法直接解析出相应的值。网页、文本文档、多媒体(声音、图像与视频等)等,都属于非结构

化数据。这类数据不容易收集和管理，甚至无法直接查询和分析，所以对这类数据需要使用一些不同的处理方式。对于这类数据，一般直接整体进行存储，而且一般存储为二进制的数据格式。非结构化数据库是指字段长度可变，并且每个字段的记录又可以由可重复或不可重复子字段构成的数据库。

```
<?xml version="2.0"?>
<Order>
<product xmlns="http://market">
<Title>The Joshua Tree</Title>
```

图 2-5　半结构化数据示例

典型的人为生成的非结构化数据包括以下方面：

1）文本文件：文字、电子表格、演示文稿、日志等。
2）电子邮件：电子邮件由于其元数据而具有一些内部结构，有时将其称为半结构化数据。但是，消息字段是非结构化的，传统的分析工具无法解析它。
3）社交媒体数据：来自微博、微信、QQ、Facebook、Twitter、Linkedin 等平台的数据。
4）网站数据：来自 YouTube、Instagram 及照片共享网站的数据。
5）移动数据：短信、位置等数据。
6）通信数据：聊天、即时消息、电话录音等数据。
7）媒体数据：数码照片、音频文件、视频文件等数据。
8）业务应用程序数据：MS Office 文档、生产力应用程序。

典型的机器生成的非结构化数据包括以下方面：

1）卫星图像数据：天气数据、地形、军事活动数据。
2）科学数据：石油和天然气勘探数据、空间勘探数据、地震图像、大气数据。
3）数字监控数据：监控照片和视频。
4）传感器数据：交通、天气、海洋传感器数据。

非结构化数据与结构化数据相比，除了存储在关系数据库或存储在非关系数据库的区别之外，最大的区别在于分析结构化数据与非结构化数据的便利性。针对结构化数据存在成熟的分析工具，但用于挖掘非结构化数据的分析工具正处于萌芽和发展阶段，并且非结构化数据要比结构化数据多得多。如图 2-6 所示，非结构化数据占企业数据的 80% 以上，并且以每年 55%～65% 的速度增长。如果没有工具来分析这些海量的非结构化数据，企业数据的巨大价值都将无法发挥。

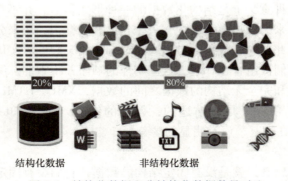

图 2-6　结构化数据和非结构化数据数量对比

随着存储成本的下降以及新兴技术的发展，行业对非结构化数据的重视程度得到提高。物联网、工业4.0、视频直播的兴起产生了更多的非结构化数据，而人工智能、机器学习、语义分析、图像识别等技术方向也需要大量的非结构化数据来进行应用。

2.1.3 具体功能视角下的数据类型

按照功能的不同，数据可以分为定类数据、定序数据、定距数据和定比数据。

1. 定类数据

定类数据，是指对事物的某种属性和类别进行具体描述的数据。例如，对人口按性别划分为男性和女性两类，数据化后分别用0和1表示；对企业按行业类别分为农林牧渔业、采矿业、教育类、制造业、建筑业、金融业等，并分别用1、2、3、4、5、6等表示。这种数码只是代号而无顺序和多少大小之分，不能区分大小和进行任何数学运算。

定类数据形成各种类型，它们的排序是无关紧要的，哪一类在前、哪一类在后对所研究的问题并无实质性影响。而且，它们能够进行的唯一运算是计数，即计算每一个类型的频数和频率（即比重）。

2. 定序数据

定序数据，也被称为序列数据，是指对事物所具有的属性顺序进行描述的数据。定序数据不仅具有定类数据的特点，将所有的数据按照互斥和穷尽的原则加以分类，而且还使各类型之间有某种意义的等级差异，从而形成一种确定的排序。这种序列测定在社会经济管理工作中应用很广泛。例如，对企业按经营管理的水平和取得的效益划分一级企业、二级企业等；对企业员工按所受教育程度划分为大学毕业、中学毕业、小学毕业等。这种排序是确定的，对所研究的问题有特定的意义。但是，它并不能具体测定各等级之间的间距大小，比如不能计算一级企业和二级企业之间有实质意义的量的差距。类似地，也不能计算服务质量比预想的"好"与"差不多"之间的差距。

3. 定距数据

定距数据，也被称为间距数据，是比定序数据的描述功能更好一些的数据。它不仅能将事物区分为不同类型并进行排序，而且可以测定其间距大小，标明其强弱程度。温度是典型的定距数据，如10℃、20℃等。它不仅有明确的高低之分，而且可以计算差距，如20℃比10℃高10℃，比5℃高15℃等。定距测定的量，可以进行加或减的运算，但却不能进行乘或除的运算，原因在于定距数据的数值之间虽有确定的间距，但是没有自然确定的原点，即它的零点是人为指定的，所以不能得出"倍"的结论。

4. 定比数据

定比数据，也被称为比率数据，是比定距数据更高一级的数据。它不仅可以进行加减运算，而且还可以进行乘除运算。定比数据与定距数据的显著区别是它有一个自然确定的、非任意的零点，即在数值序列中，零值是有实质意义的。例如，人的年龄、体重都没有负值，以零为绝对界限，一个人的年龄不能比零岁更年轻，体重也不能比零更轻。因此，既可以说甲某60岁，比乙某30岁年长30岁，也可以说甲某的年龄是乙某的2倍。绝大多数的经济变量都可以进行定比测定，如产量、产值、固定资产投资额、居民货币收入和支出、银行存款余额等。

数据的四个不同层次表明对不同研究对象定量分析的条件和形式是不同的，必须根据具体对象和问题加以区别。例如，对企业职工可以计算他们的平均工资和平均收入，但却不能计算他们的平均道德水平和平均宗教信仰。掌握数据的不同层次对于分析数据和选择分析方法十分必要。

必须指出，数据的四个层次高低之分只是就客观事物量化程度和运算功能来说的，而不是指数据研究本身的高低之分。如果从客观对象量化分析的难易程度来看，定比数据和定距数据是对定量数据的测量，比较直接和容易，而定类数据和定序数据是对属性的测量，量化过程就困难得多，特别是对多维复杂现象和过程的测量就更加困难。例如，对科技创新和文化活动的测量，比对商品销售活动的测量要困难。对经常困扰分析者的各种原因，如引发通货膨胀和国民经济周期性波动的测量，显然比对产品产量和产值的测量要困难得多；对诸如生活质量、社会公平与进步、综合国力等社会和政治问题的定量分析，无疑比经济问题又要困难得多。

在实际问题中，定距数据使用的机会较少，而且在许多场合可以采用与定比数据同样的处理方法，通常可把两者合并在一起。

2.1.4 其他视角下的数据类型

1. 异构数据

异构数据，是指涉及同一类型但在处理方法上存在各种差异的数据，在内容上不仅可以指不同数据库系统之间的数据是异构的，而且可以指不同结构的数据之间的异构，包括系统异构、数据模型异构、逻辑异构。

（1）异构数据的类型

1）系统异构，指的是硬件平台、操作系统、并发控制、访问方式和通信能力等的不同。其中，硬件平台的不同，即数据可以分别存在于大型机、小型机、工作站、PC 或嵌入式系统中；操作系统的不同，即数据的操作系统可以是 Windows、各种版本的 UNIX 等；开发语言的不同，比如 C、C++、Java 等；网络平台的不同，比如 Ethernet、ATM、TCP/IP 等。

2）数据模型异构，指的是数据库管理系统（Database Management System，DBMS）本身的不同，比如数据交换系统可以采用同为关系数据库系统的 Oracle、SQL Server 等作为数据模型，也可采用不同类型的数据库系统——关系、层次、网络、面向对象或者函数型数据库系统。

3）逻辑异构，指的是命名异构、值异构、语义异构和模式异构等。例如，同样是用户姓名，可以命名为 name，也可以命名为 XM。

（2）异构数据的交换

为了实现异构数据交换，可以使用软件工具、利用中间数据库、设置传送变量和开发数据库组件等。

1）使用软件工具进行转换。一般情况下，数据库管理系统都提供可以将外部文件中的数据转移到本身数据库表中的数据转移工具。这些数据转移工具可以以灵活的方式进行数据转换，而且由于它们是数据库本身所附带的工具，执行速度快并且不需要开放式数据库互连（Open Database Connectivity，ODBC）的支持，在机器没有安装 ODBC 的情况下也可以方便使用。如图 2-7 所示，DataX 是一个在异构的数据库/文件系统之间高速交换数据的工具，实现了在任意的数据处理系统（日志、MySQL、Oracle、HDFS 等）之间的数据交换。

使用软件工具进行转换的缺点是它们不是独立的软件产品，必须首先运行该数据产品的前端程序才能运行相应的数据转换工具，通常需要几步才能完成并且多用手工方式进行转换。

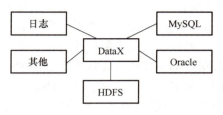

图 2-7　基于 DataX 的异构数据交换

2）利用中间数据库进行转换。在实现两个具体数据库之间的转换时，依据关系定义、字段定义，从源数据库中读取数据通过中间数据库写入目的数据库。

3）设置传送变量进行转换。借助数据库应用开发程序工具与数据库连接的强大功能，通过设置源数据库与目的数据库两个不同的传送变量，同时连接两个数据库，实现异构数据库之间的直接转换，转换速度和质量大大提高。

4）通过开发数据库组件进行转换。利用 Java 等数据库应用程序开发技术，通过源数据库与目的数据库组件来存取数据信息，实现异构数据库的直接转换。必须保证源数据库和目的数据库对应的数据类型相同，双方才能进行赋值。

（3）异构数据交换步骤

1）异构数据的发布。将异构数据库中的数据根据用户设定的条件及提取出来的目标信息，按照数据请求者要求的、可以接受的格式发送出去。

2）异构数据的集成。根据用户设定的条件及提取出来的目标信息，将异构数据源集成起来并且提供给用户一个统一的视图（物理的、逻辑的），屏蔽了数据源的异构性。异构数据集成体系主要有三种：联邦数据库模式、中间件模式和数据仓库模式。

3）交易自动化。只要各种应用遵循共同的标准，就可以使得应用程序开发商开发出具有一定自动处理能力的代理程序，从而提高工作效率。

（4）异构数据交换技术

常见的异构数据交换技术有基于 XML 的异构数据交换技术、本体技术和 Web Service 技术。

1）基于 XML 的异构数据交换技术。XML（可扩展标记语言）具有自描述性、简单易于处理，提供了一种灵活的数据描述方式，具有支持数据模式、数据内容、数据显示三者分离的特点，以上特点使得 XML 可以为结构化数据、半结构化数据、关系数据库、对象数据库等多种数据源的数据内容加入标记，适于作为一种统一的数据描述工具，扮演异构应用间数据交换载体或者多源异构数据集成全局模式的角色。

2）本体技术。本体是某一领域中的概念及其关系的显式描述，是语义网络的关键技术，本体技术能够明确表示数据的语义以及支持基于描述逻辑的自动推理。

3）Web Service 技术。Web Service 技术是在 Internet 上使用标准的 XML 语言和信息格式的全新技术架构，向外部暴露出一个能够通过 Web 进行调用的 API，内容主要包括 WSDL（Web Service 描述语言，用于服务描述）、UDDI（统一描述、发现和集成规范，用于用户服务的发布和集成）、SOAP（简单对象访问协议，用于消息传输），具有跨平台、完好封装、松散耦合等特性。

2. 元数据

元数据，又称中介数据、中继数据，为描述数据的数据（Data about Data），主要是描述数据属性（Property）的信息，用来支持如指示存储位置、历史数据、资源查找、文件记录等功能。元数据算是一种电子式目录，为了达到编制目录的目的，必须描述并收藏数据的内容或特色，进而达成协助数据检索的目的。

元数据是关于数据的组织、数据域及其关系的信息，简而言之，元数据就是关于数据的数据。都柏林核心元数据倡议（Dublin Core Metadata Initiative，DCMI）是元数据的一种应用，是 1995 年由联机计算机图书馆中心（OCLC）和美国国家超级计算应用中心（NCSA）邀请 52 位图书馆员、计算机专家共同制定规格，创建的专门描述网络电子文件特征的编码体系。

（1）元数据的类型

根据功能，可以将元数据划分为管理型元数据、描述型元数据、保存型元数据、技术型元数据、使用型元数据。根据结构和语境，可将元数据划分为三组：第一组为全文索引；第二组为简单结构化的普通格式，如 DC、RFC1807、Template 等；第三组为结构复杂的特殊领域内的格式，如 FGDC、GILS、TEI、EAD 等。根据元数据的应用范围，可将其分为通用性元数据、专业性元数据、Web 元数据、多媒体元数据。

（2）元数据的目的和作用

元数据的目的在于：识别资源，评价资源，追踪资源在使用过程中的变化，实现简单高效地管理大量网络化数据，实现信息资源的有效发现、查找、一体化组织和对使用资源的有效管理。具体而言，元数据有五大作用：描述作用、定位作用、搜寻作用、评估作用和选择作用。

1）描述作用。根据元数据的定义，它最基本的功能就在于对信息对象的内容和位置进行描述，从而为信息对象的存取与利用奠定必要的基础。

2）定位作用。由于网络信息资源没有具体的存在实体，因此，明确它的定位至关重要。元数据包含有关网络信息资源位置方面的信息，因而可以由此确定资源的位置之所在，有利于网络环境中信息对象的发现和检索。此外，在信息对象的元数据确定以后，信息对象在数据库或其他集合体中的位置也就确定了，这是定位的另一层含义。

3）搜寻作用。元数据提供搜寻的基础，在著录的过程中，将信息对象中的重要信息抽出并加以组织，赋予语意并建立关系，使检索结果更加准确，从而有利于用户识别资源的价值，发现其真正需要的资源。

4）评估作用。元数据提供有关信息对象的名称、内容、年代、格式、制作者等基本属性，使用户在无须浏览信息对象本身的情况下，就能够对信息对象具备基本了解和认识，参照有关标准即可对其价值进行必要的评估，作为存取利用的参考。

5）选择作用。根据元数据所提供的描述信息，参照相应的评估标准，结合使用环境，用户便能够做出对信息对象取舍的决定，选择适合用户使用的资源。

（3）元数据的基本特点

元数据的基本特点主要有：

1）元数据一经建立，便可共享。元数据的结构和完整性依赖于信息资源的价值和使用环境；元数据的开发与利用环境往往是一个变化的分布式环境；任何一种格式都不可能完全满足不同团体的不同需要。

2）元数据首先是一种编码体系。元数据是用来描述数字化信息资源，特别是网络信息资源的编码体系,这导致了元数据和传统数据编码体系的根本区别;元数据最为重要的特征和功能是为数字化信息资源建立一种机器可理解的框架。

由于元数据也是数据,因此可以用类似数据的方法在数据库中进行存储和获取元数据。如果提供数据元的组织同时提供描述数据元的元数据,将会使数据元的使用变得准确而高效。用户在使用数据时可以首先查看其元数据,以便能够获取自己所需的信息。

2.2 数据分布特征

一般而言,数据分布特征可以从三个方面进行测度和描述:①数据分布的集中趋势,反映数据向其中心值聚集的程度;②数据分布的离散程度,反映数据远离中心值的趋势;③数据分布的形状,反映数据分布的偏态和峰态。数据分布特征如图2-8所示。

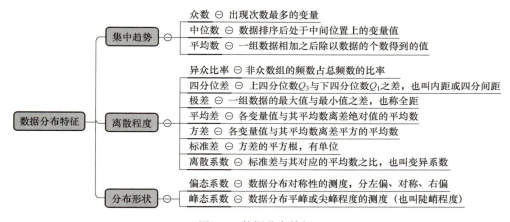

图2-8 数据分布特征

2.2.1 数据分布的集中趋势

数据分布的集中趋势,亦称数据趋中性,它表明同类现象在一定时间、地点条件下,所达到的一般水平与大量单位的综合数量特征。集中趋势的特点为:①用一个代表数值来综合反映总体各单位某种标志值的一般水平或代表水平;②将总体各单位某种标志值之间的差异进行了抽象;③一般用有单位的名数表示,其计量单位与标志值的计量单位相一致。

描述数据分布的集中趋势,一般使用位置平均数和数值平均数两种指标。位置平均数是指按观察值的大小顺序或出现频数的多少确定的集中趋势,包括中位数和众数;数值平均数(简称平均数)是指根据全部观察值计算出来的平均数,包括算术平均数、几何平均数和调和平均数。描述数据分布的集中趋势的相关指标如图2-9所示。

1. 众数

数据集合中出现次数最多的数值称为众数。如果在一个数据集合中,只有一个数值出现的次数最多,那么这个数值就是该数据集合的众数;如果有两个或多个数值出现的次数并列最多,那么这两个或多个数值都是该数据集合的众数;如果数据集合中所有数据值出现的次数相同,那么该数据集合没有众数。

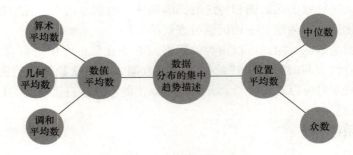

图 2-9 描述数据分布的集中趋势的相关指标

众数对定类数据、定序数据、定距数据和定比数据都是有用的，都能表示由它们组成的数据集合的数据集中趋势。

2. 中位数

对于有限的数集，可以通过把所有观察值按高低排序后找出正中间的一个作为中位数。如果观察值有偶数个，通常取最中间的两个数值的平均数作为中位数。简单而言，将变量值按从小到大的顺序进行排列，位置居中的数称为中位数。

中位数的计算公式为

$$中位数位置=(n+1)/2$$

式中，n 为数据个数。

当 n 为奇数时，中位数为在 $(n+1)/2$ 位置上的数；当 n 为偶数时，中位数为 [在 $(n/2)$ 位置上的数+在 $(n/2)+1$ 位置上的数]/2。

一个数集中最多有一半的数值小于中位数，也最多有一半的数值大于中位数。如果大于和小于中位数的数值个数均少于一半，那么数集中必有若干数值相等的中位数。

中位数特点如下：①中位数是以它在所有标志值中所处的位置确定的全体单位标志值的代表值，不受分布数列的极大或极小值影响，从而在一定程度上提高了中位数对分布数列的代表性；②有些离散型变量的单项式数列，当次数呈偏态分布时，中位数的代表性会受到影响；③中位数趋于一组有序数据的中间位置。

中位数的优势在于不受数据集合中个别极端值的影响，表现出稳定的特点，这个特点使其在数据集合的数据分布有较大偏斜时，能够保持对数据集合特征的代表性。因此，中位数常被用来度量具有偏斜性质的数据集合的集中趋势。

3. 平均数

平均数是表示一组数据集中趋势的量数，是指用一组数据中的所有数据之和除以这组数据的个数所得到的数值。

（1）算术平均数

算术平均数是最常用的数据集中趋势指标，可以分为简单算术平均数和加权算术平均数。算术平均数主要用于定距数据，表示数据集合的集中趋势，也可以用于定类数据和定序数据。决定是否使用算术平均数的前提条件是，求得的算术平均数是否具有现实意义。

简单算术平均数是最典型、最常用、最具代表性的集中趋势指标。将数据集合的所有数据值相加后除以数值个数就得到简单算术平均数。简单算术平均数一般适用于未分组数据，其计算公式为

$$(N_1+N_2+\cdots+N_n)/n$$

因为简单算术平均数的计算过程中所有的数据都具有同等的重要性,所以每个数值都具有相同的权重。但有时每个数值的权重是不一样的,此时则需要用加权算术平均数来表示数据集合的集中趋势。

加权算术平均数的计算公式为

$$(M_1f_1+M_2f_2+\cdots+M_nf_n)/(f_1+f_2+\cdots+f_n)$$

式中,M_n 为各个数值;f_n 为这些数值的权重。加权算术平均数一般适用于分组数据,且假定各组数据在组内是均匀分布。

算术平均数虽然是应用最广泛的集中趋势指标,受样本数据波动的影响最小,具有一定的稳定性,但它也有明显的缺陷。当数据集合中有极大值或极小值存在时,会对算术平均数产生很大的影响,其计算结果会掩盖数据集合的真实特征,这时算术平均数就失去了代表性。

(2) 几何平均数

所谓几何平均数,就是 n 个变量值连乘积的 n 次方根,适用于变量值在经济上具有连乘积关系的数据集合。因为有些数据之间的关系不是加减关系,而是乘除关系。此时,应该用几何平均数来表示此类数值组成的数据集合的集中趋势。几何平均数一般分为简单几何平均数与加权几何平均数。

算术平均数与几何平均数的对比如图 2-10 所示。

几何平均数受极端值的影响较算术平均数小,但如果变量值中有负值,计算出的几何平均数就会成为负数或虚数,因此,它仅适用于具有等比或近似等比关系的数据。几何平均数的对数是各变量值对数的算术平均数。

几何平均数的主要用途包括:①对比率、指数等进行平均;②计算平均发展速度(其中,样本数据非负,主要用于对数正态分布);③计算复利下的平均年利率;④连续作业的车间求产品的平均合格率。

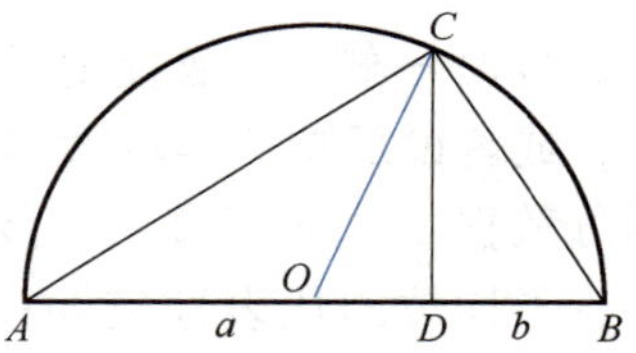

$CD = \sqrt{ab}$ 为几何平均数

$OC = \dfrac{a+b}{2}$ 为算术平均数

图 2-10 算术平均数与几何平均数的对比

(3) 调和平均数

调和平均数又称倒数平均数,是总体各统计变量倒数的算术平均数的倒数。由于它是根据变量的倒数计算的,所以又称倒数平均数。调和平均数也有简单调和平均数和加权调和平均数两种。

调和平均数具有以下几个主要特点:

1) 调和平均数易受极端值的影响,且受极小值的影响比受极大值的影响更大。

2) 只要有一个标志值为 0,就不能计算调和平均数。

3) 当组距数列有开口组时,其组中值即使按相邻组距计算,假定性也很大,这时的调和平均数很不具有代表性。

4) 调和平均数应用的范围较小。在实际中,往往由于缺乏总体单位数的资料而不能直接计算算术平均数,这时需用调和平均法来求得调和平均数。

(4) 不同形式平均数之间的关系

算术平均数、几何平均数、调和平均数是三种不同形式的平均数,分别有各自的应用条件。进行统计研究时,适宜采用算术平均数时就不能用几何平均数或调和平均数,适宜用调和平均数时,同样也不能采用其他两种平均数。

算术平均数与调和平均数是平均指标的两种表现形式,并非两类独立的平均数;算术平均数与调和平均数的数值之间并无直接关系,也不存在谁大谁小的问题;不能根据同一资料既计算算术平均数,又计算调和平均数,否则就是纯数字游戏,而非统计研究。

从数量关系来考虑,用同一资料计算以上三种平均数的结果通常是:算术平均数大于几何平均数,而几何平均数又大于调和平均数,但当所有的变量值都相等时,则这三种平均数的数值相等。

4. 众数、中位数、平均数的适用场景

算术平均数易受极端值影响,受极大值的影响较大;调和平均数易受极端值影响,受极小值的影响较大;几何平均数受极端值影响小于上述两种平均数。因此,当资料分布呈明显偏态时,平均数缺乏代表性。中位数不受极端值影响,而众数只有当总体单位数多且有明显集中趋势时,计算才有意义。

从数据分布特征而言,如果样本呈正态分布,那么集中趋势使用平均数或中位数表示均可,因为两者是相等的。如果样本呈偏态分布(本章第 2.2.3 小节中会介绍偏态分布、正偏态、负偏态),那么选择中位数更能反映数据的集中趋势。通常情况下,正偏态样本的中位数小于平均数,负偏态样本的中位数大于平均数。

2.2.2 数据分布的离散程度

数据分布的离散程度反映了样本数据之间的差异水平,或者说反映了样本数据之间的差异程度或频数分布的分散程度。如图 2-11 所示,曲线 A 说明分散程度较大,平均数的代表性较弱;曲线 B 说明分散程度较小,平均数的代表性较强。数据分布的离散程度可用于频数分布之间的比较,也可以描述总体内部差异程度,反映均衡性、稳定性,为管理决策提供相关信息,还可以衡量和比较平均数的代表性。

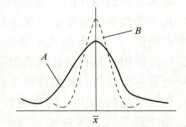

图 2-11 数据分布的离散程度对比

总体各单位标志值的差异,在统计上称为变异,而反映总体各单位标志值的变动范围或变异程度的综合指标,称为标志变异指标。反映数据分布的离散程度的标志变异指标分为绝对指标和相对指标两种。标志变异绝对指标一般包括极差(全距)、平均差、方差与标准差,标志变异相对指标指的是变异系数,如图 2-12 所示。

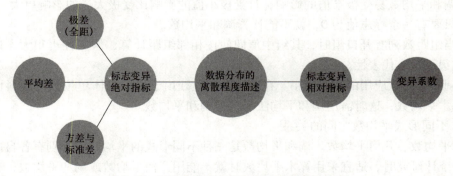

图 2-12 描述数据分布的离散程度的相关指标

1. 极差

极差，也被称为全距，是指数据集合中最大值与最小值的差，反映数据集合的差异范围。极差的计算公式为

$$极差 = 极大值 - 极小值$$

极差的优点在于计算简单，易于理解。通过极差的计算公式不难发现，极差实质上就是一组数据的最大值与最小值之差。对应地，极差的缺点在于它很容易受到极端值的影响。所以，极差一般只是简单地反应离散程度，而不能反映中间数据的分散情况，所以它不能准确描述数据的分散程度。

2. 平均差

平均差是指各变量值与平均值的差的绝对值之和除以变量总数 n 得到的结果，换而言之，平均差就是每个原始数据值与算术平均数之差的绝对值的均值，用符号 A. D.（Average Deviation）表示。平均差是一种平均离差（离差是总体各单位的标志值与算术平均数之差），是各变量值与其平均数离差绝对值的平均数。因离差和为零，离差的平均数不能通过将离差和除以离差的个数求得，因而必须将离差取绝对数来消除正负号。

平均差反映各标志值与算术平均数之间的平均差异。平均差越大，表明各标志值与算术平均数的差异程度越大，该算术平均数的代表性就越弱；平均差越小，表明各标志值与算术平均数的差异程度越小，该算术平均数的代表性就越强。

平均差又有简单平均差和加权平均差之分。平均差的特点在于计算麻烦，在实际中应用较少，但它的实际意义比较清楚，容易理解，能全面准确地反应一组数据的离散程度。

3. 方差

方差是在概率论和统计学中专门衡量随机变量或一组数据离散程度的度量。概率论中的方差用来度量随机变量和其数学期望（即均值）之间的偏离程度。统计中的方差（样本方差）是每个样本值与全体样本值的平均数之差的平方值的平均数。方差是衡量源数据和期望值之间差异的度量值。

在许多实际问题中，研究方差即偏离程度有着重要意义。当数据分布比较分散（即数据在平均数附近波动较大）时，各个数据与平均数的差的平方和较大，方差就较大；当数据分布比较集中时，各个数据与平均数的差的平方和较小，方差就较小。因此方差越大，数据的波动越大；方差越小，数据的波动就越小。

4. 标准差

标准差又常被称为均方差，它是方差的算术平均数的平方根，用 σ 表示。标准差能反映一个数据集的离散程度。平均数相同的两组数据，标准差未必相同。

5. 变异系数

将极差、平均差、方差、标准差用于比较不同总体间变量值的离散程度的条件为：①平均数相等；②单位相同。如果不满足这两个条件，就需要用到变异系数。

变异系数，又称离散系数（Coefficient of Variation，CV），是对概率分布离散程度的一个归一化量度，其定义为标准差与平均值之比。变异系数只在平均值不为零时有定义，而且一般适用于平均值大于零的情况。变异系数也被称为标准离差率或单位风险。

当需要比较两组数据离散程度大小时，如果两组数据的测量尺度相差太大或者数据量纲不同，直接使用标准差来进行比较不合适，此时就应当消除测量尺度和量纲的影响，

通过变异系数可以消除这些影响。变异系数没有量纲,因此运用变异系数可以进行客观比较。

事实上,可以认为变异系数与极差、标准差和方差一样,都是反映数据离散程度的绝对值。变异系数的数据大小不仅受变量值离散程度的影响,而且还受变量值平均水平大小的影响。

变异系数的好处是不需要参照数据的平均值。变异系数是一个无量纲的量,因此在比较两组量纲不同或均值不同的数据时,应该用变异系数而不是标准差作为比较的参考更合适。变异系数的缺点在于,当平均值接近于0时,微小的扰动也会对变异系数产生巨大影响,因此造成精确度不足;同时,变异系数无法发展出类似于均值的置信区间的工具。

6. 四分位差

四分位差(Quartile Deviation)是上四分位数(Q_3,位于75%)与下四分位数(Q_1,位于25%)的差。其计算公式为

$$Q = Q_3 - Q_1$$

其中,四分位数是将一组数据由小到大(或由大到小)排序后,用3个点将全部数据分为4等份,与这3个点位置上相对应的数值称为四分位数,分别记为:Q_1(下四分位数)说明数据中有25%的数据小于或等于Q_1;Q_2(第二四分位数,即中位数)说明数据中有50%的数据小于或等于Q_2;Q_3(上四分位数)说明数据中有75%的数据小于或等于Q_3。基于箱线图的四分位数如图2-13所示。其中,Q_3到Q_1之间的距离的差的一半又称为半四分位差,记为$(Q_3-Q_1)/2$。

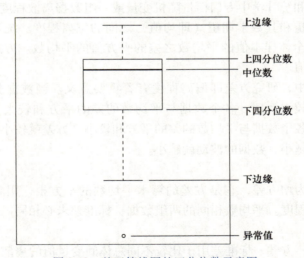

图 2-13 基于箱线图的四分位数示意图

四分位差反映了中间50%数据的离散程度,其数值越小,说明中间的数据越集中;其数值越大,说明中间的数据越分散。四分位差也不受极值的影响。此外,由于中位数处于数据的中间位置,因此,四分位差的大小在一定程度上也说明了中位数对一组数据的代表程度。四分位差主要用于测度顺序数据的离散程度。对于数值型数据也可以计算四分位差,但四分位差不适合用于分类数据。

2.2.3 数据分布的形状

数据分布的形状,是指一组或一系列数字在坐标图里的形态特征,如正态分布。四个不同数据集的分布形状如图 2-14 所示。曲线数据分布形态的测度,主要以正态分布为标准进行衡量,相关指标为偏态系数和峰态系数。

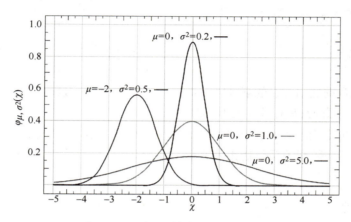

图 2-14　四个不同数据集的分布形状

1. 偏态系数

偏态是对数据分布对称性的测度,常用偏态系数(Coefficient of Skewness,SK)表示。通过对偏态系数的测量,能够判定数据分布的不对称程度以及方向。

如图 2-15 所示,对于正态分布(或严格对称分布),偏态系数等于 0。若偏态系数大于 0,则为正偏态分布(右偏态分布),均值 x 左侧的离散度比右侧弱,而且偏态系数的数值越大,右偏程度越高。若偏态系数小于 0,则为负偏态分布(左偏态分布),均值 x 左侧的离散度比右侧强,而且偏态系数的数值越小,左偏程度越高。正偏态分布时:平均数>中位数>众数;负偏态分布时:平均数<中位数<众数。

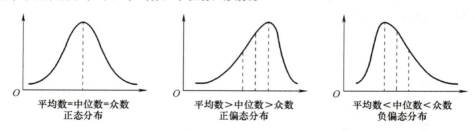

图 2-15　数据正态分布、偏态分布的形状

2. 峰态系数

峰态(Kurtosis)系数用来度量数据的中心聚集程度,记为 K,是描述总体中所有取值分布形态陡缓程度的统计量(就是正态分布数据集的峰顶)。例如,正态分布的峰态系数值是 3,那么,某一数据集若有大于 3 的峰态系数,说明观察量更集中,该数据集的分布形状有比正态分布更短的尾部;若有小于 3 的峰态系数,说明观测量不那么集中,该数据集的分布形状有比正态分布更长的尾部。

数据峰态分布的形状如图 2-16 所示。

在图 2-16 中，正态分布的峰度值为 3，称作常峰态，对应 I（$K=3$）；峰度值大于 3 的分布被称作尖峰态，对应 II（$K>3$）；峰度值小于 3 的分布被称作低峰态，对应 III（$K<3$）。峰度系数越大，数据越集中。

2.3 数据关系

数据关系是指数据之间存在的某种联系。

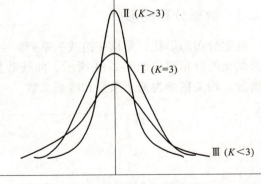

图 2-16　数据峰态分布的形状

大数据时代，数据关系因其具有可以快捷、高效地发现事物间内在关联的优势而受到广泛关注，并有效地应用于推荐系统、商业分析、公共管理、医疗诊断等领域。数据关系包括相关关系、趋势关系、分布关系、离群关系、比较与排名关系。

2.3.1 相关关系

数据的相关关系，是指两个或两个以上变量之间在某种意义下所存在的规律，其目的在于探寻数据集里所隐藏的相关关系网。相关关系是包含两个或多个变量的数据之间的关系，这些变量之间可能存在正相关或负相关。

1）正相关：一个变量的增加会导致另一个变量的增加。
2）负相关：一个变量的增加会导致另一个变量的减少。

显示相关关系的常用图表类型有散点图及带拟合线的散点图。相关性的强度由相关系数来衡量。一种常用的测量方法，是使用皮尔逊相关系数，系数的取值范围从 $-1 \sim 1$。相关系数为 1 表示完全正相关，相关系数为 -1 表示完全负相关，相关系数为 0 表示没有相关性。简单而言，散点图上的点越像一条线，相关性的强度就越高。人均国内生产总值和可口可乐价格数据的相关关系如图 2-17 所示。

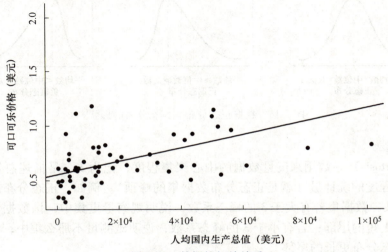

图 2-17　数据的相关关系

图 2-17 是一个带有拟合线的散点图，显示了不同国家的人均国内生产总值（GDP）和可口可乐价格之间的关系。这条拟合线表明两个变量之间存在一种积极的关系——随着人均国内生产总值的增加，可口可乐的价格也随之上涨。通过目测，可以看到这些点并不是一条完美的线，即可以说相关性只是中度的。事实上，计算出皮尔逊 R 相关系数（结果为 0.51）也可以验证前面的说法。

2.3.2 趋势关系

数据的趋势关系，描述的是在数据集合中寻找到的显著的数据趋势，比如增加或减少趋势。显示趋势关系的常用图表类型是条形图和折线图。例如，可以查看一个月内网站每天的页面浏览量，以确定一周中哪几天的浏览量最大，哪几天浏览量最小，如图 2-18 所示。

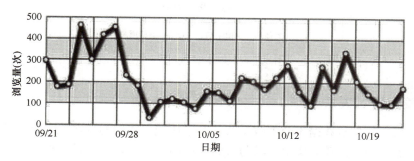

图 2-18 页面浏览量数据的变化趋势

2.3.3 分布关系

数据的分布关系描述的是数据如何分布，比如正态分布、偏态分布等。分析数据的分布关系有助于了解特定变量的最小值、最大值、平均值、中值和范围。显示分布关系的常用图表类型是直方图。例如，可以根据客户在一年中为公司创造的收入对其进行分组，如图 2-19 所示，这样就可以看到客户的平均消费以及客户预期消费的范围。

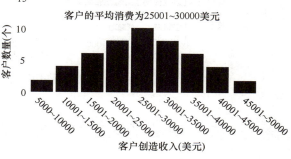

图 2-19 数据的分布关系

2.3.4 离群关系

数据的离群关系，是指数据集合中有一个或几个数值与其他数值相比差异较大，简单而言，就是数据集合中存在异常数据。在不同的图形中，离群关系的表现不尽相同。在散点图中，异常数据由图上远离趋势区域的点显示；在直方图中，柱状图的头部和尾部可以显示数据中是否存在许多异常数据；在条形图中，任何异常高或低的值都属于异常数据。

如图 2-20 所示，散点图显示了最右侧的一个异常数据，反映为"点心"这个产品在 1 月份的销售非常高，这个异常数据可以引导分析者去调查为何会出现此类情况。

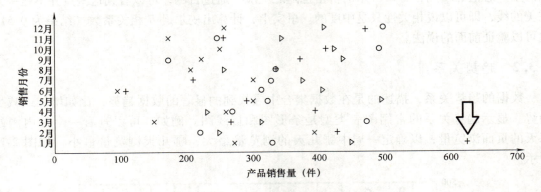

图 2-20 数据的离群关系

2.3.5 比较与排名关系

数据的比较关系显示数据集合中数量值的简单比较。数据的排名关系显示两个或多个数据在相对大小上的相互比较。反映比较与排名关系的常用图表类型是条形图。例如，对不同产品的销售额的比较与排名有助于人们了解各类产品的销售情况，如图 2-21 所示。

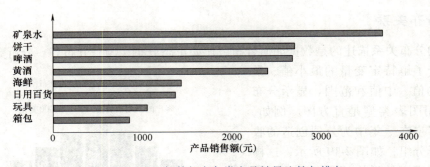

图 2-21 2019 年某超市各类产品销量比较与排名

实验二：基于 BBL 的数据格式与计算

一、实验目的

1）熟悉商务数据分析工具（如 BBL）的数值显示格式。
2）能够运用商务数据分析工具完成最基本的数值计算。
3）初步了解商务数据分析工具的数据筛选功能。

二、实验准备

熟悉商务数据分析工具中已有的数据，理解这些数据的显示格式设置、数值计算和数据筛选功能的实际需求。

三、实验内容——以 BBL 为例

1. 数值显示格式的设置

如图 2-22 所示，直接进入某个项目的"可视化分析"界面可进行数值显示格式的设置。设置数值显示格式的操作步骤如下：第一步，单击相关指标；第二步，在出现的快捷菜单中，选择"格式设置"；第三步，在出现的"设置数值格式"的对话框中，选择可设置的显示格式（包括默认、数值、货币、百分比和科学型五种）；第四步，选择格式后，单击"保存"按钮。

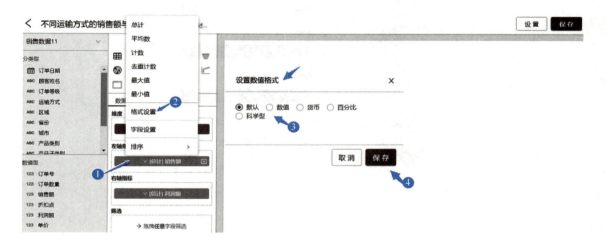

图 2-22　数值显示格式的设置

2. 数值计算

如图 2-23 所示，直接进入某个项目的"可视化分析"界面可进行数值计算。数值计算的操作步骤如下：第一步，单击相关指标；第二步，在出现的快捷菜单中，选择计算方式，合计有六种："总计"（Sum）"平均数"（Avg.）"计数"（Count）"去重计数"（Distinct）"最大值"（Max）和"最小值"（Min）。

3. 数值筛选

如图 2-24a 所示，直接进入某个项目的"可视化分析"界面可进行数值筛选。将待分析字段维度拖入分析区域的"筛选"处，出现"筛选配置"对话框，如图 2-24b 所示。数值筛选分为两种，一种是"值筛选"，另一种是"条件筛选"。

（1）值筛选

值筛选，是指直接将所选指标的数值进行筛选。如图 2-25 所示，有"办公用品""家具产品"和"技术产品"三个指标。值筛选 的具体操作步骤如下：第一步，选择相关指标；第二步，选择表示"左推"的按钮；第三步，在完成所有选择的基础上，单击"保存"按钮。

（2）条件筛选

条件筛选，是指按照一定的条件筛选出符合条件的数值，如图 2-26 所示。具体操作步

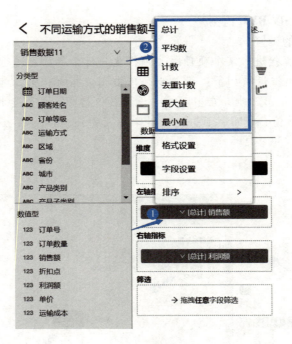

图 2-23 数值计算

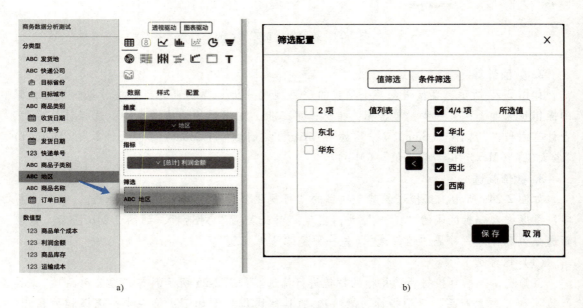

图 2-24 数值筛选

骤如下：第一步，切换到条件筛选，单击添加条件；第二步，选择运算符，并填入对应值；第三步，继续添加条件，最后单击"保存"按钮。

第 2 章　商务数据的基本理论

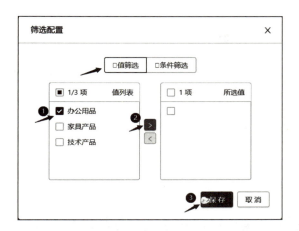

图 2-25　值筛选

图 2-26　条件筛选

第 3 章
商务数据采集

案例导读：京东数据采集——标准化的数据采集方案

京东的业务包含了电商所涉及的营销、交易、仓储、配送、售后等环节，每个环节中都会产生大量的业务数据，同时，用户在京东网站上进行的浏览、购物、消费等活动，以及在移动设备上对应用的使用情况包括各种系统的操作行为，也会生成海量的行为数据。为了将上述结构化业务数据以及非结构化的用户行为日志进行采集，京东搭建了一套标准化的采集方案，能够将业务分析所需的数据进行标准化采集，并将数据传输到大数据平台，以便后续的加工处理及上层的数据应用。

目前京东的数据采集方案主要分为两大类：用户行为日志采集方案（点击流系统）和通用数据采集方案（数据直通车）。

一、点击流系统

目前，京东有着丰富的入口平台及展示形式，包括 PC 网页、H5 页面、App 内部展示及交互页面、智能设备、微信、手机 QQ 以及微信生态下的新场景微信小程序。其中，PC 网页、H5 页面、App 内部展示及交互页面、微信、手机 QQ 以及微信小程序以页面方式呈现，用户通过浏览器进行访问；而智能设备比如手机、移动手环、智能家电等，则是以 App 的方式呈现，用户访问 App 即可获得相应的服务。以浏览器和 App 两种使用场景的日志采集方案为例，浏览器端的日志采集主要涉及：①日志采集；②服务器日志接收；③日志存储。而移动设备的页面有别于浏览器页面，移动设备主要为原生页组成的 App，原生页使用原生预研开发完成。因此，移动设备的日志采集主要涉及：①采集方式，移动设备上 App 的数据采集主要使用的是软件开发工具包（SDK），App 在发版前将 SDK 集成进来，设定不同的事件行为场景，当用户触发相应的场景时，则会执行 SDK 相应的脚本，采集对应的行为日志；②日志存储，用户的各种场景都会产生日志，为了减少用户的流量损耗，将日志先在客户端进行缓存，并对数据进行聚合，在适当时机对数据进行加密和压缩后上报至日志服务器，同时由于数据的聚合和压缩也可以减少对服务器的请求情况。

二、数据直通车

数据直通车为京东线上数据提供接入京东数据仓库的完整解决方案，为后续的查询、分发、计算和分析提供数据基础。数据直通车提供丰富多样、简单易用的数据处理功能，可满足离线接入、实时计算、集成分发等多种需求，并进行全程状态监控。

数据直通车接入数据类型，根据抽取的数据量及抽取对线上业务的影响，分为定时离线接入和实时接入两种抽取方式。每种抽取方式支持不同的数据类型，在每天零点后获取前一天完整的数据，然后将这些数据进行集中加工处理，并将数据最终存储到目标表对应的分区中。

京东的标准化数据采集方案充分表明了商务数据采集的多源异构性，只有熟悉商务数据采集原则、对象、方法、途径，利用合适工具构建一体化采集方案，才能适应大数据时代的需求。

> **学习目标**
> - 理解商务数据采集的原则
> - 熟悉和掌握商务数据采集的对象和方法
> - 了解商务数据采集的途径
> - 了解国内外的各种常用的数据采集工具
> - 熟悉国内主流数据采集工具的基本使用

3.1 商务数据采集概述

商务数据采集是指从传感器和智能设备、企业在线系统、企业离线系统、社交网络和互联网平台等获取数据的过程。数据包括射频识别（RFID）数据、传感器数据、用户行为数据、社交网络交互数据及移动互联网数据等各种类型的结构化、半结构化及非结构化的商务数据。大数据时代，不但数据源的种类多，数据的类型繁杂，数据量大，并且产生的速度快，所以商务数据采集面临着许多技术挑战，一方面需要保证数据采集的可靠性和高效性，同时还要避免重复数据。

3.1.1 商务数据采集原则

商务数据采集的原则是采集数据时的基本要求和指导性思路，也是做好采集工作的依据。商务数据采集的原则，可以概括为"六度"原则，即广度、向度、精度、真度、融度和速度。

1）广度要大，即商务数据采集的覆盖面要广，做到全面、系统、完整地进行采集。因此，在进行商务数据采集时，采集对象要全面，不仅要采集经济数据，还必须采集人口、地理、科学技术、政治法律、社会文化等众多数据。与此同时，商务数据采集必须保证空间范围上的横向扩展和时间序列上的纵向延伸。空间范围上的横向扩展，是指要把与某一问题相关的、分布在不同区域的数据采集齐全，保证对问题的完整、全面的认识；时间序列上的纵向延伸是指要从纵向角度，对同一事物在不同时期、不同阶段的发展变化情况进行跟踪收集，以反映事物的历史全貌。

2）向度要准，即商务数据采集的方向与采集的范围必须尽可能准确，具有相当的针对性。商务数据采集的目的是保证能够利用数据资源，而且不同业务需求对应的采集任务、业务场景等因素各不相同，所以必须仔细调查数据需求、分析数据特征，选择采集渠道，有针对性地确定采集的范围和重点。

3）精度要高，即商务数据采集必须精确。如果采集的数据资源过多，会使后续的分析人员无所适从。因此，在满足数据需求的前提下，商务数据采集必须尽可能精确，保证采集的数量在吸收、利用能力的范围内，从而提高商务数据采集工作的效率和效益。

4）真度要强，即商务数据采集必须真实、可靠，能够符合事物发展规律，能够准确反映事物现状。真实可靠的数据源是企业管理人员科学管理、正确决策的重要保证。数据的失真一般受三个原因的影响：①数据源提供的数据不完全、不准确；②数据在编码、译码和传递过程中受到干扰；③数据接收时出现偏差。因此，在商务数据采集过程中必须坚持科学的态度和严谨的采集方法，深入、细致地分析各类数据源的可靠性。

5）融度要深，即商务数据采集应尽可能按数据本身的内在联系进行有机组合，追求数据的耦合效应。耦合是指两个或两个以上的要素通过各种相互作用而彼此影响以至联合起来的现象。追求数据的耦合效应，则是指通过数据的内在联系与相互作用，形成对事物完整、全面的认识。

6）速度要快，即商务数据采集的速度要快，采集到的数据要具有时效性。任何数据资源，都具有时效性，一般而言，其价值与时间成反比。速度快，要求商务数据采集工作能够迅速、灵敏地反映事物发展的最新动态，确保数据的效用最大化。在世界瞬息万变的今天，企业只有以最快的速度采集到所需数据资源，才能制定及时、正确的对策。

3.1.2 商务数据采集对象

1. 按照数据来源划分

按照数据来源，商务数据采集的对象共分为以下四种：

（1）企业系统

企业系统包括客户关系管理（CRM）系统、企业资源计划（ERP）系统、库存系统、销售系统等。企业系统的数据，包括POS机数据、信用卡刷卡数据、互联网点击数据、ERP系统数据、销售系统数据、CRM系统数据、公司的生产数据、库存数据、订单数据、供应链数据等业务数据。

（2）机器系统

机器系统包括智能仪表、工业设备传感器、智能设备、视频监控系统等。机器系统产生的数据分为两大类：一类是通过智能仪表和传感器获取的行业数据，比如公路卡口设备获取的车流量数据、智能电表获取的用电量数据等；另一类是通过各类监控设备获取的人及其他动物、物体的位置和轨迹信息数据。

（3）互联网系统

互联网系统包括电商系统、服务行业业务系统、政府监管系统等。互联网系统会产生相关的业务数据和线上行为数据，比如用户的反馈和评价信息、用户购买的产品和品牌信息等。

（4）社交系统

社交系统包括微信、QQ、微博、博客、新闻网站、朋友圈等。社交系统会产生大量的内容和数据，如博客文本与照片等以及线上行为数据。

2. 按照数据类型划分

按照数据类型,商务数据采集对象共分为以下五种:

1)行业数据:车流量数据、能耗数据、PM2.5 数据等。
2)业务数据:消费者数据、客户关系数据、库存数据、账目数据等。
3)内容数据:应用日志数据、电子文档数据、机器数据、语音数据、社交媒体数据等。
4)线上行为数据:页面数据、交互数据、表单数据、会话数据、反馈数据等。
5)线下行为数据:车辆位置和轨迹、用户位置和轨迹、动物位置和轨迹等。

数据来源与数据类型的关系如图 3-1 所示。

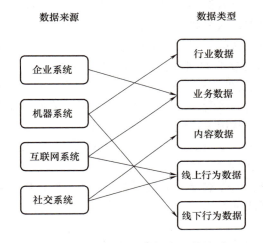

图 3-1 数据来源与数据类型的关系

3.1.3 商务数据采集方法

1. 按照接触程度划分

按照接触程度,商务数据采集的方法可以分为一手数据直接采集和二手数据间接采集两大类。

(1)一手数据直接采集

一手数据是指通过研究者实施的调查或实验活动获得的数据。所以,要想获得一手数据有两种方式:调查和实验。

通过调查得到的一手数据叫作调查数据。调查数据是针对社会现象的,比如调查现在的经济形势、人的心理现象、工厂效率等。调查的形式分为两类:普查和抽样。普查是指对一个总体内部的所有个体进行调查,国家进行的人口普查就是最典型的普查形式。普查的结果是最贴近总体的真实表现的,是无偏见的估测。但是普查的成本太大,少有项目采用这种方式。抽样则在生活中应用更加广泛。由于数据分析挖掘涉及的总体数据量一般很大,如果要做普查,没有大量的时间与资金是几乎不可能的。所以,人们会从总体中抽取部分有代表性的个体调查,并用这部分个体的数据去反映整体,这就是抽样。

不管是用普查还是抽样的方法,数据采集都习惯用下面三种方式之一:①自填式,即填写调查问卷（电子/书面）；②面访式，即面对面采访；③电话式，即电话联络。

通过实验得到的一手数据叫作实验数据。调查数据是针对自然现象的，比如植物背光生长的快慢、小白鼠对食物的记忆规律等。数据的收集需要研究者真正设计实验，并记录结果、整合为数据，服务于后期的数据分析与挖掘工作。实验的设计需要满足一个大原则：有实验组与对照组。实验组是只有要研究的变量发生变化的组；对照组是保持变量不变的组。这样，通过控制变量的方法，能得到观测数据。

（2）二手数据间接采集

二手数据是指数据原本已经存在，是由别人收集的，使用者通过重新加工或整理得到的数据。所以，要想获得二手数据有两种方式：系统内部采集和系统外部采集。

1）系统内部采集。系统内部采集数据是工作中最常见的数据采集方法。进行数据分析的企业一般会有自己的数据，这些数据就是将企业的业务、渠道、成本、收益等生产过程数字化并固定存放在机器中。这些数据一般会保存在数据库中，如 Oracle 与 Teradata 等。数据分析师可以通过 SQL 提取想要的数据表，并进行数据的收集。

2）系统外部采集。系统外部采集的数据是更加宏观、更加公开的数据。这些数据大部分不是针对某一家企业自己的运营与生产情况，而是更加偏重于社会的外部环境以及行业的经济形势。系统外部采集的常用渠道包括：统计部门或政府的公开资料、统计年鉴；调查机构、行业协会、经济信息中心发布的数据情报；专业期刊；图书；博览会；互联网。

2. 按照不同的采集对象划分

按照不同的采集对象，商务数据采集又可以分为数据库采集、系统日志采集、网络数据采集和感知设备数据采集四种方法。

（1）数据库采集

传统企业会使用传统的关系型数据库 MySQL 和 Oracle 等来存储数据。随着大数据时代的到来，Redis、MongoDB 和 HBase 等 NoSQL 数据库也常用于数据的采集。企业通过在采集端部署大量数据库，并在这些数据库之间进行负载均衡和分片，来完成商务数据采集工作。

（2）系统日志采集

系统日志是记录系统中硬件、软件和系统问题的信息，同时还可以监视系统中发生的事件。用户可以通过它来检查错误发生的原因，或者寻找受到攻击时攻击者留下的痕迹。系统日志包括硬件日志、应用程序日志和安全日志。

系统日志采集主要是收集企业业务平台日常产生的大量日志数据，供离线和在线的商务数据分析系统使用。高可用性、高可靠性、可扩展性是日志收集系统所具有的基本特征。系统日志采集工具均采用分布式架构，能够满足每秒数百 MB 的日志数据采集和传输需求。

（3）网络数据采集

网络数据采集是指通过网络爬虫或网站公开应用程序接口（Application Program Interface，API）等方式从网站上获取数据信息的过程。除了将目前已经存在的公开数据集用于日常的算法研究外，有时为了满足项目的实际需求，需要对现实网页中的数据进行采集、预处理和保存。目前网络数据采集有两种方法：一种是网络爬虫法，另一种是 API 法。

1）网络爬虫（又被称为网页蜘蛛，网络机器人），是一种按照一定的规则，自动地抓取万维网信息的程序或者脚本。其他一些不常使用的名字还有蚂蚁、自动索引、模拟程序或者蠕虫。最常见的网络爬虫实际上就是网民经常使用的搜索引擎,如百度、360 搜索等。此类网络爬虫统称为通用型爬虫,可以对于所有的网页进行无条件采集。通用型爬虫的具体工作原理如图 3-2 所示。

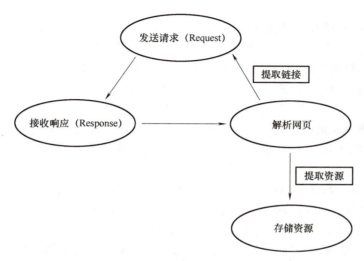

图 3-2 通用型爬虫的具体工作原理

网络爬虫会从一个或若干初始网页的统一资源定位符(URL)开始,获得各个网页上的内容,并且在抓取网页的过程中,不断从当前页面上抽取新的 URL 放入队列,直到满足设置的停止条件为止。这样可将非结构化数据、半结构化数据从网页中提取出来,存储在本地的存储系统中。

2)API 又叫应用程序接口,是网站的管理者为了使用者方便使用而编写的一种程序接口。该类接口可以屏蔽网站底层复杂算法,仅仅通过简简单单调用即可实现对数据的请求功能。目前主流的社交媒体平台如新浪微博、百度贴吧以及 Facebook 等均提供 API 服务,可以在其官网开放平台上获取相关 DEMO。但是 API 技术毕竟受限于平台开发者,为了减小网站(平台)的负荷,一般平台均会对每天的接口调用上限做限制,这给采集者带来极大的不便。

(4)感知设备数据采集

感知设备数据采集是指通过传感器、摄像头和其他智能终端自动采集信号、图片或录像来获取数据。

数据智能感知系统需要实现对结构化、半结构化、非结构化的海量数据的智能化识别、定位、跟踪、接入、传输、信号转换、监控、初步处理和管理等。其关键技术包括针对数据源的智能识别、感知、适配、传输、接入等。

3.1.4 商务数据采集途径

商务数据采集的途径是指获取数据的渠道。一般而言,商务数据采集的途径分为内部途径和外部途径:内部途径包括管理监督部门、研究开发部门、市场营销部门、"葡萄藤"渠道、内部数据网络;外部途径包括大众传播媒介、政府部门、社团组织、会议、人际渠道、用户和消费者、商业数据机构、互联网。针对不同的数据需求,要选择不同的数据采集途径;不同类型的数据,其获取渠道也有所不同。其中,互联网、政府部门、大众传播媒介、商业数据机构、"葡萄藤"渠道、人际渠道、会议和社团组织是商务数据采集相对重要的途径。

1) 互联网是商务数据采集的重要途径。商务数据采集往往可以通过浏览网站、访问各种专业数据库、分析系统日志、借助网络爬虫等方式在网络环境下解决。

2) 政府部门是商务数据采集的重要渠道,这些渠道主要帮助了解政府本身。按照职能分类,这些渠道包括政府职能部门、政府管理监督部门、政府政策研究部门和政府业务部门。

3) 大众传播媒介是指广播、电视、报纸、杂志等。通过这一途径可以获得内容新、范围广的资料,因此可以根据数据需求,利用大众传播媒介进行定向、定时、定题的采集活动。

4) 商业数据机构在国外被誉为"数据超市",是采集商务数据的重要途径。如美国Dialog语言公司比利时分公司的数据库存储了来自美国、英国、瑞士三家数据处理系统提供的世界各国有关商务与金融、新闻与媒体、法律与政府、文化与历史、化工与研究、医学与医药、科学与技术、能源与环保、食品与农药、工业与农业等各方面的海量数据。

5) "葡萄藤"渠道是指企业内部的非正规信息交流网络。美国的传播学者曾用"葡萄藤"来形容谣言的传播。他们发现,"葡萄藤"传播具有速度快、信息量大、反馈性强等特点。早在一百多年前,美国南北战争中的士兵们把那些非官方渠道来的消息称为"葡萄藤"消息。"葡萄藤"渠道比较适合收集基层成员对上级决策、指令的反馈信息,了解群众的意见、建议和愿望,从而对企业的决策、管理行为进行调整,达到减少冲突、提高工作效率的目的。

6) 人际渠道是指个人交往、聚会、闲聊等商务数据采集渠道,这一渠道获取的往往是不曾公开发表过的数据。

7) 各级政府、各个政府部门组织各种会议,各企业、社会团体举办的各种会议和活动是企业获得商务数据的另一途径。这一途径适合专业性强、主题集中的商务数据采集,对于企业制定战略决策具有重要的参考价值。

8) 社团组织是指学会、协会等专业和行业团体。通过这一途径,可以搜集到社团组织的内部通讯、专业简报等非公开出版物,这是企业了解政治、经济、社会、文化情况的有效途径。

3.2 数据采集工具

"工欲善其事,必先利其器",学会利用数据采集工具是商务数据采集的必由之路。除了适用于英文网页采集的 import.io、Connotate、parsehub、mozenda、80legs 等工具之外,本节重点讲解适用于中文网页采集的八爪鱼采集器、火车采集器、探码数据采集系统、集搜客、前嗅、爬山虎六种常见的数据采集工具。

3.2.1 八爪鱼采集器

八爪鱼采集器(网址:http://www.bazhuayu.com/,如图3-3所示)以完全自主研发的分布式云计算平台为核心,可以在很短的时间内,轻松从各种不同的网站获取大量的规范化数据,帮助需要从网页获取信息的客户实现数据自动化采集、编辑、规范化,摆脱对人工搜索及人工收集数据的依赖,从而降低获取信息的成本,提高效率。

图 3-3　八爪鱼采集器官网首页

使用八爪鱼采集器,可以非常容易地从各类网页精确采集所需要的数据,生成自定义的、规整的数据格式。八爪鱼采集器的主要功能包括:

1)金融数据,如季报、年报等财务报告及每日最新净值自动采集。
2)各大新闻门户网站实时监控,自动更新及上传最新发布的新闻。
3)监控竞争对手最新信息,包括商品价格及库存等信息。
4)监控各大社交网站、博客,自动抓取对企业产品的相关评论。
5)收集最新最全的职场招聘信息。
6)监控各大地产相关网站,采集新房、二手房最新行情。
7)采集各大汽车网站具体的新车、二手车信息。
8)发现和收集潜在客户信息。
9)采集行业网站的产品目录及产品信息。
10)在各大电商平台之间同步商品信息,做到在一个平台发布,其他平台自动更新。

八爪鱼采集器的优点包括:①操作简单、拖拽式采集流程;②内置可扩展的光学字符识别(OCR)接口,支持解析图片中的文字;③定时自动采集;④内置从入门到精通所需要的视频教程,2 分钟就能上手使用;⑤免费使用。

3.2.2　火车采集器

火车采集器 LocoySpider(网址:www.locoy.com,如图 3-4 所示)是一个供各大主流文章系统、论坛系统等使用的多线程内容采集、发布程序。使用火车采集器,用户可以瞬间建立一个拥有庞大内容的网站。系统支持远程图片下载、图片批量水印、Flash 下载、下载文件地址探测、自定义发表的内容等诸多功能。

火车采集器是一款网页抓取工具,是用于网站信息采集、信息抓取,对包括图片、文字等信息进行采集、处理、发布的强大的数据收集工具。火车采集器如何去抓取数据,取决于用户的规则。用户要获取一个栏目的网页里的所有内容,需要先将这个网页的网址采下来,

图 3-4　火车采集器官网首页

这就是采网址。程序按用户的规则抓取列表页面，从中分析出网址，然后再去抓取获得网址的网页里的内容。然后，程序再根据用户的采集规则，对下载到的网页进行分析，将标题内容等信息分离开来并保存下来。如果用户选择了下载图片等网络资源，程序会对采集到的数据进行分析，找出图片、资源等的下载地址并下载到本地。

火车采集器的优点包括：数据采集速度快、品牌资质老、数据采集经验丰富、采集面积广（可以采集公开网站，还可以采集非公开的网站）、工具容易学习等。

3.2.3　探码 Dyson 数据采集系统

探码 Dyson 数据采集系统（网址：http://www.tanmer.com/dyson，如图 3-5 所示）是一个强大的数据采集、分析和可视化平台，采用探码科技自主研发的 TMF 框架为架构主体，支持开发可操作的智能数据应用系统。用户将采集的数据通过一系列分析选项发现复杂的联系并探索其数据中的各种关系，包括图形可视化、全文多面搜索、动态直方图、交互式地理空间视图和实时共享的协作工作空间。探码 Dyson 数据采集系统可以专业针对互联网数据抓取、处理、分析、挖掘，并灵活迅速地抓取网页上散乱分布的信息，通过智能数据中心提供存储与计算，利用网页应用服务器和开放平台服务器进行数据存储、管理以及挖掘服务，平台服务器居中调节，实现数据的智能化分析，准确挖掘出所需数据。

图 3-5　探码 Dyson 数据采集系统官网首页

探码 Dyson 数据采集系统是国内最早做定制化数据采集的，也是私有定制化数据采集服务的领先品牌,团队主要为政府、新闻、交通、公安以及大型企业提供定制化采集服务、数据分发、分布式采集集群等。

探码 Dyson 数据采集系统的优点包括:①爬虫实时检测,强大的数据预处理功能;②对外接口方便统一,管理看板简洁直观;③数据与业务实时追踪,支持海量数据存储及运算;④多样性的数据可视化功能,数据分析报告的实时导出。

3.2.4 集搜客 GooSeeker

集搜客 GooSeeker(网址:http://www.gooseeker.com/,如图 3-6 所示)始于 2007 年,它致力于提供一套便捷易用的软件,将网页内容进行语义标注和结构化转换。一旦有了语义结构,整个网站就变成了一个大数据库;一旦网页内容被赋予了意义(语义),就能从中挖掘出有价值的知识。

图 3-6 集搜客 GooSeeker 官网首页

集搜客 GooSeeker 不是一个简单的网页抓取器,它能够集众人之力把语义标签摘取下来。每个语义标签代表大数据知识对象的一个维度,通过多维度整合来剖析知识对象。而知识对象可以是多个层面的,比如市场竞争、消费者洞察、品牌地图、企业画像等。2015 年,集搜客 GooSeeker 已把互联网内容结构化和语义化技术成功推广到金融、保险、电信运营、电信设备制造、电子制造、零售、电商、旅游、教育等行业。目前,集搜客 GooSeeker 正在将大数据具象化和亲民化——凝练成多层面的大数据资源,让更多的人可以利用数据。

集搜客 GooSeeker 的功能包括:①可视化免编程,集搜客 GooSeeker 抓取软件操作简单,完全可视化操作,无须具备编程基础,熟悉计算机基本操作即可轻松掌握;②模板资源套用,集搜客 GooSeeker 的模板资源套用特性,让用户可以轻松快捷地获得数据;③通用网络爬虫,集搜客 GooSeeker 网络爬虫能够模拟十分复杂的鼠标和键盘动作,一边动作一边抓取;④会员互助抓取,创建一个工作组,接受任务的社友就会用自己的计算机互相帮助采集数据;⑤抓取指数图表;⑥自动登录验证码识别;⑦定时自启动采集;⑧爬虫群并行抓取;⑨一键"集搜"启动多爬虫抓取数据;⑩手机网站数据抓取等。

总之,集搜客 GooSeeker 网络爬虫不仅能抓取文本数据、图片、表格,还能模拟鼠标动作,抓取在指数图表上悬浮显示的数据,无论是新闻资讯图表、电商网站上的产品介绍图片、电商经营分析数据还是指数走势图,只要使用集搜客软件就能抓取到完整的图表信息,让整个互联网成为用户的数据资源库。

3.2.5 前嗅 ForeSpider 数据采集系统

前嗅 ForeSpider 数据采集系统（网址：http://www.forenose.com/，如图 3-7 所示）是天津市前嗅网络科技有限公司拥有自主知识产权的通用性互联网数据采集软件，可以实现简易的可视化操作与智能的自动化采集，使企业能够以很少的人工成本，快速获取互联网中结构化或非结构化的数据。

图 3-7　前嗅 ForeSpider 数据采集系统官网首页

前嗅 ForeSpider 数据采集系统几乎可以采集互联网上所有公开的数据，通过可视化的操作流程，从建表、过滤、采集到入库一步到位。该数据采集系统首创了面向对象的爬虫脚本语言系统，如果有通过可视化采集不到的内容，都可以通过简单几行代码，实现强大的脚本采集。同时其支持正则表达式操作，可以通过可视化、正则、脚本等任意方式，实现对数据的清洗、规范。

前嗅 ForeSpider 数据采集系统的优点包括：①速度快：完全由 C++ 搭建的大数据底层技术，采集速度可达 400 万条数据/天，更支持大规模多机并行采集；②功能强大：可以采集全网百分之百的公开信息，可视化采集+内置脚本语言+浏览器采集，操作难度低，同时自带爬虫脚本语言采集处理数据，自由度极高；③使用安全：数据存储在用户本机，保障用户数据私密；④采集低成本：免费版每天可以采集 1000 条数据，不限制免费版功能；⑤具备挖掘与分析的功能：可在采集同时完成数据挖掘与分析；⑥功能高效：采集的同时可以自动完成排重和清洗，具备完善的日志管理机制，支持多种采集策略。

3.2.6 爬山虎采集器

爬山虎采集器（网址：http://www.51pashanhu.com/，如图 3-8 所示）是一款通用的网页采集软件，它能够采集互联网上的大部分网站数据，包括网页表格数据、文档、图片及其他各种形式文件，自动批量下载到本地设备。

爬山虎采集器可以将采集到的数据导出为各种格式文件、数据库、网站 API 接口；可以定时运行，自动发布，增量更新采集，完全实现自动化运行，不需要人工干涉，因此极大提高了人们从互联网上获取数据的效率。

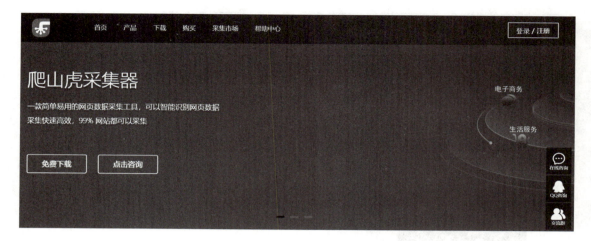

图 3-8　爬山虎采集器官网首页

爬山虎采集器的产品功能包括：①向导模式：通过可视化界面及鼠标点击即可采集数据，具有向导模式，用户不需要任何技术基础，输入网址即可一键提取数据；②独创高速内核：内置一套高速浏览器内核，加上 HTTP 引擎、JSON 引擎模式，实现快速采集数据；③定时运行：可以按照每分钟、每天、每周以及 Cron 表达式定时运行，此外，指定了计划任务，任务就可以实现自动采集、自动发布，不需要人工操作；④智能识别：通过智能算法，自动识别分页及列表，一键采集数据；⑤支持文件下载：可以支持图片、视频、文档等各种文件下载，支持自定义保存路径、文件名；⑥多格式数据导出：支持多格式数据导出，包括 TXT、CSV、Excel、Access、MySQL、SQLServer、SQLite 及发布数据到网站接口。

实验三：基于 BBL 的数据导入

一、实验目的

以 BBL 软件为例，练习如何将不同格式的数据导入蓝鹰商业数据分析实验室。

二、实验准备

信息系统中，常有不同类型、不同格式的数据，从存储形式和数据关系上看，有文件类型数据、数据库类型数据和大数据集群类型数据。其中，文件类型数据有 Excel、TXT、CSV 等格式，数据库类型数据有 MySQL、SQLSever、IBM DB2、Oracle、PostgreSQL 等格式，大数据集群类型数据有 Hive、Spark、ADS 等格式。只有将不同格式的数据源转换到同一种数据类型，才能进行统一处理和可视化数据分析。

三、实验内容

1. BBL 支持的数据源

BBL 蓝鹰商业数据分析实验室目前支持通过 JDBC 连接的数据源，也支持 CSV/Excel 文本数据文件的上传，见表 3-1。

表 3-1　BBL 支持的数据源一览表

类　　型	数　据　源
数据库	MySQL、Oracle、SQLSever、Mongo、Cassandra……
大数据平台	Impala、Hive、Kylin、Presto、ElasticSearch
文本数据源	CSV、Excel

2. 文本数据的上传

BBL 支持 Excel 和 CSV 格式文本数据的上传，具体操作步骤如下：

第一步，在"数据源"页面已默认有文本数据上传功能，单击上传按钮 ⬆，如图 3-9 所示。

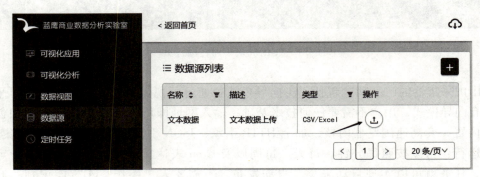

图 3-9　文本数据上传

第二步，在弹出的"上传 CSV/Excel"对话框输入"表名"，可选择输入"主键"和"索引键"。导入方式的选择上，若为第一次导入则选择"新增"，若数据已存在，可选择"替换"或"追加"（注意需填写表名一致），单击"下一步"按钮，如图 3-10 所示。

第三步，单击"上传"按钮，选择上传文件，等待提示上传成功，单击"保存"，即完成数据上传，如图 3-11 所示。

图 3-10　"上传 CSV/Excel"对话框

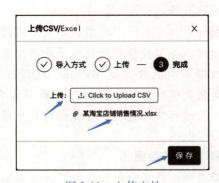

图 3-11　上传文件

3. 配置数据连接

BBL 蓝鹰商业数据分析实验室支持通过 JDBC 连接的数据源，见表 3-2。

表 3-2　通过 JDBC 连接的数据源一览表

数据源名称	驱　动　类
MySQL	com. mySQL. JDBC. Driver
Oracle	Oracle. JDBC. Driver. OracleDriver
SQLserver	com. Microsoft. SQLserver. JDBC. SQLServerDriver
H2	Org. H2. Driver
Phoenix	Org. Apache. Phoenix. JDBC. PhoenixDriver
MongoDB	MongoDB. JDBC. MongoDriver
Presto	com. Facebook. Presto. JDBC. PrestoDriver
Moonbox	Moonbox. JDBC. MbDriver
Cassandra	com. GitHub. AdeJanovski. Cassandra. JDBC. CassandraDriver
ClickHouse	Ru. Yandex. ClickHouse. ClickHouseDriver
Kylin	Org. apache. Kylin. JDBC. Driver
Vertica	com. Vertica. JDBC. Driver
HANA	com. SAP. DB. JDBC. Driver
Impala	com. Cloudera. impala. JDBC41. Driver

具体操作为：第一步，进入某一项目，切换到"数据源"页面，单击右上角的"+"按钮，如图 3-12 所示。

图 3-12　新增"通过 JDBC 连接的数据源"

第二步，在出现的"新增数据源"对话框中完成相关设置，单击"保存"按钮，如图 3-13 所示。

其中，用户名、密码为所连接数据库用户名、密码；连接 Url 填写需符合 JDBC 格式：

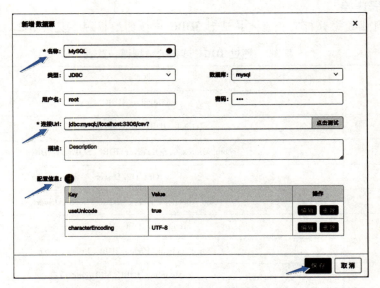

图 3-13 "新增数据源"对话框参数设置

jdbc:<数据源名称>://<数据源域名或 IP>:(<端口>)/<数据源实例>(?<连接参数>)

如,MySQL 格式:

jdbc:mysql://[host][,failoverhost...][:port]/[database][?propertyName1][=propertyValue1][&propertyName2][=propertyValue2]...

示例:

jdbc:mysql://localhost:3306/csv?useUnicode=true&characterEncoding=UTF-8

其中配置信息栏填写连接参数,以键值对的形式,可根据不同数据源情况自行填写。

第 4 章
商务数据预处理

案例导读：电子病历——让人头疼的"脏数据"

电子病历使医疗信息越来越容易存储在计算机中，但是在研究人员如制药公司和医院业务分析人员对所需的信息进行切片和切块之前，电子病历仍然有很大的改进空间。

健康数据咨询公司 InfoClin 的医生兼首席执行官 Keshavjee，整天都在尝试通过筛选成千上万的电子病历来寻找改善患者治疗的方法，但在这个过程中，他面临着很多阻碍。许多医生没有在病历中记录患者的血压，这些数据无法用数据清洗来修复。仅仅依据电子病历中的内容确定病人的病情，对于计算机而言极其困难。医生可能只输入了正确的糖尿病代码，而没有明确指出是患者还是其家庭成员有糖尿病。或者，医生可能只输入了"胰岛素"而没有提及诊断依据，因为对他们而言，诊断依据很明显。

医生还使用大量特殊的速记法来表示药物、疾病和患者的基本详细信息。对人类而言，解密这些记录就需要花费许多脑力，对于计算机而言，这几乎是不可能完成的。例如，Keshavjee 遇到了一位使用缩写"gpa"的医生。直到遇到了变体"gma"之后，他才终于解开了迷惑——它们分别是"grandpa"和"grandma"的简写。Keshavjee 说："花了很长一段时间才弄清楚 gpa 这一简写。"

最终，Keshavjee 说，解决病历中"脏数据"问题的方法之一就是"数据纪律"。通过对医生进行培训，其能够正确地输入信息，为后续的数据清洗免去不必要的麻烦。他说，引入一些帮助工具，如 Google 的能够在用户键入单词时建议用户如何拼写单词的工具，将对电子病历记录的标准化起到很好的辅助作用。虽然计算机可以通过学习指出拼写错误，但是将这种需求降到最低是朝正确方向迈出的一步。

Keshavjee 的另一项建议是创建具有更加标准化字段的病历。然后，计算机就能知道在哪里查找特定信息，从而减少了出错的概率。他说，当然这样做也并不像听起来那样容易，因为许多病人患有多种疾病。标准格式的记录必须要能够灵活考虑此类复杂性。

尽管如此，医生依然需要在电子记录中留有一些空白格，以便能够记下更多格式自由的电子笔记。例如，记录病人跌倒的原因等，对于研究来说至关重要。然而，计算机会忽略理解那些没有上下文语境的、自由格式的笔记。虽然人们通过关键字搜索可能会做得更好，但是他们仍然不可避免地会错过许多相关记录。

电子病历中的"脏数据"充分表明，计算机可以整理成千上万的文档，但是它们却无法解释该过程产生的结果。为达到这一目的，清洗数据、错误处理只是所做的大量尝试中的一步。尽管人们大肆宣传商务数据能够提升商业利润和帮助人类，但商务数据本身让人非常伤脑筋。

> **学习目标**
>
> - 理解商务数据质量的重要性和常见的数据质量问题
> - 熟悉和理解常见的各种"脏数据"
> - 理解和掌握数据特征分析的基本内容
> - 熟悉数据清洗的基本含义与原理
> - 熟悉和掌握数据清洗的实现思路与主要内容
> - 理解数据集成的背景与基本概念
> - 了解数据集成的模式与常见问题
> - 熟悉数据转换的概念和方法
> - 熟悉数据规约的含义与方法

在商务数据分析中，面对海量原始数据，难免存在着大量不完整（有缺失值）、不一致、有异常的数据，这肯定会严重影响商务数据分析的效率和效果，甚至可能导致分析结果的偏移与偏离，所以，进行数据清洗是有必要的。完成数据清洗后，就需要进行数据集成、转换、规约等一系列的处理。从数据清洗到规约的一系列过程，都属于数据预处理。数据预处理一方面是要提高数据的质量，另一方面是要确保数据适应特定的分析技术或分析工具。

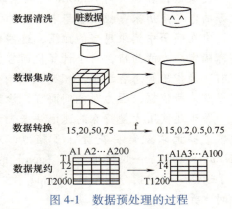

图 4-1 数据预处理的过程

数据预处理的主要内容包括数据清洗、数据集成、数据转换和数据规约，数据预处理过程如图 4-1 所示。

4.1 数据探索

数据探索是获得数据后要做的第一步，目的是对要分析的数据有个大概的了解，弄清数据质量、大小、特征和样本数量、数据类型、数据的概率分布等。数据探索主要包括数据质量探索和数据特征分析。

4.1.1 数据质量探索

数据质量探索顾名思义，就是了解数据的大体质量及常见的数据问题，比如缺失、异常值与数据不一致。商务数据分析的根基是数据，但数据质量是数据的生命，倘若数据质量出了问题，即使分析挖掘数据的工具再先进，在充满"垃圾"的数据环境中也只能提取出毫无意义的"垃圾"。

1. 数据质量的重要性

基于准确（高质量）的数据进行分析，才有可能得到可信的分析结果，基于这些结果才有可能做出正确的决策，否则，在不准确的数据上进行分析，有可能导致错误的认识和决策，如图4-2所示。据估计，数据中的"异常"和"杂质"，一般占到数据总量的5%左右。

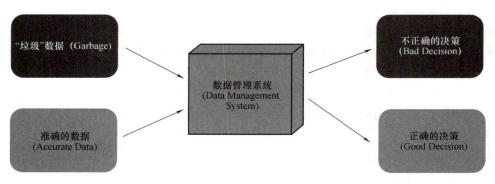

图4-2 数据质量的重要性

2. 常见的数据质量问题

常见的数据质量问题可以根据数据源的多少和所属层次（定义层和实例层）分为四类，如图4-3所示。

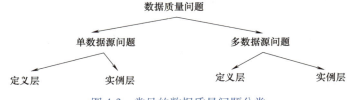

图4-3 常见的数据质量问题分类

（1）单数据源定义层

违背字段约束条件（如日期出现9月31日），字段属性依赖冲突（如两条记录描述同一个人的某一个属性，但数值不一致），违反唯一性（如同一个主键ID出现了多次）等。

（2）单数据源实例层

单个属性值含有过多信息，拼写错误，存在空白值，存在噪声数据，数据重复，数据过时等。

（3）多数据源定义层

同一个实体的不同称呼（如custom_id、custom_num），同一种属性的不同定义（如字段长度定义不一致、字段类型不一致等）。

（4）多数据源实例层

数据的维度、粒度不一致（如有的按GB记录存储量，有的按TB记录存储量；有的按照年度统计，有的按照月份统计），数据重复，拼写错误等。

3. 常见的"脏数据"

"脏数据"是指源系统中的数据不在给定的范围内或对于实际业务毫无意义，或是数据格式非法以及在源系统中存在不规范的编码和含糊的业务逻辑的数据。常见的"脏数据"包括缺失值、错误值、异常值、重复值和不一致值。

（1）缺失值

缺失值即不完整数据，指的是现有数据集中某个或某些属性的值是不完全的。换言之，就是数据集中某一类数据应该有数值但是丢失了，如供应商的名称缺失、分公司的名称缺失、客户的区域信息缺失、业务系统中主表与明细表不能匹配等。

缺失值产生的原因多种多样，主要分为机械原因和人为原因。机械原因缺失值是由于机械故障导致的数据收集或保存的失败造成的数据缺失，比如数据存储的失败，存储器损坏、机械故障导致某段时间数据未能收集（对于定时数据采集而言）。人为原因缺失值是由于人的主观失误、历史局限或有意隐瞒造成的数据缺失，比如在市场调查中被访人拒绝透露相关问题的答案或者回答的问题是无效的，或者数据录入人员失误漏录了数据。

（2）错误值

错误值主要是由于业务系统不够健全，在接收输入后没有进行判断而直接写入后台数据库造成的，比如数值数据输成全角数字字符、字符串数据后有一个回车、日期格式不正确、日期越界等。

错误值包括输入错误和错误数据：输入错误是由原始数据录入人员疏忽而造成的；错误数据大多是由一些客观原因引起的，比如人员填写的所属单位因为人员升迁等造成的不一致性。错误数据也要分类，对于类似于全角字符、数据前后有不可见字符的问题，通过 SQL 语句方式找出，然后要求客户在业务系统修正之后抽取；日期格式不正确或者是日期越界等错误会导致数据抽取、转换、装载（Extract-Transform-Load，ETL）运行失败，需要在业务系统数据库中用 SQL 语句方式清洗出来，交给业务主管部门限期修正。

（3）异常值

异常值即异常数据，是指所有记录中如果一个或几个字段间绝大部分遵循某种模式，其他不遵循该模式的记录，如年龄字段超过历史上记录的最大年龄等就属于异常数据。从统计学角度而言，异常值是指样本中的个别值，其数值明显偏离它（或它们）所属样本的其余观测值。一般而言，如果一组测定值中与平均值的偏差超过两倍标准差的测定值，都被称为异常值；而与平均值的偏差超过三倍标准差的测定值，则被称为高度异常的异常值。

（4）重复值

重复值也就是"重复数据"或"相似重复记录"，是指同一个现实实体在数据集合中用多条不完全相同的记录来表示，由于它们在格式、拼写上的差异，导致数据库管理系统不能正确识别。从狭义的角度看，如果两条记录在某些字段的值相等或足够相似，则认为这两条记录互为相似重复。

（5）不一致值

不一致值是指数据的互相矛盾或彼此不相容性。不一致值的产生主要发生在数据集成过程中，这可能是由于不同的数据源或对于重新存放的数据未能进行一致处理造成的。例如，两张表中都存储了用户的电话号码，但在用户的电话号码发生改变时只更新了一张表中的数据，那么这两张表中就有了不一致的数据。其他诸如法人或作者更换单位、不同的计量单位、过时的地址和邮编等原因也会造成数据不一致。

4. "脏数据"实例

"脏数据"实例的常见问题、具体示例和可能的原因见表 4-1。

表 4-1 "脏数据"实例一览表

问 题	脏 数 据	原 因
缺少值	phone=9999-9999999	录入数据时不知道
拼写错误	city="Londo"	录入时引入的错误
不同的缩写	Experience="B",occupation="DB Pro."	
自由格式的文本串	name="J. Smith 12.02.70 New York"	单一字段中,存放了多种信息
值与字段名不匹配	city="Germany"	
字段之间不对应	city="Redmond",zip=77777	城市和邮政编码不对应
词移位	name1="J. Smith",name2="Miller P."	该字段无固定格式
相似重复记录	emp1=(name="John Smith"); emp2=(name="J. Smith")	两条记录对应于同一个现实实体
互相矛盾的记录	emp1=(name="John Smith",bdate=12.02.70); emp2=(name="John Smith",bdate=12.12.70)	同一个现实实体的某个属性有多个不同的值
错误的引用	emp=(name="John Smith",depno=17)	John Smith 并不在 17 所对应的部门

4.1.2 数据特征分析

数据特征分析一般包括分布分析、对比分析、统计分析、帕累托(贡献度)分析、正态性检验和相关性分析,如图 4-4 所示。

1. 分布分析

分布分析,就是研究数据的分布特征(如对称性)和分布类型,可以通过绘制直方图、条形图、饼图可视化数据的整体分布情况。分布分析分为定量数据分布分析和定性数据分布分析:前者可以通过绘制频率直方图可视化结果;后者可以通过绘制饼图和条形图来描述分布。

2. 对比分析

对比分析,就是比较相互联系的指标的变化情况,从数量上展示和说明研究对象规模的大小、水平的高低、速度的快慢以及各种关系是否协调。对比分析特别适用于指标间的纵横向比较、时间序列的比较分析,可以通过折线图可视化结果。在对比分析中,选择合适的对比标准是十

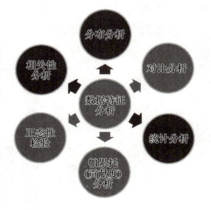

图 4-4 数据特征分析的主要内容

分关键的步骤,只有对比标准选择合适,才能做出客观的评价,对比标准选择不合适,评价可能得出错误的结论。

对比分析分为绝对数对比和相对数对比。由于研究目的和对比基础不同,相对数可以分

为结构相对数、比例相对数、比较相对数、强度相对数、计划完成程度相对数和动态相对数六种。

1）结构相对数：将同一总体内的部分数值与全部数值对比求得比重，用以说明事物的性质、结构或质量。如居民食品支出额占消费支出总额的比重、产品合格率等。

2）比例相对数：将同一总体内不同部分的数值进行对比，表明总体内各部分的比例关系。如人口性别比例、投资与消费比例等。

3）比较相对数：将同一时期两个性质相同的指标数值进行对比，说明同类现象在不同条件下的数量对比关系。如不同地区商品价格对比，不同行业、不同企业间某项指标对比等。

4）强度相对数：将两个性质不同但有一定联系的总量指标进行对比，用以说明现象的强度、密度和普通程度。如人均国内生产总值用"元/人"表示，人口密度用"人/平方公里"表示，也有用百分数或千分数表示的，如人口出生率用‰表示。

5）计划完成程度相对数：是某一时期实际完成数与计划数的对比，用以说明计划完成程度。

6）动态相对数：是指将同一现象在不同时期的指标数值进行对比，用以说明发展的方向和变化的速度，如发展速度、增长速度。

3. 统计分析

统计分析，就是用统计指标对定量数据进行统计描述，常从集中度趋势和离中度趋势两个方面进行分析。集中度趋势，是指一组数据向某一中心靠拢的倾向，核心在于寻找数据的代表值或中心值；离中度趋势，是指一组数据中各数据以不同程度的距离偏离中心的趋势。

4. 帕累托（贡献度）分析

帕累托分析，又被称为贡献度分析，它的原理是帕累托法则，即二八（20/80）定律。原因和结果、投入和产出之间本来存在着无法解释的不平衡。例如，对于一个餐馆而言，80%的利润来自于20%的热卖菜品，而其他80%的菜品只产生了20%的利润，如图4-5所示。帕累托分析的思路就是通过二八原则，去寻找关键的那20%的决定性因素。

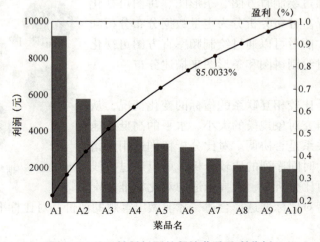

图4-5 基于帕累托图的餐馆菜品盈利分析

5. 正态性检验

利用观测数据判断总体是否服从正态分布的检验称为正态性检验,它是统计判决中重要的一种特殊的拟合优度假设检验。常用的正态性检验方法有正态概率纸法、夏皮罗-维尔克检验法(Shapiro-Wilk test)、科尔莫戈罗夫检验法、偏度-峰度检验法等。

6. 相关性分析

相关性分析,即分析连续变量之间线性相关程度的强弱,并用适当的统计指标标识出来,一般可以通过绘制散点图或散点图矩阵可视化结果。判断两个变量是否具有线性相关关系,最直观的方法是直接绘制散点图。基于散点图的相关关系如图 4-6 所示。

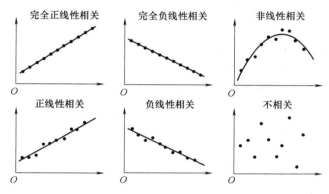

图 4-6 基于散点图的相关关系

需要同时考察多个变量间的相关关系时,一一绘制它们间的简单散点图十分麻烦,此时,可利用散点图矩阵同时绘制各变量间的散点图,从而快速发现多个变量间的主要相关性。基于散点图矩阵的相关关系如图 4-7 所示。

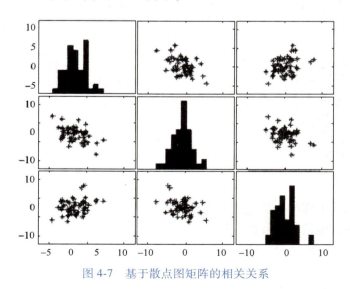

图 4-7 基于散点图矩阵的相关关系

相关系数分为皮尔逊相关系数和斯皮尔曼相关系数;皮尔逊相关系数适用于正态分布,只有两个变量是线性关系时才会完全相关;斯皮尔曼相关系数则无须正态分布,只要两个变量存在严格单调关系就可以检测相关性。

4.2 数据清洗

4.2.1 数据清洗概述

1. 基本概念

数据清洗（Data Cleaning），是对数据进行重新审查和校验的过程，目的在于删除重复信息、纠正存在的错误，并提供一致性数据。数据清洗是整个数据分析过程中不可缺少的一个环节，其结果质量直接关系到模型效果和最终结论。因为"脏数据"将影响到数据仓库中通过联机分析处理（OLAP）、数据挖掘和关键绩效指标（KPI）所产生的报表，所以务必通过数据清洗，确保无法辨认的数据不会进入数据仓库。

如图4-8所示，ETL是指将OLTP系统中的数据抽取出来，并将不同数据源的数据进行转换和整合，得出一致性的数据，然后加载到数据仓库中。表面上而言，数据清洗操作是在数据抽取完成之后，然而事实上，数据清洗的操作在整个ETL过程中都会有。例如，在数据抽取时会过滤掉某些字段，去除掉重复字段等；在数据加载时，通过查询语法将部分不需要的信息剔除掉。这些都可以算是对数据的清洗。这样做的目的，就是降低数据清洗过程的复杂度，提高效率。

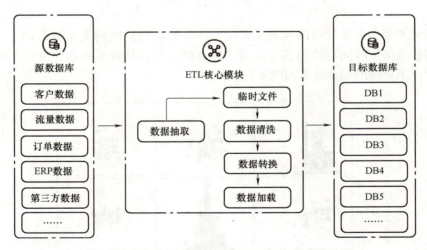

图4-8　数据清洗示意图

数据清洗从名字上理解就是把"脏"的数据"洗掉"，是指发现并纠正数据文件中可识别错误的一道程序，包括检查数据一致性、处理无效值和缺失值等。因为数据仓库中的数据是面向某一主题的数据的集合，这些数据从多个业务系统中抽取出来且包含历史数据，这样就避免不了有的数据是错误数据、有的数据相互之间有冲突，这些错误的或有冲突的数据显然是用户不想要的，称为"脏数据"。因此需要按照一定的规则把"脏数据""洗掉"，这就是数据清洗。而数据清洗的任务是过滤那些不符合要求的数据，将过滤的结果交给业务主管部门，确认这些数据是过滤掉还是由业务单位修正之后再进行抽取。

2. 基本原理

数据清洗的基本原理，就是利用有关技术如数理统计、数据挖掘或预定义的清理规则将"脏数据"转化为满足数据质量要求的数据。ETL 过程中的数据清洗策略如图 4-9 所示。

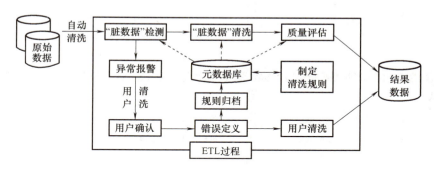

图 4-9　ETL 过程中的数据清洗策略

4.2.2　数据清洗的实现

数据清洗是一项长期工作，不可能一蹴而就。从清洗流程而言，数据清洗的一般步骤为：预处理数据、去除/补全缺失数据、去除/修改格式和内容错误的数据、去除/修改逻辑错误的数据、去除不需要的数据、关联性验证，如图 4-10 所示。

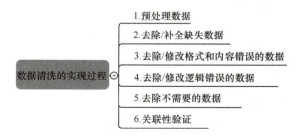

图 4-10　数据清洗的实现

1. 预处理数据阶段

预处理数据阶段主要做两件事情：首先，将数据导入处理工具。通常来说，建议使用数据库，单机跑数搭建 MySQL 环境即可。如果数据量大（千万级以上），可以使用文本文件存储+Python 操作的方式。其次，看数据。看数据也包含两个部分：一是看元数据，包括字段解释、数据来源、代码表等一切描述数据的信息；二是抽取一部分数据，使用人工查看方式，对数据本身有一个直观的了解，并且初步发现一些问题，为之后的清洗做准备。

2. 去除/补全缺失数据阶段

缺失数据是最常见的数据问题，处理缺失数据也有很多方法，可以按照三个步骤进行：第一步，确定缺失数据范围。对每个字段都计算其缺失数据比例，然后按照缺失比例和字段重要性，分别制定策略，如图 4-11 所示。第二步，去除不需要的字段。第三步，重新取数。如果某些指标非常重要又缺失率高，那就需要通过多种途径进行缺失数据填补。

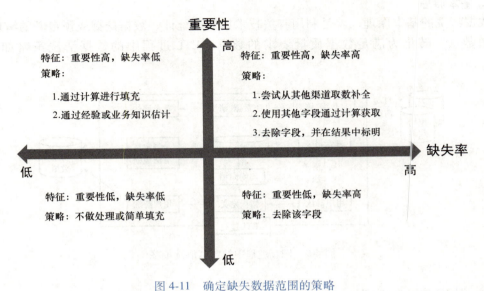

图 4-11　确定缺失数据范围的策略

填补缺失数据的方法有如下三大类：直接删除、人工填写和自动填充。

（1）直接删除

可以删除带有缺失数据的记录，也可直接删除有缺失数据的属性。但在实际中不太有效，尤其是在缺失数据变化多且跨多个自变量的情况下。

（2）人工填写

通过人手工填写方式，逐一填写缺失的数据。

（3）自动填充

这个方法是目前应用最为广泛的。顾名思义，用某些数据自动填充缺失数据。依照自动填充的值不同，可以分为如下几类：

1）全局常量填充：用同一个常量替换所有的缺失数据。比如分类型的缺失数据可以用"Unknown"填充，数值型的缺失数据可以用"0""空"填充。需要注意的是，用全局常量填充的方法经常会造成被替换的常量数据本身成为影响模型判断的重要变量，从而影响结果的准确度。

2）中心度量填充：数据描述统计的知识中，提到数据集中趋势有呈现数据整体趋势的作用。因此，可以通过取属性的平均值、中位数、众数等指标来填充缺失数据。

3）同组均值填充：这个方法需要参考有缺失数据记录的其他属性值。将数据按照其他属性分类、分组（Group By），统计有缺失数据一列的平均数或中位数等指标，并用其替换缺失数据。用这种方法时，可以参考给定一种类型下的数据的分布，若数据偏度（Skewness）绝对值很大，或许中位数是更好的选择。

4）最有可能值填充：这种方法其实就是用样本中的已有变量（X）来预测有缺失数据的变量（Y）。比如，可以用回归或者朴素贝叶斯等预测缺失数据应该填写什么。但是，并不是所有情况都能适用此种方法。在数据表中，如果有缺失数据的属性是主键（如身份证号），则本方法无效。尽管如此，最有可能值填充的方法在数据清理中应用非常广。

3. 去除/修改格式和内容错误的数据阶段

格式、内容问题是比较细节的问题，但很多分析失误都是因为格式、内容清洗不足造成的。例如，跨表关联或 VLOOKUP 失败（多个空格导致工具认为"陈丹奕"和"陈 丹奕"不是一个人）、统计值不全（数字中夹杂了字母，在求和时结果有问题）、模型输出失败或效果不好（数据对错列，比如把日期和年龄弄混了）。

如果数据是由系统日志而来，那么通常在格式和内容方面会与元数据的描述一致。而如果数据是由人工收集或用户填写而来，则有很大可能性在格式和内容上存在一些问题，简单来说，格式、内容问题有以下几类：

（1）显示格式不一致

这种问题主要表现为：时间、日期、数值、全半角等不一致，通常与输入端有关，在整合多来源数据时也有可能遇到，将其处理成一致的某种格式即可。

（2）内容中有不该存在的字符

某些内容可能只包括一部分字符，比如身份证号是数字+字母，中国人姓名是汉字（赵C 这种情况还是少数）。最典型的就是头、尾、中间的空格，也可能出现姓名中存在数字符号、身份证号中出现汉字等问题。这种情况下，需要以半自动校验半人工方式来找出可能存在的问题，并去除不需要的字符。

（3）内容与该字段应有内容不符

姓名写了性别、身份证号写了手机号等均属这种问题。但该问题特殊性在于：并不能简单地以删除来处理，因为成因有可能是人工填写错误，也有可能是前端没有校验，还有可能是导入数据时部分或全部存在列没有对齐的问题，因此要详细识别问题类型。

4. 去除/修改逻辑错误的数据阶段

这部分的工作是去掉一些使用简单逻辑推理就可以直接发现问题的数据，防止分析结果走偏。该阶段主要包含以下几个步骤：

（1）去重

有些分析师喜欢把去重放在第一步，但去重应该放在格式、内容清洗之后。原因非常简单，如果在格式、内容清洗之前，多了一个空格导致清洗工具认为"陈丹奕"和"陈 丹奕"不是一个人，这样就导致去重失败。

此外，并不是所有的重复都能简单去除。例如，在电话销售相关的数据分析中，发现销售员为了自身业绩拼命抢单，会故意给同一家公司输入不同的公司名。例如，一家名为"ABC 管家有限公司"的企业是销售 A 的客户，然后销售 B 为了抢这个客户，在系统里故意录入一个"ABC 官家有限公司"。不仅如此，由于地名等高度类似甚至重合，也不适合简单去除。

（2）去除异常值

异常值通常被称为"离群点"，例如，有人填表时乱填，年龄200岁，年收入100000万元（估计是没看见"万"字），这种异常值要么删掉，要么按缺失值处理。

对于异常值的处理，通常使用的方法是简单的统计分析和 3∂ 原则。第一，简单的统计分析，即拿到数据后可以对数据进行一个简单的描述性统计分析，譬如最大最小值可以用来判断这个变量的取值是否超过了合理的范围，如客户的年龄为−20岁或200岁显然是不合常理的，为异常值。第二，3∂ 原则，即如果数据服从正态分布，在 3∂ 原则下，异常值为一

组测定值中与平均值的偏差超过三倍标准差的值。如果数据服从正态分布，距离平均值 3∂ 之外的值出现的概率为 $P(|x-u|>3\partial) \leqslant 0.003$，属于极个别的小概率事件。如果数据不服从正态分布，也可以用远离平均值的多少倍标准差来描述。另外，箱线图可视化分析（见图 4-12）、构建模型进行检测或者基于距离、密度、聚类进行判别，都可以用于确定异常值。

5. 去除不需要的数据阶段

去除不需要的数据，就是删除不需要的字段。但实际操作起来有很多问题，例如：把看上去不需要但实际上对业务很重要的字段删除了；觉得某个字段有用，但又没想好怎么用，不知道是否该删除等。

6. 关联性验证阶段

如果数据有多个来源，那么就有必要进行关联性验证。例如，有汽车的线下购买信息，也有电话客服问卷信息，两者通过姓名和手机号关联，那么要看一下，同一个人线下登记的车辆信息和线上问卷问出来的车辆信息是不是同一辆。

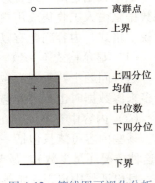

图 4-12　箱线图可视化分析

严格意义上来说，这已经脱离数据清洗的范畴了，而且关联数据变动在数据库模型中就应该涉及。同时，多个来源的数据整合是非常复杂的工作，一定要注意数据之间的关联性，尽量在分析过程中不要出现数据之间互相矛盾的情况。

4.3　数据集成

4.3.1　数据集成概述

1. 数据集成的背景

近年来，大数据技术等新兴技术的迅猛发展和信息化的推进，使得人类社会所积累的数据量已经超过了过去五千年的总和，数据的采集、存储、处理和传播的数量也与日俱增。企业实现数据共享，可以使更多的人更充分地使用已有数据资源，减少资料收集、数据采集等重复劳动和相应费用。

但是，在实施数据共享的过程当中，由于不同用户提供的数据可能来自不同的途径，其数据内容、数据格式和数据质量千差万别，有时甚至会遇到数据格式不能转换或数据转换格式后丢失信息等棘手问题，严重阻碍了数据在各部门和各软件系统中的流动与共享。因此，如何对数据进行有效的集成管理已成为增强企业商业竞争力的必然选择。

2. 数据集成的基本概念

数据集成（Data Integration）是一个数据整合的过程。通过综合各数据源，将拥有不同结构、不同属性的多个数据源中的数据集成起来，存放在一个一致的数据存储系统中，就是数据集成。简单而言，数据集成是将不同来源的数据整合在一个数据库中的过程。

由于不同的数据源定义属性时命名规则不同，存入的数据格式、取值方式、单位都会有不同。因此即便两个值代表的业务意义相同，也不代表存在数据库中的值就是相同的。因此需要在数据入库前进行集成，保证数据质量。

另外，数据集成要将多个数据源中的数据结合起来，通过应用间的数据交换从而达到集成，就需要解决各个数据源之间的异构性（即差异性）。数据源之间的异构性体现在：数据管理系统的异构性、通信协议的异构性、数据模式的异构性（见图 4-13）、数据类型的异构性、取值的异构性和语义的异构性。

图 4-13　数据模式的异构性

如图 4-13 所示，数据模式的异构性，简单地说就是指数据的结构不同。在下方客户信息表中的"FullName"和客户电话表中的"PhoneNum"，对应了上方客户信息表中的"firstName""lastName""homePhone"和"cellPhone"。

4.3.2　数据集成模式

数据集成是把不同来源、格式、特点性质的数据在逻辑上或物理上有机地集中，从而为用户提供全面的数据共享。在企业数据集成领域，已经有了很多成熟的框架可以利用。通常采用联邦数据库模式、中间件模式和数据仓库模式完成数据集成。不同数据集成模式在不同的着重点和应用上解决数据共享和为企业提供决策支持。

1. 联邦数据库模式

联邦数据库模式是最简单的数据集成模式，由半自治数据库系统构成，各数据源相互之间分享数据。各数据源之间分享数据时，需要相互提供访问接口，这是一种在每对数据源之间创建映射（Mapping）和转换（Transform）的软件，被称为包装器（Wrapper）。也就是说，当数据源 X 需要和数据源 Y 进行通信和数据集成时，需要建立 X 和 Y 之间的包装器，如图 4-14 所示。

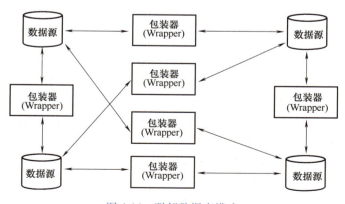

图 4-14　联邦数据库模式

联邦数据库模式又分为紧耦合和松耦合两种情况：紧耦合提供统一的访问模式，一般是静态的，在增加数据源上比较困难；而松耦合则不提供统一的接口，但可以通过统一的语言访问数据源，其中核心难点是必须解决所有数据源的语义问题。

联邦数据库模式的优点在于，如果有很多的数据源，但是仅仅需要在少数几个数据源之间进行通信和集成，联邦数据库模式是最合适的一种模式。它的缺点在于，如果需要在很多的数据源之间进行通信和数据交换，就需要建立大量的包装器——在存在 N 个数据源的情况下，最多需要建立 $N(N-1)/2$ 个包装器，这将是非常繁重的工作。如果有数据源变化，需要修改映射和转换机制，对大量的包装器进行更新，这将变得非常困难。

2. 中间件模式

中间件模式，就是通过统一的全局数据模型来访问异构的数据库、Web 资源等。中间件（Mediator）位于异构数据源系统（数据层）和应用程序（应用层）之间，向下协调各数据源系统，向上为访问集成数据的应用提供统一数据模式和数据访问的通用接口。各数据源的应用仍然完成它们的任务，中间件主要为异构数据源提供一个高层次检索服务，如图 4-15 所示。

中间件模式是比较流行的数据集成方法，它通过在中间层提供一个统一的数据逻辑视图来隐藏底层的数据细节，使得用户可以把集成数据源看为一个统一的整体。中间件模式的关键问题是如何构造这个逻辑视图，并使得不同数据源之间能映射到这个中间层。

本质上而言，中间件扮演的是数据源的虚拟视图的角色，它本身不保存数据，数据仍然保存在数据源中，通过虚拟数据模式（Virtual Schema）把各个数据源的数据模式组合起来，

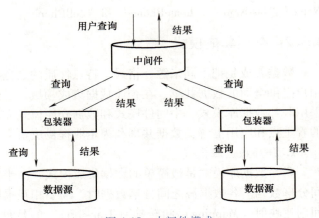

图 4-15　中间件模式

数据映射和传输在查询时刻才真正发生。当用户提交查询时，查询被转换成对各个数据源的若干查询。这些查询分别发送到各个数据源，由各个数据源执行这些查询并返回结果。各个数据源返回的结果经合并后，返回给最终用户。

3. 数据仓库模式

所谓数据仓库，就是在企业管理和决策中面向主题的、集成的、与时间相关的和不可修改的数据集合。其中，数据被归类为广义的、功能上独立的、没有重叠的主题。

数据仓库模式是目前最为通用的一种数据集成模式，在数据仓库模式中，数据从各个数据源复制过来，经过转换，然后存储到一个目标数据库中。如图 4-16 所示，ETL 过程在数据仓库之外完成，数据仓库负责存储数据，以备查询。

数据仓库模式下，数据集成过程即是一个 ETL 过程，它需要解决各个数据源之间的异构性和不一致性。数据仓库模式下，同样的数据被复制了两份：一份在数据源里，一份在数据仓库里。如何及时更新数据仓库里的数据将是需要使用者考虑的问题（如全量更新或增量式更新）。

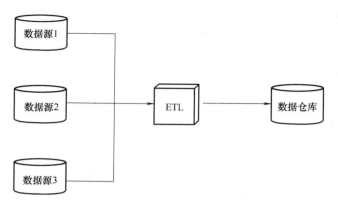

图 4-16　数据仓库模式

4.3.3　数据集成的常见问题

数据集成的本质是整合数据源，在整合过程中，面临字段意义问题、字段结构问题、数据重复问题、数据冲突问题等。

1. 字段意义问题

在整合数据源的过程中，可能出现两个数据源中都有一个字段名字叫"工资"，但其实一个数据源中记录的是税前工资，另一个数据源中是税后工资；也可能出现两个数据源都有字段记录税前工资，但是一个数据源中字段名称为"gongzi"，另一个数据源中字段名称为"Salary"。

上述两种情况是在数据集成中经常发生的。造成字段意义问题的原因，在于日常生活中语义的多样性以及数据库数据命名的不规范。为了解决此类问题，首先，需要在数据集成前进行业务调研，确认每个字段的实际意义，避免被不规范的命名误导；其次，需要整理一张专门用来记录字段命名规则的表格，使字段、表名、数据库名均能自动生成，并统一命名，一旦出现新的命名规则，还能对规则表实时更新。

2. 字段结构问题

字段结构问题的产生也是数据集成中几乎必然会产生的常见问题，分为字段名称不同、字段数据类型不同、字段数据格式不同、字段单位不同和字段取值范围不同五种。

第一种情况，字段名称不同。例如，都是用于存储员工工资的字段，一个数据源中字段名称是"gongzi"，另一个数据源中字段名称是"Payment"。

第二种情况，字段数据类型不同。例如，都是用于存储员工工资的字段，一个数据源中设置为"Integer"类型，另一个数据源中设置为"Char"类型。

第三种情况，字段数据格式不同。例如，都是用于存储员工工资的数值型字段，一个数据源中使用逗号分隔，另一个数据源中用科学记数法。

第四种情况，字段单位不同。例如，同样是存储员工工资的数值型字段，一个数据源中的单位是人民币，另一个数据源中的单位是美元。

第五种情况，字段取值范围不同。例如，同样是存储员工工资的数值型字段，一个数据源中允许该字段为空值（Null），另一个数据源中不允许该字段为空值。

3. 数据重复问题

数据重复问题，是指数据整合过程中出现了重复数据、重复记录。为了检查数据记录的重复情况，一般需要通过表的主键设定。因为主键能够确定唯一记录，其有可能是一个字段，也有可能是几个字段的组合。一般而言，数据表在设计时会设定主键，但是，有时也会没有专门设定主键。为了避免数据重复问题，最好能够在数据整合前后对表进行优化，过滤重复数据。重复数据入库，不仅会给日后表关联造成极大的影响，也会影响数据分析与挖掘的效果，应尽量避免。

4. 数据冲突问题

数据冲突问题，是指数据整合过程中发现两个数据源中同样的数据取值记录得不一样。造成这种原因，除了有人工误录入，还有可能是因为货币计量的方法不同、汇率不同、税收水平不同、评分体系不同等原因。处理数据冲突问题，需要对实际的业务知识有一定的理解。同时，可以对数据进行调研，尽量明确造成冲突的原因。

4.4 数据转换和数据规约

4.4.1 数据转换

1. 数据转换概述

数据转换就是将数据进行转换或归并，从而构成一个适合数据处理的描述形式。数据转换主要是对数据进行规范化处理，将数据转换成"适当的"形式，以适用于数据分析挖掘的需要。数据转换包含以下处理内容：

（1）平滑处理

平滑处理是指帮助除去数据中的噪声，主要技术方法有 Bin 方法、聚类方法和回归方法。

（2）合计处理

合计处理是指对数据进行总结或合计操作。例如，合计操作每天的数据可以获得每月或每年的总额。这一操作常用于构造数据立方或对数据进行多粒度的分析。

（3）泛化处理

泛化处理是指用更抽象（更高层次）的概念来取代低层次或数据层的数据对象。例如，"街道"属性可以泛化到更高层次的概念，如城市、国家；数值型属性如"年龄"属性，可以泛化到更高层次的概念，如年轻、中年和老年。

（4）规范化（归一化）处理

数据规范化（归一化）处理是数据分析挖掘的一项基础工作。不同评价指标往往具有不同的量纲，数值间的差别可能很大，不进行处理可能会影响数据分析的结果。为了消除指标之间的量纲和取值范围差异的影响，需要进行标准化处理，将数据按照比例进行缩放，使之落入一个特定的区域，便于进行综合分析。例如，将工资收入属性值映射到 0~1 范围内。

（5）属性构造处理

属性构造处理是指根据已有属性集构造新的属性，以帮助数据处理的过程。例如，如何判断大用户存在窃漏电行为,已有属性包括供入电量、供出电量(线路上各大用户用电量之和)。理论上,供入电量和供出电量应该是相等的,但是由于在传输过程中存在电能损耗,使得供入电量会略大于供出电量。如果该条线路上的一个或多个大用户存在窃漏电行为,会使得供入电量明显大于供出电量。反过来,为了判断是否有大用户存在窃漏电行为,可以构造出一个新的属性"线损率",新构造的属性"线损率"公式为

$$线损率=(供入电量-供出电量)/供入电量\times100\%$$

这个过程就是属性构造处理。

2. 数据转换的常用方法

(1) 简单函数变换

简单函数变换是指对原始数据进行某些数学函数变换,常用的变换包括平方、开方、取对数、差分运算等。简单函数变换常被用来将不具有正态分布的数据变换成具有正态分布的数据。在时间序列分析中,有时简单的对数变换或者差分运算就可以将非平稳序列转换成平稳序列。

(2) 最小-最大规范化

最小-最大规范化也称为离差标准化,是对原始数据的线性变换,将数值值映射到[0,1]之间。转换公式为

$$x^* = \frac{x - \min}{\max - \min}$$

式中,max 为样本数据的最大值;min 为样本数据的最小值。

离差标准化保留了原来数据中存在的关系,是消除量纲和数据取值范围影响的最简单方法。这种处理方法的缺点是如果数值集中且某个数值很大,则规范化后各值会接近于0,并且将会相差不大。若将来遇到超过目前属性[min, max]范围的数据时,会引起系统出错,需要重新确定最小值和最大值。

(3) 零-均值规范化

零-均值规范化也称标准差标准化,经过规范化处理的数据的均值为0,标准差为1。转化公式为

$$x^* = \frac{x - \bar{x}}{\sigma}$$

式中,$\bar{x}$ 为原始数据的均值;σ 为原始数据的标准差。

这是当前用得最多的数据标准化方法。

(4) 小数定标规范化

小数定标规范化是指通过移动属性值的小数位数,将属性值映射到[-1, 1]之间,移动的小数位数取决于属性值绝对值的最大值。

4.4.2 数据规约

1. 概念界定

在数据集成与清洗之后,能够得到整合了多数据源同时数据质量完好的数据集。但是,集成与清洗无法改变数据集的规模,依然需通过技术手段降低数据集的规模,这就是数据规约(Data Reduction)。因此,数据规约就是缩小数据集规模,具体方式有维度规约与数量

规约。

数据规约的意义在于：第一，少量且具代表性的数据将大幅缩减数据分析挖掘所需的时间；第二，可以降低无效数据对建模的影响，提高建模的准确性；第三，降低存储数据成本。

2. 数据规约方法

数据规约方法类似数据集的压缩，它通过维度的减少或者数据量的减少来达到降低数据规模的目的，数据压缩有无损压缩与有损压缩。方法主要是下面两种：

（1）维度规约（Dimensionality Reduction）

维度规约又被称为属性规约，是指通过维度（属性/字段）合并来创建新维度（新属性），或者直接通过删除不相关的维度（属性/字段）来减少数据维数，从而提高数据分析挖掘的效率、降低计算成本。维度规约的目标，是寻找出最小的维度子集，并确保新数据子集的概率分布尽可能地接近原来数据集的概率分布。

维度规约的本质，就是减少所需自变量的个数。代表方法为小波变换（Wavelet Transform，WT）、主成分分析（Principal Component Analysis，PCA）与特征集选择（Feature Subset Selection，FSS）等。

（2）数量规约（Numerosity Reduction）

数量规约又被称为数值规约，是指通过选择替代的、较小的数据来减少数据量，包括有参数方法和无参数方法两类。有参数方法是使用一个模型来评估数据，只需要存放参数，而不需要存放实际数据，比如回归（线性回归和多元回归）和对数线性模型（近似离散属性集中的多维概率分布）。无参数方法就需要存放实际数据，比如直方图、聚类、抽样（采样）。

实验四：基于 BBL 的数据加工

一、实验目的

数据导入后，切换进入数据视图页面，进行数据加工。本次实验的目的在于以 BBL 软件为例，练习对导入的数据进行"左右合并""上下合并""新增列"和"分组汇总"等工作。

二、实验准备

熟悉 BBL 的数据视图界面，了解 BBL "智能模式"和"高级模式"（需要 SQL 支撑）的异同，理解"左右合并""上下合并""新增列"和"分组汇总"的含义和作用。

三、实验内容

BBL 提供了两种模式，即"智能模式"和"高级模式"。需要说明的是：如果上传的是文本数据，会在文本数据上传成功后，自动生成数据视图名为表名的数据视图，可跳过数据加工这个环节，直接在"可视化分析"中进行数据可视化操作。

1. 数据视图新增

首先，需要在"数据视图"操作首页（见图 4-17）中，单击右上角的"+"按钮，即可进入数据视图的操作界面。

图 4-17 "数据视图"操作首页

2. 基于高级模式的数据加工

基于高级模式的数据加工,就是通过编写 SQL 完成相关数据操作,BBL 对于文本数据库,支持 MySQL 查询语法。具体包括如下操作步骤:

第一步,填写名称并选择数据源,如图 4-18 所示。

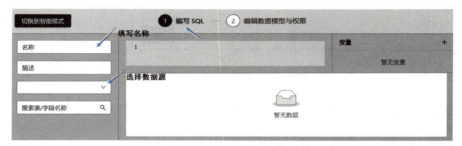

图 4-18 填写名称并选择数据源

第二步,输入 SQL 查询语句,单击"执行"按钮,如图 4-19 所示。

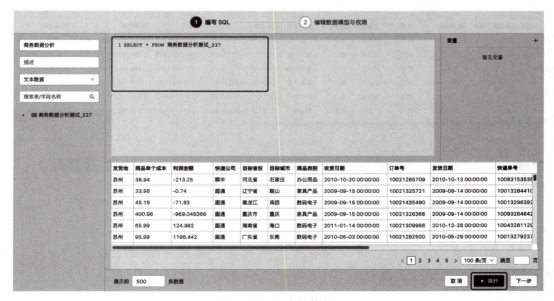

图 4-19 查询并执行

第三步，变量设置。单击图 4-19 右上角的"+"号，添加变量。在出现的"新增变量"对话框中输入名称，选择对应类型和值类型，同时，也可添加默认值，完成后单击"保存"按钮，如图 4-20 所示。

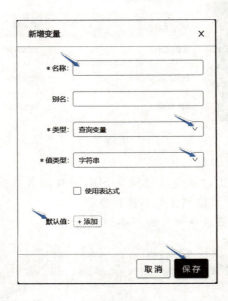

图 4-20 "新增变量"对话框

第四步，在 SQL 语句里使用新增加的变量。基于新增变量的数据加工如图 4-21 所示。

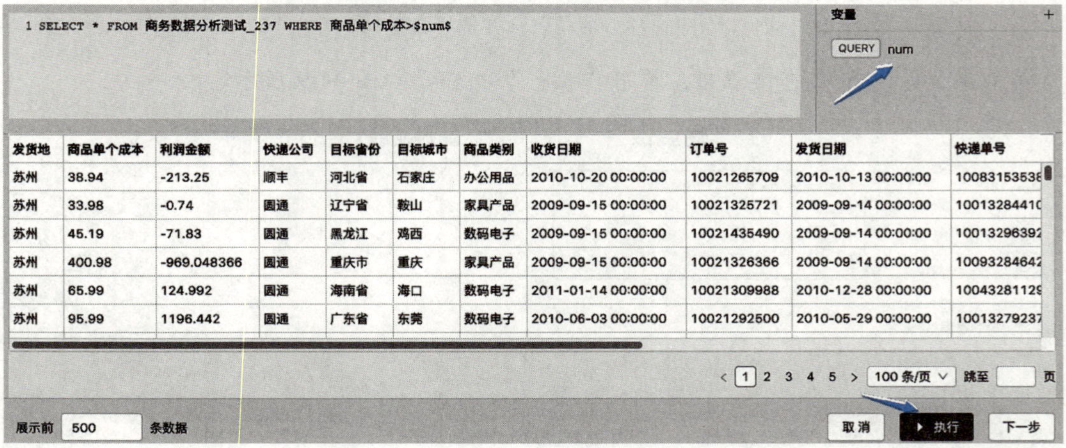

图 4-21 基于新增变量的数据加工

3. 基于智能模式的数据加工

在图 4-18 中，单击"切换到智能模式"按钮，进入智能 ETL 流操作界面，如图 4-22 所示。在此操作界面中，可以完成"左右合并""上下合并""新增列"和"分组汇总"。

第 4 章　商务数据预处理

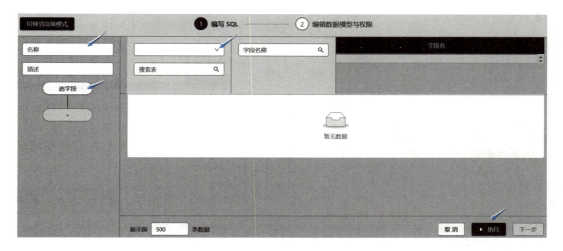

图 4-22　智能 ETL 流操作界面

（1）字段选择

无论进行哪一种数据加工，首先都需要进行初始表字段选择。具体包括如下操作步骤：

第一步，选择数据源，本实验中是"文本数据"。

第二步，选择具体的数据表，本实验中是"销售数据11_397"。

第三步，单击字段，在出现的对话框中选择合适的字段（本实验中选择所有字段），单击"确定"按钮。

第四步，单击屏幕右下角的"执行"按钮，完成字段选择。

字段选择的操作界面如图 4-23 所示。

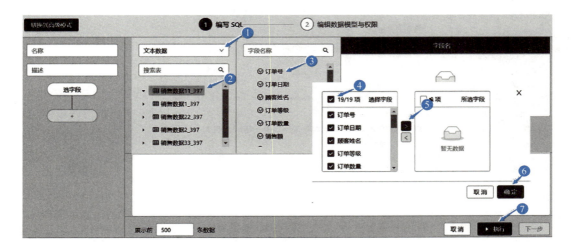

图 4-23　字段选择的操作界面

字段选择完成后,BBL 系统会显示"执行成功",同时在屏幕中会显示所选字段的详细数值,如图 4-24 所示。

图 4-24　字段选择的操作结果示意图

(2) 常用的数据加工

在字段选择结束后,单击"+"号,就可以进行后续的数据处理流程。目前,BBL 支持两个步骤的流程添加,包括"左右合并""上下合并""新增列"和"分组汇总"。本实验以"左右合并"为例讲解详细过程,如图 4-25 所示。

图 4-25　基于字段选择基础上的数据处理

选择"左右合并"后,合并方式有四种选择:并集合并、交集合并、左合并、右合并。如果对这四种合并的含义不清楚,可以单击"合并方式"右边的感叹号了解学习。"左右合并"操作界面如图 4-26 所示。

第 4 章　商务数据预处理

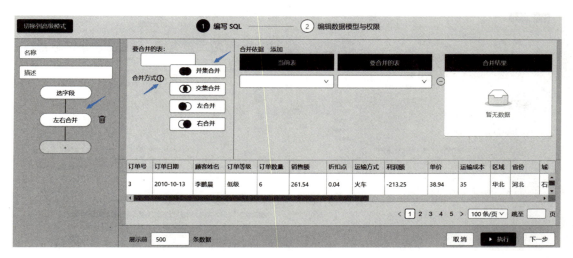

图 4-26 "左右合并"操作界面

具体操作步骤如下：

第一步，选择要合并的表。首先，在"要合并的表"处单击鼠标，出现"选择要合并的表"对话框；其次，在该对话框中选择要合并的表；再次，在该表格的字段上单击鼠标，出现一个新的对话框，选择合适的字段，并单击"确定"按钮；接着，在"选择要合并的表"对话框右下角单击"确定"按钮。

第二步，选择合并方式。"选择要合并的表"和"选择合并方式"操作步骤如图 4-27 所示。

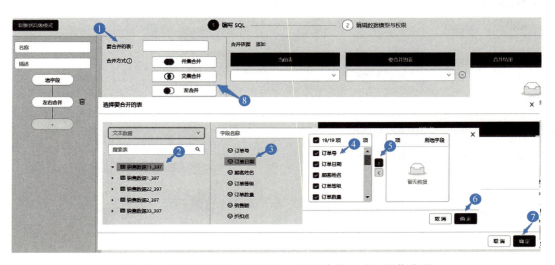

图 4-27 "选择要合并的表"和"选择合并方式"操作步骤

第三步，选择合并条件。BBL 支持添加多个条件，如图 4-28 所示，通过单击"添加"按钮，选择"当前表"和"要合并的表"的相关字段。

第四步，单击"执行"，查看数据结果。

· 87 ·

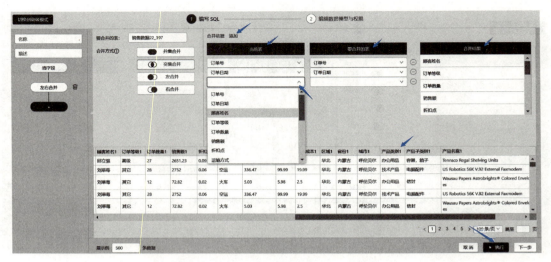

图 4-28 "选择合并条件"并执行的操作

4. 编辑数据模型

BBL 支持自动和自定义数据模型。无论是"高级模式",还是"智能模式",执行成功后,系统默认分配给每个字段一种数据类型和一种可视化类型,用户也可以配置它们,进行可视化建模。

即在图 4-28 "执行"成功过后,单击"下一步"按钮,进入"编辑数据模型与权限"页面,如图 4-29 所示。

图 4-29 "编辑数据模型与权限"页面截图

"编辑数据模型与权限"页面中,用户可以调整字段对应数据类型,分为维度和指标;也可以调整字段可视化类型,分为数字、字符、日期、地理国家、地理省份[⊖]、地理城市。

⊖ 本书中的"省份"是指省级行政区,包括省、自治区、直辖市。

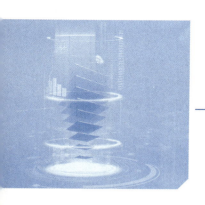

第 5 章
商务数据分析

案例导读：奥巴马的秘密武器——捐赠页面的 A/B 测试

2008 年美国总统的竞选期间，奥巴马创造了全新的募款方式：以网络小额支付的形式募款。这在美国的历史上是很了不起的创新举动。奥巴马通过依靠基数强大的网民小额捐款，不但获得了大量的竞选款项，而且这种新鲜的方式也获得了全民的口碑，从而在 2008 年大选中成功胜出，成为第 44 任美国总统（也是美国历史上第一位非裔美国人总统）。

鲜为人知的是，奥巴马竞选团队是通过 A/B 测试的方法进行募捐测试，提高自己的捐款金额。所谓 A/B 测试是为 Web 或 App 界面或流程制作两个（A/B）或多个（A/B/…N）版本，在同一时间维度，分别让组成成分相同（或相似）的访客群组（目标人群）随机访问这些版本，收集各群组的用户体验数据和业务数据，最后分析、评估出最好的版本，正式采用。

A/B 测试的价值在于：第一，消除客户体验设计中的不同意见，根据实际效果确定最佳方案；第二，通过对比试验，找到问题的真正原因，提高产品设计和运营水平；第三，建立数据驱动、持续不断优化的闭环过程；第四，通过 A/B 测试降低新产品或新特性的发布风险，为产品创新提供保障。

A/B 测试方法一直广泛应用于互联网公司，以帮助优化产品。Google 用 A/B 测试方法来调整和测试它的算法和网站设计。Facebook 通过 A/B 测试上线新功能、新版本，优化广告营收。电商巨头 Amazon 通过 A/B 测试来不断完善网站，优化用户体验。Airbnb 通过 A/B 测试发现，如果房源信息里有专业拍摄的住宅照片，房源预订量会比平均房源预订量高 2~3 倍。也就是说，出租房屋的照片质量直接影响房屋的预订量。作为奥巴马竞选团队"新媒体分析"小组的负责人，Google 的产品经理丹·西罗克把 Google 在网站上的做法——A/B 测试，移植到总统竞选"捐款"按钮上。没想到这个测试产生了巨大的成功。

2007 年，丹·西罗克向 Google 公司请假，去参加当时身为参议员的巴拉克·奥巴马在芝加哥举行的总统竞选活动。西罗克在奥巴马捐赠页面上完成的 A/B 测试，三种不同按钮的情况分别是：第一，对于第一次访问竞选网站的用户，"捐赠并领取礼物"按钮取得了最好的成绩；第二，对于从来没有掏过腰包的访问者，"捐款"按钮效果最好（也许是因为这个表达可以唤起他们的负疚感）；第三，对于过去曾经捐过款的访问者，"捐助"按钮吸引追加捐款的效果最好（可能是已经"捐款"的人随时可以进一步"捐助"）。

类似的测试结果让竞选团队惊讶地发现，在所有情况下，奥巴马的一张简简单单的黑白全家福照片所取得的效果，竟然超过团队可以找到的任何其他照片及视频。

所有这些独立的优化手段加到一起，产生了巨大的实际效果——奥巴马获得的竞选捐款金额增加了 5700 万美元！

奥巴马捐赠页面的 A/B 测试充分表明，商务数据分析不是建在沙子上的漂亮城堡，它有着自己坚实、成熟的分析模型和分析方法。

> **学习目标**
> - 理解和掌握商务数据分析的九个基本模型
> - 理解和掌握商务数据分析的十个基本方法
> - 理解和熟悉商务数据分析的四个高级方法

5.1 商务数据分析模型

商务数据分析模型，是从宏观角度出发的管理分析框架或者业务分析框架，一般而言，包括 PEST 分析模型、SWOT 分析模型、5W2H 分析模型、波特五力模型、AARRR 模型等。

5.1.1 PEST 分析模型

PEST 分析模型是战略外部环境分析的基本模型，通过政治（Politics）、经济（Economics）、社会（Society）和技术（Technology）四个方面的环境因素，分析从总体上把握宏观环境，并评价这些因素对战略目标制定的影响，如图 5-1 所示。

1. 政治环境

政治环境是指一个国家或地区的政治力量和有关的法律、法规等因素，包括这个国家的社会制度、执政党的性质以及政府的方针、政策、法令等，还包括政府制定的对企业经营具有约束力的法律、法规。不同的国家有着不同的社会制度，不同的社会制度对组织活动有着

图 5-1　PEST 分析模型

不同的限制和要求。即使社会制度不变的同一国家，在不同时期，由于执政党的不同，其政府的方针特点、政策倾向对组织活动的态度和影响也是不断变化的。

重要的政治法律变量包括执政党性质、政治体制、经济体制、政府的管制、税法的改变、各种政治行动委员会、专程法的修改、环境保护法、产业政策、投资政策、政府补贴水平、反垄断法规、重要国际关系、地区关系、政局稳定状况、各政治利益集团等。

2. 经济环境

经济环境是指一个国家的经济制度、经济结构、产业布局、资源状况、经济发展水平以及未来的经济走势等。经济环境包括宏观经济环境和微观经济环境两个方面。宏观经济环境主要指一个国家的人口数量及其增长趋势、国民收入、国民生产总值及其变化情况，通过这

些指标能够反映国民经济发展水平和发展速度。微观经济环境主要指企业所在地区或所服务地区的消费者的收入水平、消费偏好、储蓄情况、就业程度等因素，这些因素直接决定着企业目前及未来的市场大小。

构成经济环境的关键要素包括GDP的变化发展趋势、利率水平、通货膨胀程度及趋势、失业率、居民可支配收入水平、汇率水平、能源供给成本、市场机制的完善程度、市场需求状况等。

3. 社会环境

社会环境是指所在社会中成员的民族特征、文化传统、价值观念、宗教信仰、教育水平以及风俗习惯等因素，包括人口环境和文化环境两个方面。构成社会环境的要素包括妇女生育率、人口结构比例、性别比例、特殊利益集团数量、结婚数、离婚数、人口出生率与死亡率、人口移进移出率、社会保障计划、人口预期寿命、人均收入、生活方式、平均可支配收入、对政府的信任度、对政府的态度、对工作的态度、购买习惯、对道德的关切、储蓄倾向、性别角色、投资倾向、种族平等状况、节育措施状况、平均教育状况、对退休的态度、对生活质量的态度、对闲暇的态度、对服务的态度、对外籍人员的态度、污染控制、对能源的节约、社会活动项目、社会责任、对职业的态度、对权威的态度、城市、城镇和农村的人口变化、宗教信仰状况等。

4. 技术环境

技术环境是指企业业务所涉及国家和地区的技术水平、技术政策、新产品开发能力以及技术发展的动态等，不仅包括那些引起革命性变化的发明，还包括与企业生产有关的新技术、新工艺、新材料的出现和发展趋势以及应用前景。

技术环境除了要考察与自身所处领域活动直接相关的技术手段外，还应及时了解国家对科技开发的投资和支持重点、该领域的技术发展动态和研究开发费用总额、技术转移和技术商品化速度、专利及其保护情况等。

5.1.2 SWOT分析模型

SWOT分析模型，是指基于内外部竞争环境和竞争条件下的态势分析模型，就是将与研究对象密切相关的各种主要内部优势和劣势、外部机会和威胁等，通过调查列举出来，并依照矩阵形式排列，然后用系统分析的思想把各种因素相互匹配起来加以分析，从中得出一系列相应的结论，而结论通常带有一定的决策性。

其中，S（Strengths）表示优势、W（Weaknesses）表示劣势，O（Opportunities）表示机会、T（Threats）表示威胁。运用SWOT分析，可以对研究对象所处的情景进行全面、系统、准确的研究，从而根据研究结果制定相应的发展战略、计划以及对策等。

如图5-2所示，SWOT模型分析有四种不同类型的组合：优势-机会（SO）组合、劣势-机会（WO）组合、优势-威胁（ST）组合和劣势-威胁（WT）组合。

1. 优势-机会（SO）组合

SO组合是一种发展内部优势与利用外部机会的理想方式。当具有特定方面的优势，而外部环境又为发挥这种优势提供有利机会时，可以采取该战略。例如，良好的产品市场前景、供应商规模扩大和竞争对手有财务危机等外部条件，配以企业市场份额提高等内在优势可成为企业收购竞争对手、扩大生产规模的有利条件。

2. 劣势-机会（WO）组合

WO 组合是利用外部机会来弥补内部劣势，使企业改变劣势而获取优势的常见方式。当存在外部机会，但由于一些内部劣势而妨碍其利用机会时，可采取措施先克服这些劣势。例如，某企业劣势是关键原材料供应不顺畅，这会导致生产能力闲置等问题。在对自身产品前景看好的前提下，企业可利用扩大供应商规模、新技术革新、竞争对手财务危机等各种外部机会，克服劣势。

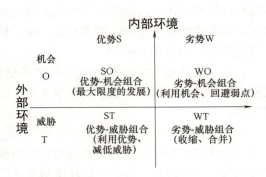

图 5-2　SWOT 分析模型

3. 优势-威胁（ST）组合

ST 组合是指利用自身优势，回避或减轻外部威胁所造成的影响。例如，某企业面临竞争对手利用新技术大幅度降低成本、自身材料供应紧张、环保压力等诸多威胁；但是，如果该企业拥有充足的现金、熟练的技术工人和较强的产品开发能力等优势，便可以利用这些优势开发新工艺，简化生产工艺过程，提高原材料利用率，从而降低材料消耗和生产成本。

4. 劣势-威胁（WT）组合

WT 组合是一种旨在减少内部劣势，回避外部环境威胁的防御性方式。当企业存在内忧外患时，往往面临生存危机，降低成本也许会成为改变劣势的主要措施。当企业成本状况恶化，原材料供应不足，生产能力不够，无法实现规模效益，且设备老化，使企业在成本方面难以有大作为，这时将迫使企业采取目标聚集战略或差异化战略，以回避成本方面的劣势，并回避成本原因带来的威胁。

5.1.3　5W2H 分析模型

5W2H 分析模型又叫作七问分析模型，该模型用五个以 W 开头的英语单词和两个以 H 开头的英语单词进行设问，发现解决问题的线索，寻找思路，因此被称为 5W2H 分析模型，如图 5-3 所示。

如图 5-3 所示，5W2H 分别是 Why（为什么）、What（做什么）、Who（谁来做）、When（何时）、Where（何地）、How（如何做）、How much（多少）。这七个问题的具体内涵如下：

图 5-3　5W2H 分析模型

1）Why——为什么，即为什么要这么做，理由何在，原因是什么。这个问题的提出是为了寻找问题出现的背景和条件。

2）What——做什么，即目的是什么，做什么工作。这个问题的提出是为了确立当前所面对的问题到底是什么。

3）Who——谁来做，即这项工作由谁来承担，谁来完成，谁来负责。这个问题的提出是为了确认问题的对象。

4）When——何时，即什么时间完成，什么时机最适宜。这个问题的提出是为了解决一切与问题有关的时间问题。

5）Where——何地，即在哪里做，从哪里入手。这个问题的提出是为了解决与问题有关的地域或切入点问题。

6）How——如何做，即如何提高效率，如何实施，用什么方法。这个问题的提出是为了确定与问题有关的方式方法。

7）How much——多少，即做到什么程度，数量如何，质量水平如何，成本产出如何。这个问题的提出是为了计算解决问题所需要耗费的资本、精力或其他投入。

5.1.4 波特五力模型

波特五力模型，就是通过供应商议价能力、顾客议价能力、新进入者、替代品的威胁、同行业竞争者这五种力量，分析行业基本竞争态势的基本模型。波特五力模型提供的是一种分析思考框架，尤其适合分析战略经营的问题（比如企业新开一家门店或开发一个新产品），可以帮助分析师很好地结构化所思考的竞争问题。波特五力模型如图5-4所示。

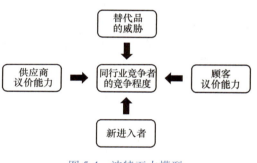

图 5-4　波特五力模型

1. 供应商议价能力

供应商主要通过提高投入要素价格与降低单位价值质量的能力，来影响行业中现有企业（购买方）的盈利能力与产品竞争力。供应商力量的强弱主要取决于其所提供给购买方的是什么投入要素，当供应商所提供的投入要素的价值构成了购买方产品总成本的较大比例、对购买方产品生产过程非常重要或者严重影响购买方产品的质量时，供应商对于购买方的潜在讨价还价力量（议价能力）就大大增强。

2. 顾客议价能力

顾客的议价能力主要是通过压价与要求提供较高的产品或服务质量，来影响行业中现有企业的盈利能力。影响顾客议价能力的原因可能有以下几种：第一，顾客的总数较少，而每个顾客的购买量较大，占了卖方销售量的很大比例；第二，卖方行业由大量相对来说规模较小的企业所组成；第三，顾客所购买的基本上是一种标准化产品，同时向多个卖方购买产品在经济上也完全可行；第四，顾客有能力实现后向一体化，而卖方不可能前向一体化（简单而言，客大欺主）。

3. 新进入者

新进入者在给行业带来新生产能力、新资源的同时，也希望在已被现有企业瓜分完毕的市场中赢得一席之地，这就有可能会与现有企业发生原材料与市场份额的竞争，最终导致行业中现有企业盈利水平降低，严重的话还有可能危及现有企业的生存。竞争性进入威胁的严重程度取决于两方面的因素，即进入新领域的障碍大小与预期现有企业对于进入者的反应情况。

4. 替代品的威胁

两个处于不同行业中的企业，可能会由于所生产的产品是互为替代品，从而产生相互竞争的行为，这种源自于替代品的竞争会以各种形式影响行业中现有企业的竞争战略。替代品价格越低、质量越好、用户转换成本越低，其所能产生的竞争压力就越强；而这种来自替代品生产者的竞争压力的强度,可以具体通过考察替代品销售增长率、替代品厂家生产能力与盈利扩张情况来加以描述。

5. 同行业竞争者的竞争程度

大部分行业中的企业,相互之间的利益都是紧密联系在一起的,作为企业整体战略一部分的各企业竞争战略,其目标都在于使得自己的企业获得相对于竞争对手的优势,所以,在实现该目标的过程中就必然会产生冲突与对抗现象,这些冲突与对抗就构成了现有企业之间的竞争。现有企业之间的竞争常常表现在价格、广告、产品介绍、售后服务等方面,其竞争强度与许多因素有关。

5.1.5 AARRR 模型

AARRR 是获取(Acquisition)、激活(Activation)、留存(Retention)、变现(Revenue)、推荐(Refer)五个单词的缩写,AARRR 模型如图 5-5 所示。AARRR 模型将数据分析分成了五个大的模块,分别解决不同的问题:"获取"解决用户如何发现产品或者服务的问题;"激活"解决用户的第一次使用体验问题;"留存"解决用户是否还会回到产品(重复使用)的问题;"变现"解决产品怎样(通过用户)盈利的问题;"推荐"解决用户是否愿意将产品推荐给其他用户的问题。

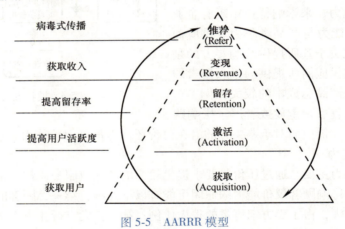

图 5-5 AARRR 模型

1. 获取

获取,即获取用户,用于评估渠道的获客数量、获客质量等。渠道获客数量和获客质量的评估指标包括每日新增、累计新增、启动次数、首次交易户、首绑交易户、一次性用户数、平均使用时长等。

2. 激活

激活,一般是指注册激活、主动活跃、推送活跃、交易活跃等,对激活的评估重点是提高用户活跃度。通过活跃度指标等相关数据,可以帮助分析师很好地了解用户的体验,有助于提高用户黏性。

3. 留存

留存,是指尽量稳定产品和服务的用户,其重点在于提高留存率。用户的留存量刚开始会下降得比较严重,到了后期会逐渐稳定在一个数量级上。这些稳定下来的用户,基本上就是产品的目标用户了。常用的留存率指标包括次日留存、3 日留存、7 日留存、30 日留存。一般来说，次日留存>3 日留存>7 日留存>次月留存。其他留存率指标还有每日流失、每日回流、用户生命周期、平均生命周期贡献、7 日回访用户、使用间隔、页面访问量、回访率等。具体选定哪些指标进行统计，需要依据自己的产品和服务自行确定。

4. 变现

变现，是指获取收入。收入有很多种来源，主要有三种来源：付费应用、应用内付费以及广告。付费应用在国内的接受程度很低，包括 Google Play Store 在内的部分供应商在中国也只推免费应用；应用内付费在游戏行业应用比较多；广告是大部分开发者的收入来源。无论是哪一种来源，获取收入都直接或间接来自用户。所以，激活阶段的提高活跃度、留存阶段的提高留存率，对获取收入来说，是最重要的基础。

5. 推荐

推荐就是用户将产品推荐给其他用户。随着社交网络的兴起，基于社交网络的病毒式传播已经成为获取用户的新途径。病毒式传播的成本很低，但是效果有可能非常好。从传播到再次获取新用户，就形成了一个螺旋式上升的轨道。

5.1.6 RFM 模型

RFM 是以下三个指标的缩写：最近一次消费时间间隔（Recency）、消费频率（Frequency）和消费金额（Monetary）。这三个指标所分析的业务不同，定义也不同，要根据业务来灵活定义。

1）最近一次消费时间间隔（R），是指用户最近一次消费距离现在的时间，最近一次消费时间越近，也就是 R 的值越小，用户价值越高。

2）消费频率（F），是指用户在一段时间内消费的次数，消费频率越高，也就是 F 的值越大，用户价值越高。

3）消费金额（M），是指用户在一段时间内消费的金额，消费金额越高，也就是 M 的值越大，用户价值越高。

把这三个指标作为 *XYZ* 坐标轴，并按用户价值从低到高排序，就可以把空间分为八部分，如图 5-6 所示。

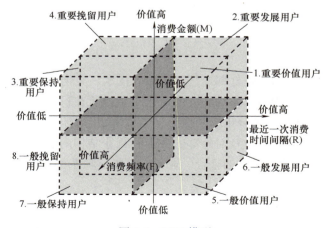

图 5-6　RFM 模型

把图 5-6 中 R、F、M 这三个值对应的价值是高还是低，转化到表 5-1 形成用户分类的规则，就可以非常清楚地知道重要价值用户、重要发展用户、重要保持用户、重要挽留用户等八类用户的分类依据和标准。

表 5-1 基于 RFM 模型的用户分类规则

用户分类	R 对应价值	F 对应价值	M 对应价值
1. 重要价值用户	高	高	高
2. 重要发展用户	高	低	高
3. 重要保持用户	低	高	高
4. 重要挽留用户	低	低	高
5. 一般价值用户	高	高	低
6. 一般发展用户	高	低	低
7. 一般保持用户	低	高	低
8. 一般挽留用户	低	低	低

基于 RMF 模型，可以对不同价值的用户使用不同的营销策略，实现产品运营中的精细化运营，帮助企业把产品资源发挥到最大的效果。

5.1.7 SCP 分析模型

结构-行为-绩效（Structure-Conduct-Performance，SCP）分析模型是由美国哈佛大学产业经济学权威贝恩、谢勒等人于 20 世纪 30 年代建立的。该模型提供了一个既能深入具体环节，又有系统逻辑体系的行业结构（Structure）-企业行为（Conduct）-经营绩效（Performance）的产业分析框架。SCP 分析模型从对特定行业结构、企业行为和经营绩效三个角度来分析外部冲击的影响，如图 5-7 所示。

图 5-7 SCP 分析模型

1) 外部冲击：主要是指企业外部经济、政治、技术、文化、消费习惯等因素的变化。

2) 行业结构：主要是指外部各种环境的变化对企业所在行业可能的影响，包括行业竞争的变化、产品需求的变化、细分市场的变化、营销模型的变化等。

3) 企业行为：主要是指企业针对外部的冲击和行业结构的变化，有可能采取的应对措施，包括企业方面对相关业务单元的整合、业务的扩张与收缩、营运方式的转变、管理的变革等一系列变动。

4) 经营绩效：主要是指在外部环境方面发生变化的情况下，企业在经营利润、产品成本、市场份额等方面的变化趋势。

5.1.8 用户行为决策分析模型

用户行为决策分析模型,又被称为消费者行为模型,一般指的是 AIDMA 分析模型,即 Attention(注意),引起消费者注意;Interest(兴趣),使消费者产生兴趣;Desire(消费欲望),激发欲望;Memory(记忆),强化记忆;Action(行动),促使行动。AIDMA 分析模型如图 5-8 所示。

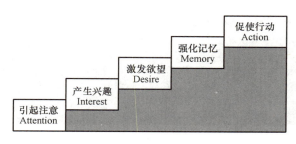

图 5-8　AIDMA 分析模型

随着互联网的兴起,消费者在商品的选择上已不限于实体消费平台,更多的是通过电商平台来消费。甚至商品也不一定是实体的,也有虚拟的、知识类的产品。因此,已有的 AIDMA 分析模型有了进一步的延伸,日本电通集团提出了基于网络购买消费者行为的 AISAS 分析模型。AISAS 分析模型的前两个阶段和 AIDMA 分析模型相同,第三个阶段为 S(Search),即主动进行信息的搜索,第四个阶段为 A(Action),即达成购买行为,最后一个阶段为 S(Share),即分享,将购买心得和其他人进行分享。这一学说更加准确地概括了在网络条件下,消费者获得信息、分享信息的能力。AISAS 分析模型是对 AIDMA 分析模型的发展,其与 AIDMA 分析模型的比较如图 5-9 所示。

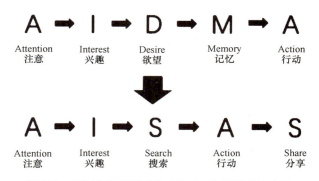

图 5-9　AISAS 分析模型和 AIDMA 分析模型的比较

用户行为决策分析模型是电商行业用户运营岗或者产品运营岗常常可套用分析的模型,通过各环节各渠道的数据,分析转化率、流失率、存活率等来制定一些营销策略,精准化运营甚至优化产品。

5.1.9 逻辑树分析模型

逻辑树分析模型,是将问题的所有子问题分层罗列,从最高层开始并逐步向下扩展分析的模型。如图 5-10 所示，把一个已知问题当成树干，然后开始考虑这个问题和哪些相关子问题有关，每想到一点，就给这个问题（也就是树干）加一个"树枝"，并标明这个"树枝"代表什么子问题。一个大的"树枝"上还可以有小的"树枝"，如此类推，找出问题的所有相关联项目。逻辑树主要是帮助分析师理清自己的思路，不进行重复和无关的思考。因此，逻辑树分析模型具有三大优点：①可以事先找出遗漏或重复；②可以展开原因和解决对策；③可以让各内容的因果关系更清楚具体。

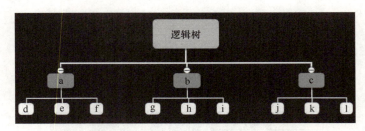

图 5-10 逻辑树模型示意

麦肯锡将逻辑树分析模型的使用分为七步：第一步，确认要解决什么问题，就是将原本模糊笼统的问题，确定为一个个具体的、单纯的问题；第二步，分解问题，运用树枝的逻辑层层展开，将问题的各个结构拆分成一个个更细致的、互相独立的部分；第三步，剔除非关键问题，即针对各个部分再依次进行分析，找出问题的关键点，删除次要问题；第四步，制订详细的工作计划，并将计划分成可执行的带日期的步骤；第五步，进行关键分析，对于关键驱动点要通过头脑风暴进行分析，找到解决方案；第六步，综合分析调查结果，建立论证；第七步，陈述工作过程，进行交流沟通。

逻辑树分析模型有三种类型，分别是问题树模型、假设树模型、是否树模型，这三种逻辑树分析模型结构类似，但是有不同的使用前提。

（1）问题树模型

当对问题不了解，或者需要对问题进行全面的分解以确保不遗漏任何一个方面时，可以使用问题树模型。首先，从左到右画出树状图，明确思考的主题。其次，将问题进行分解，分解为第一层级上的问题。接着，将第一层级的问题再次分解，得到第二层级。以此类推，可以将问题逐级分解，从而得到第三层级、第四层级……

（2）假设树模型

当对问题已经有了较为充足的了解，并且针对问题提出了某种假设的解决方案，需要验证假设是否成立时，应该采用假设树模型。假设树模型针对所提出的假设，不求展现问题的全貌，只要能够验证假设合理或者不合理即可，这是其与问题树模型最大的不同，假设树模型集中于假设的解决方案，加快解决问题的进程。

（3）是否树模型

是否树模型的结构比前两种要简单得多，其主要形式是：先提出一个问题，然后对这一问题进行是否判断，分析的结果只能是"是"或者"否"，然后接着进行下一轮判断分析，继续得出分析结果"是"或者"否"。

在使用是否树模型进行分析前，对一些结果应有已有的标准方案，如果答案为"是"，就可以应用实现准备好的标准方案，如果答案为"否"，那就需要再进行一下轮的判断分析,对具体情况进行具体分析,根据结果确定解决方案,是否树模型多在对问题及其结构已经足够了解时使用。

5.2 商务数据分析的常用方法

按照分析方法的难易程度,可以将商务数据分析方法分为两大类:基本分析方法和高级分析方法。其中,基本分析方法包括对比分析法、分组分析法、交叉分析法、矩阵分析法、A/B 测试分析法、ABC 分析法、结构分析法、趋势分析法、漏斗分析法、留存分析法等。高级分析方法包括相关分析法、聚类分析法、降维分析法、时间序列分析法等。

5.2.1 基本分析方法

1. 对比分析法

对比分析法主要是指将两个相互联系的指标数据进行比较,从数量上展示和说明研究对象的规模大小、水平高低、速度快慢等相对数值,通过相同维度下的指标对比,可以发现业务在不同阶段的问题。常见的对比分析,就是基于时间标准的对比分析,又分为同比、环比、定基比三种。例如:本周和上周进行对比就是环比;本月第一周和上月第一周对比就是同比;所有数据同今年的第一周对比就是定基比。对比分析法如图 5-11 所示。

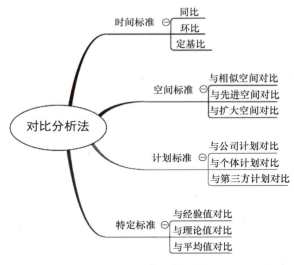

图 5-11 对比分析法

如图 5-11 所示,对比分析除了基于时间标准的同比、环比、定基比之外,还有基于空间标准、计划标准、特定标准的对比分析。其中,与经验值对比、与理论值对比、与平均值对比是比较常见和熟悉的对比方式。这也说明对比分析的关键在于对比对象。

对比分析法经常可以分为:横向分析(静态比较),即在同一时间条件下对不同总体指标的比较;纵向分析(动态比较),即在同一总体条件下对不同时期指标数值的比较。对比分析法也可以用于多数据维度对比和多用户对比,其中,多数据维度对比研究同一目标群体在不同数据维度的表现,以观察其自身的个性特征;多用户对比研究不同目标群体在同一数据维度的表现，以观察不同目标群体间的差异。

2. 分组分析法

分组分析法是一种重要的数据分析方法，这种方法根据数据分析对象的特征，按照一定的标志（指标），把数据分析对象划分为不同的部分和类型来进行研究，以揭示其内在的联系和规律性。如图 5-12 所示，分组分析法按照用户所处状态，将用户分为"新用户""下载用户""活跃用户""兴趣用户"和"付费用户"。付费用户进一步分为"群体 A""群体 B"和"群体 C"。

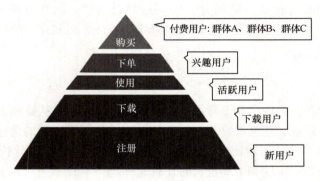

图 5-12　分组分析法

分组的目的就是为了便于对比，把总体中具有不同性质的对象区分开，把性质相同的对象合并在一起，保持各组内对象属性的一致性、组与组之间属性的差异性，以便进一步运用各种数据分析方法来解构内在的数量关系，因此分组分析法必须与对比分析法结合运用。

分组分析法的关键在于确定组数和组距。在数据分组中，各组之间的取值界限称为组限，一个组的最小值称为下限，最大值称为上限；上限与下限的差值称为组距；上限和下限的平均数称为组中值，它是一组变量值的代表值。

3. 交叉分析法

交叉分析法，又称立体分析法，通常用于分析两个变量之间的关系，即同时将两个有一定联系的变量及其值交叉排列在一张表格内，使各个变量值成为不同变量的交叉结点，形成交叉表，从而分析交叉表中变量之间的关系。简单而言，交叉分析就是多条件分析数据。对数据对象，在不同的时间、空间，会有不同的数据展现，分析师分析某个对象的具体情况，不能仅仅只考虑一个条件，而是要综合多个条件进行分析。

交叉分析法主要应用场景有：

1）对用户进行分组，细分观察各分组之间的特征。

2）观察竞争对手的用户与本产品用户的重合度，进行差异化运营或进行用户资源拉取。

3）观察本产品的活跃用户与企业内其他产品活跃用户的重合度，进行联合运营。

4）观察本产品的流失用户与企业其他产品活跃用户之间的重合，借力其他产品进行本产品的用户挽留等。

4. 矩阵分析法

矩阵分析法，又称四象限分析法，就是利用数学上矩阵的形式表示因素间的相互关系，从中探索问题并解决问题的一种分析方法,是一种多元思考分析问题的方法。矩阵图是由两个或多个数据维度组成,两个维度可以确定一个点的相对位置。横轴和纵轴的两个维度可以把矩阵分成四个象限。矩阵图的维度没有固定的组合,不同的两种维度的组合可以分出不同的象限,不同的象限可以对应不同的决策。因此,矩阵分析的好处,首先在于它扩展了思考的维度,从一维变为二维了,思考的维度更多,内容更丰富;其次,矩阵本身就是一种可视化形式。

矩阵分析法,源自著名的波士顿(BCG)矩阵,多用于产品组合战略分析中,实现产品及资源分配结构的良性循环。在分析场景中,BCG 矩阵可以用来评估两种因素对于不同分组的影响差异,识别不同分组间不同的业务策略,如图 5-13 所示。

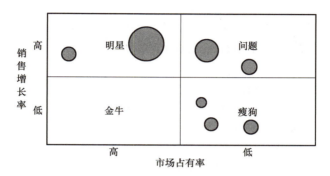

图 5-13　BCG 矩阵

波士顿矩阵认为一般决定产品结构的基本因素有两个:即市场引力与企业实力。市场引力包括整个市场的销售量(额)增长率、竞争对手强弱及利润高低等。企业实力包括市场占有率及技术、设备、资金利用能力等。通过以上两个因素相互作用,会出现四种不同性质的产品类型,形成不同的产品发展前景:①销售增长率和市场占有率"双高"的产品群(明星类产品);②销售增长率和市场占有率"双低"的产品群(瘦狗类产品);③销售增长率高、市场占有率低的产品群(问题类产品);④销售增长率低、市场占有率高的产品群(金牛类产品)。

5. A/B 测试分析法

简单而言,A/B 测试分析法就是为同一个目标制定两个方案(如两个按钮、两个页面),在同一时间维度,分别让组成成分相同(相似)的用户群组随机使用一个方案,记录用户的使用情况(包括用户体验数据、业务数据等),最后根据显著性检验分析评估出最好版本正式采用。

A/B 测试的大致步骤如下:第一步,某公司为某个按钮(或者某个页面)设计了几个不同的草稿。设计中有很多地方可以进行测试,比如颜色系列、文案、基本布局、图片、标题文案、文字尺寸、字体等。不同的草稿通过不同的颜色、图片、标题、各项内容的不同排列等,可以展现不同的效果。第二步,将登录网站的用户随机分配到这些排列不同的页面上,而且各个页面的访问人数基本相等,可能一个用户看到按钮是红色的,另一个用户则可能看到按钮是蓝色的;一个用户可能看到的是"DONATE"(捐款),另一个用户可能看到的是"CONTRIBUTE"(捐助)。第三步,对相关的数据进行收集,确定反馈效果更好的设计予以保留,并进一步优化。

6. ABC 分析法

ABC 分析法，又称帕累托分析法或巴雷托分析法、柏拉图分析法、主次因分析法、分类管理法、物资重点管理法、ABC 管理法、巴雷特分析法，也是经常提及的"80/20"法则。这种方法根据事物在技术、经济等方面的主要特征将其进行分类排队，分清重点事物和一般事物，从而有区别地确定管理方式。

ABC 分析法有很多的应用场景，例如，库存管理场景下，将库存物资按照品种和占用资金的多少，分为特别重要的库存（Ⅰ类）、一般重要的库存（Ⅱ类）、不重要的库存（Ⅲ类）三个等级。在物流配送场景下，根据产品的类别和特征，将其划分为三个类别：第一类别为 A 类，累计品种数量占比仅为 10%，而价值总额占比为 60%；第二类别为 B 类，累计品种数量占比为 25%，价值总额占比为 20%；第三类别为 C 类，累计品种数量占比为 65%，而价值总额占比为 20%，如图 5-14 所示。

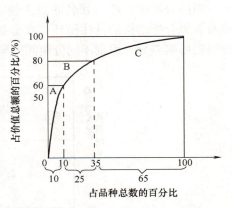

图 5-14　物流配送场景下的 ABC 分析

ABC 分析法的理论基础在于：社会上任何复杂事物，都存在着"关键的少数和一般的多数"这样一种规律。事物越是复杂，这一规律便越是显著。如果将有限的力量主要（重点）用于解决这具有决定性影响的少数事物上和将有限力量平均分摊在全部事物上相比较，当然是前者可以取得较好的成效，而后者成效较差。ABC 分析法便是在这一思想的指导下，通过分析将"关键的少数"找出来，并确定与之适应的管理方法，这便形成了要进行重点管理的 A 类事物，从而能够以"一倍的努力取得 7~8 倍的效果"。

7. 结构分析法

结构分析法是在统计分组的基础上计算各组成部分所占比重，进而分析某一总体现象的内部结构特征、总体的性质、总体内部结构依时间推移而表现出的变化规律的分析方法。在经济学中，结构分析法是指对经济系统中各组成部分及其对比关系变动规律的分析，如国民生产总值中三种产业的结构及消费和投资的结构分析、经济增长中各因素作用的结构分析等。结构分析法的基本表现形式就是计算结构指标。结构指标是指总体中各个部分所占的比重，因此总体中各个部分的结构指标之和等于 100%。通过结构分析可以认识总体构成的特征。结构分析法主要包括如下分析方式：

1）静态结构分析：分析说明分量占总量的比例，以及分量相互间的优劣势关系和差距。例如，对一定时间内经济系统中各组成部分的分析（2000 年某市国内生产总值中第一产业占 6.7%，第二产业占 41.2%，第三产业占 52.1%）。

2）动态结构分析：分析说明某一分量的变化情况及其对总量的影响，揭示总体各个组成部分的变化趋势，研究总体结构变化的过程，挖掘分析对象由量变逐渐转化为质变的规律性。例如，某地区近三年来高新技术产业比重第一年占 13%，第三年占 26%，第五年占 37%，表明该地区产业结构正迅速向高新技术产业转变。

3）关联结构分析：分析说明各分量在相互带动、促进和制约下的效果，也可以揭示现象之间的依存关系。例如，某市年销售额 500 万元以上的企业，每万元商品销售额中的物流

第 5 章 商务数据分析

费用为 10 元，而 500 万元以下的企业相应的物流费用为 18.5 元~24.3 元，说明销售规模越大的企业物流效率越高。

8. 趋势分析法

趋势分析法是最简单、最基础，也是最常见的数据监测与数据分析方法。趋势分析法通常在数据分析产品中建立一张数据指标的线图或者柱状图，然后持续观察，重点关注异常值。趋势分析法的关键在于选对第一关键指标。以 App 为例，如果将下载量作为第一关键指标，可能就会有所偏差；因为用户下载 App 并不代表使用了 App。应该使用日活跃用户（Daily Active Users，DAU）作为第一关键指标，而且是启动并且执行了某个操作的用户才可以被作为真正的活跃用户。

9. 漏斗分析法

漏斗分析法是一套流程式的数据分析方法，它是能够科学反映用户行为状态以及从起点到终点各阶段用户转化率情况的重要分析模型。漏斗分析模型已经被广泛应用于网站用户行为分析和 App 用户行为分析的流量监控、产品目标转化等日常数据运营与数据分析的工作中。例如，在一款 App 中，用户从某个渠道被激活直到注册再到购买商品，一般经过的路径为激活 App（下载 App）、用户注册、进入 App 产品页、对比产品、将产品放入购物车、确认购买、支付完成。漏斗能够展现出各个阶段的转化率，通过漏斗各个环节相关数据的比较，可以直观地发现问题。

漏斗分析的基本流程为：第一步，创建某个流程的漏斗；第二步，发现问题节点；第三步，对问题进行分析；第四步，进行数据对比并改进；第五步，验证改进的效果。

漏斗分析要注意的两个要点：①不但要看总体的转化率，还要关注转化过程中每一步的转化率；②漏斗分析也需要进行多维度拆解，拆解之后可能会发现不同维度下的转化率也有很大差异。

10. 留存分析法

留存分析法是一种用来分析用户参与情况/活跃程度的分析模型，用户使用产品时间越长，带来的现金流或者利润越高。留存分析法通过考察进行初始行为的用户中，有多少人会进行后续行为，是衡量产品对用户价值高或者低的重要方法。衡量留存的常见指标有次日留存率、7 日留存率、30 日留存率等。从用户的角度来说，留存率越高就说明这个产品对用户的核心需求把握得越好，转化成产品的活跃用户也会更多，最终能帮助公司实现更好的盈利。

留存分析法可以仔细梳理由初期的不稳定的用户转化为活跃用户、稳定用户、忠诚用户的过程，观测不同时期用户的变化情况，也可以从宏观上把握用户生命周期长度以及定位产品可改善之处。所以，留存分析法可以帮助解决一些具体场景中的问题，例如，一个新用户在未来的一段时间内是否完成了期许用户完成的行为（如支付订单行为）？某个社交产品改进了新注册用户的引导流程，期待改善用户注册后的参与程度，如何验证其效果？某项产品改动是否奏效，如新增了一个邀请好友的功能，是否有人因新增功能而多使用产品几个月？

5.2.2 高级分析方法

1. 相关分析法

社会经济现象之间存在着大量的相互联系、相互依赖、相互制约的数量关系。这种关系可分为两种类型。一类是函数关系，它反映着现象之间严格的依存关系，也称确定性的依存

· 103 ·

关系。在这种关系中，对于变量的每一个数值，都有一个或几个确定的值与之对应。另一类为相关关系，在这种关系中，变量之间存在着不确定、不严格的依存关系，对于变量的某个数值，可以有另一变量的若干数值与之相对应，这若干个数值围绕着它们的平均数呈现出有规律的波动。例如，身高和智力的相关性、降水量与河流水位的相关性、自尊心与学习成绩的相关性、工作压力与心理健康的相关性等。

相关分析法是商务数据分析中经常使用的分析方法之一。通过对不同特征或数据间的关系进行分析，发现分析对象的关键影响及驱动因素。相关分析的方法很多，初级的方法可以快速发现数据之间的关系，如正相关、负相关或不相关；中级的方法可以对数据间关系的强弱进行度量，如完全相关、不完全相关等；高级的方法可以将数据间的关系转化为模型，并通过模型对未来的业务发展进行预测。

第一种相关分析方法是将数据进行可视化处理，简单地说就是绘制图表。很多情况下，只是查看数据表格很难发现其中的趋势和联系，而将数据点绘制成图表后趋势和联系就会变得清晰起来。常用的图表包括折线图和散点图等。例如，通过散点图可以了解变量间大致的关系情况。如果变量之间不存在相关关系，那么在散点图上就会表现为随机分布的离散的点，如果存在某种相关关系，那么大部分的数据点就会相对密集并以某种趋势呈现。相关分析散点图如图5-15所示。

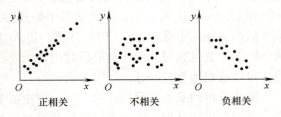

图 5-15 相关分析散点图

第二种相关分析方法是计算协方差。协方差用来衡量两个变量的总体误差，如果两个变量的变化趋势一致，协方差就是正值，说明两个变量正相关；如果两个变量的变化趋势相反，协方差就是负值，说明两个变量负相关；如果两个变量相互独立，那么协方差就是0，说明两个变量不相关。协方差的计算公式为

$$\mathrm{Cov}(X,Y) = \frac{\sum_{i=1}^{n}(X_i - \overline{X})(Y_i - \overline{Y})}{n-1}$$

第三种相关分析方法是计算相关系数（Correlation Coefficient）。相关系数是反映变量之间关系密切程度的统计指标，相关系数的取值区间在1～-1之间。1表示两个变量完全线性相关，-1表示两个变量完全负相关，0表示两个变量不相关。相关系数越趋近于0，表示相关关系越弱。相关系数常见有三类，分别是皮尔逊（Pearson）相关系数、斯皮尔曼（Spearman）等级相关系数和肯德尔（Kendall）相关系数（见表5-2）。其中，最常使用的是皮尔逊相关系数；当数据不满足正态性时，则使用斯皮尔曼相关系数，肯德尔相关系数用于判断数据一致性，比如裁判打分。

表 5-2 相关系数一览表

系 数	使 用 场 景	备 注
皮尔逊	定量数据，数据满足正态性	正态图可查看正态性，散点图展示数据关系
斯皮尔曼	定量数据，数据不满足正态性	正态图可查看正态性，散点图展示数据关系
肯德尔	定量数据一致性判断	通常用于评分数据的一致性水平研究（非关系研究），如评委打分、数据排名等

第四种相关分析方法是回归分析（Regression Analysis）。回归分析是确定两组或两组以上变量间关系的统计方法。回归分析按照变量的数量分为一元回归和多元回归。两个变量使用一元回归，两个以上变量使用多元回归。进行回归分析之前有两个准备工作，一是确定变量的数量，二是确定自变量和因变量。

2. 聚类分析法

根据数据本身结构特征对数据进行分类的方法即聚类分析法。通过聚类分析，可以把数据分成若干个类别，使得类别内部的差异尽可能小，类别外部差异尽可能大，以便于针对某类用户的特征进行针对性分析。如图5-16所示，左上角为原始数据，基于不同聚类要求，得出的结论各不相同。

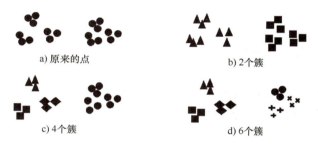

图5-16　聚类分析法

从统计学的观点而言，聚类分析是通过数据建模简化数据的一种方法。传统的统计聚类分析方法包括系统聚类法、分解法、加入法、动态聚类法、有序样品聚类法、有重叠聚类法和模糊聚类法等。采用k-均值、k-中心点等算法的聚类分析工具早已被加入SPSS、SAS这些著名的统计分析软件包，在现在流行的商务数据分析工具中也多有集成。

从机器学习的角度而言，簇相当于隐藏模式。聚类是搜索簇的无监督学习过程。与分类不同，无监督学习不依赖预先定义的类或带类标记的训练实例，需要由聚类学习算法自动确定标记，而分类学习的实例或数据对象有类别标记。

也就是说，聚类分析是一种探索性的分析，在分析的过程中不必事先给出一个分类的标准，聚类分析能够从样本数据出发自动进行。聚类效果的好坏依赖于两个因素：一是衡量距离的方法（Distance Measurement），二是聚类算法（Algorithm）。因此，聚类分析所使用方法和算法不同，常常会得到不同的结论。不同研究者对于同一组数据进行聚类分析，所得到的聚类数未必一致。从聚类方法角度而言，常见的聚类分析法有：

1）直接聚类法：先把各个分类对象单独视为一类，然后根据距离最小的原则，依次选出一对分类对象，并成新类。如果其中一个分类对象已归于一类，则把另一个也归入该类；如果一对分类对象正好属于已归的两类，则把这两类并为一类。每一次归并，都划去该对象所在的列以及与列序相同的行。经过$m-1$次就可以把全部分类对象归为一类，这样就可以根据归并的先后顺序得出聚类谱系图。

2）最短距离聚类法：是在原来的$M \times N$距离矩阵的非对角元素中选出距离最近的，把分类对象G_p和G_q归并为一新类G_r，然后按计算公式计算原来各类与新类之间的距离，这样就得到一个新的$(M-1)$阶的距离矩阵；再从新的距离矩阵中选出最小者d_{ij}，把G_i和G_j

归并成新类；再计算各类与新类的距离，如此反复下去，直至各分类对象被归为一类为止。

3）最远距离聚类法：最远距离聚类法与最短距离聚类法的区别在于计算原来的类与新类距离时采用的公式不同。最远距离聚类法所用的是最远距离来衡量样本之间的距离。

聚类分析法的主要假设是数据间存在相似性，而相似性是有价值的，因此可以被用于探索数据中的特性以产生价值。聚类分析法的常见应用包括以下方面：

1）用户分割：将用户划分到不同的组别中，并根据组的特性而推送不同的内容。
2）广告欺诈检测：发现正常与异常的用户数据，识别其中的欺诈行为。
3）市场销售：帮助销售人员发现客户中的不同群体，然后用这些知识来开展一个目标明确的市场计划。
4）土地使用：在一个陆地观察数据库中标识那些土地使用相似的地区。
5）保险：对购买了汽车保险的客户，标识那些有较高平均赔偿成本的客户。
6）城市规划：根据类型、价格、地理位置等来划分不同类型的住宅。
7）地震研究：根据地质断层的特点把已观察到的地震中心分成不同的类。

3. 降维分析法

商务数据分析中，通常需要采集多个变量的数据进行分析寻找规律。比如研究房价的影响因素，需要考虑的变量有物价水平、土地价格、利率、就业率、城市化率等。多变量海量数据集无疑为分析提供了丰富的来源，但多个变量之间的相关性导致问题分析的复杂程度增大。所以，盲目减少指标会损失很多有用的信息，从而得出错误的结论。因此需要找到一种合理的方法，在减少需要分析的指标同时，尽量减少原始指标包含信息的损失，以达到对所收集数据进行全面分析的目的。由于各变量之间存在一定的相关关系，因此可以考虑将关系紧密的变量变成尽可能少的新变量，使这些新变量两两不相关，那么就可以用较少的综合指标分别代表存在于各个变量中的各类信息，主成分分析法与因子分析法就属于这类降维分析方法。

（1）主成分分析法

主成分分析（Principal Component Analysis，PCA）法是1901年皮尔逊（Pearson）对非随机变量引入的，1933年霍特林（Hotelling）将此方法推广到随机向量，主成分分析和聚类分析有很大的不同，它有严格的数学理论作为基础。主成分分析的主要目的是希望用较少的变量进行分析解释，将手中许多相关性很高的变量转化成彼此相互独立或不相关的变量。通常是选出比原始变量个数少，能解释大部分资料的几个新变量，即所谓主成分，并用以解释资料的综合性指标。

由此可见，主成分分析实际上是一种降维方法，主成分分析试图在力保数据信息丢失少的原则下，对多变量的截面数据表进行最佳综合简化，即对高维变量空间进行降维处理。主成分分析法的实质是通过少数几个主成分来揭示多个变量间的内部结构，即从原始变量中导出少数几个主成分，使它们尽可能多地保留原始变量的信息。

主成分分析法的原理就是从原始的空间中按顺序找一组相互正交的坐标轴，新的坐标轴的选择与数据本身是密切相关的。其中，第一个新坐标轴选择的是原始数据中方差最大的方向，第二个新坐标轴选择的是与第一个坐标轴正交的平面中使得方差最大的，第三个新坐标轴选择的是与第一及第二个新坐标轴正交的平面中方差最大的。依次类推，可以得到 n 个这样的坐标轴。通过这种方式获得的新的坐标轴中，大部分方差都包含在前面 k 个坐标轴中，后面的坐标轴所含的方差几乎为 0。于是，可以忽略余下的坐标轴，只保留前面 k 个含有绝大部分方差的坐标轴。事实上，这相当于只保留包含绝大部分方差的特征维度，而忽略包含方差几乎为 0 的特征维度，实现对数据特征的降维处理。

（2）因子分析法

因子分析法是指从研究指标相关矩阵内部的依赖关系出发，把一些信息重叠、具有错综复杂关系的变量归结为少数几个不相关的综合因子的一种分析方法。它的基本思想是：根据相关性大小把变量分组，使得同组内的变量之间相关性较高，不同组的变量不相关或相关性较低，每组变量代表一个基本结构——即公共因子。

因子分析法实质上是指研究从变量群中提取共性因子的分析方法，最早由英国心理学家 C. E. 斯皮尔曼提出。他发现学生的各科成绩之间存在着一定的相关性，某一科成绩好的学生，往往其他各科成绩也比较好，从而推想是否存在某些潜在的共性因子，或称某些一般智力条件影响着学生的学习成绩。因子分析可在许多变量中找出隐藏的具有代表性的因子。将相同本质的变量归入一个因子，可减少变量的数目，还可检验变量间关系的假设。

应用因子分析法的主要步骤如下：第一步，对数据样本进行标准化处理；第二步，计算样本的相关矩阵 R；第三步，求相关矩阵 R 的特征根和特征向量；第四步，根据系统要求的累积贡献率确定主因子的个数；第五步，计算因子载荷矩阵 A；第六步，确定因子模型；第七步，根据上述计算结果，对系统进行分析。

（3）主成分分析法与因子分析法的区别

主成分分析法与因子分析法两者有较大的区别：主成分分析法是通过坐标变换提取主成分，也就是将一组具有相关性的变量变换为一组独立的变量，将主成分表示为原始观察变量的线性组合；而因子分析法是要构造因子模型，将原始观察变量分解为因子的线性组合。通过对上述内容的学习，可以看出主成分分析法和因子分析法的主要区别为：

第一，主成分分析是将主要成分表示为原始观察变量的线性组合，而因子分析是将原始观察变量表示为新因子的线性组合，原始观察变量在两种情况下所处的位置不同。

第二，主成分分析中，新变量的坐标维数（或主成分的维数）与原始变量维数相同，它只是将一组具有相关性的变量通过正交变换转换成一组维数相同的独立变量，再按总方差误差的允许值大小来选定主成分；而因子分析是要构造一个模型，将问题的为数众多的变量减少为几个新因子，新因子变量数小于原始变量数，从而构造一个结构简单的模型。可以认为，因子分析法是对主成分分析法的发展。

第三，主成分分析中，经正交变换的变量系数是相关矩阵的特征向量的相应元素；而因子分析模型的变量系数取自因子负荷量。

4. 时间序列分析法

时间序列是按时间顺序排列的、随时间变化且相互关联的数据序列。时间序列分析法是根据系统观测得到的时间序列数据，通过曲线拟合和参数估计来建立数学模型的理论和方法。它包括一般统计分析（如自相关分析、谱分析等）、统计模型的建立与推断以及关于时间序列的最优预测、控制与滤波等内容。经典的统计分析都假定数据序列具有独立性，而时间序列分析则侧重研究数据序列的互相依赖关系。后者实际上是对离散指标的随机过程的统计分析，所以又可看作是随机过程统计的一个组成部分。例如，记录了某地区第一个月，第二个月，…，第 N 个月的降雨量之后，利用时间序列分析方法，可以对未来各月的降雨量进行预报。

时间序列分析是定量预测方法之一，主要目的是根据已有的历史数据对未来进行预测。它的基本原理如下：第一，承认事物发展的延续性。应用过去的数据，就能推测事物的发展趋势。也就是说，根据系统的有限长度的运行记录（观察数据），建立能够比较精确地反映序列中所包含的动态依存关系的数学模型，并借以对系统的未来进行预报。第二，考虑到事物发展的随机性。任何事物发展都可能受偶然因素影响，为此要利用统计分析中的加权平均法对历史数据进行处理。时间序列分析常用在国民经济宏观控制、区域综合发展规划、企业经营管理、市场潜力预测、气象预报、水文预报、地震前兆预报、农作物病虫灾害预报、环境污染控制、生态平衡、天文学和海洋学等方面。

时间序列分析主要有确定性变化分析和随机性变化分析。其中，确定性变化分析包括趋势变化分析、周期变化分析及循环变化分析。

（1）确定性变化分析

1）趋势变化分析：受某种基本因素的影响，数据依时间变化时表现为一种确定倾向，它按某种规则稳步地增长或下降。

2）周期变化分析：受季节更替等因素影响，序列依据固定周期规则性地变化，这一过程又称商业循环。该分析采用的指标有季节指数等。

3）循环变化分析：对周期不固定的波动变化进行分析。

（2）随机性变化分析

由许多不确定因素引起的序列变化叫作随机性变化分析。

不同的变化分析，需要与之相适应的不同分析方法。确定性变化分析一般使用移动平均法、指数平滑法、模型拟合法等；随机性变化分析使用 AR、MA、ARMA 模型等。

实验五：基于 BBL 的可视化多维分析

一、实验目的

数据可视化，可以更好地发现数据之间的规律。以 BBL 为例，可视化图表是平台中功能最强大也是最复杂的组成部分。同一个数据视图可以被多个可视化图表使用，并用不同的图形展现。全新的可视化图表编辑器体验，拖拽即可生成数据图表，将所选字段查询的结果集映射到图表上。

通过本实验，可以实现运用 BBL 可视化分析台对数据进行可视化分析；通过仪表盘完成新建图表、调整图表布局、设置图表联动等操作。

二、实验准备

已经完成了数据源的导入以及数据视图的创建，并理解 BBL 中数据可视化的两种数据驱动模式——透视驱动和图表驱动。

三、实验内容

1. 新增可视化图表

第一步，切换到"可视化图表"界面，单击右上角的"+"按钮，新增可视化图表，如图 5-17 所示。

第二步，进入"可视化图表"编辑界面，单击左上角的"选择一个数据视图"，选择已

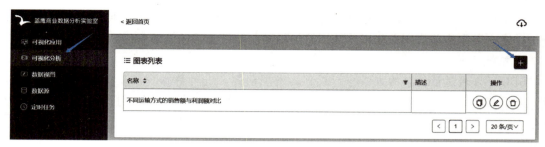

图 5-17 "新增可视化图表"操作界面

经建立好的一个数据视图,作为可视化分析的基础,如图 5-18 所示。

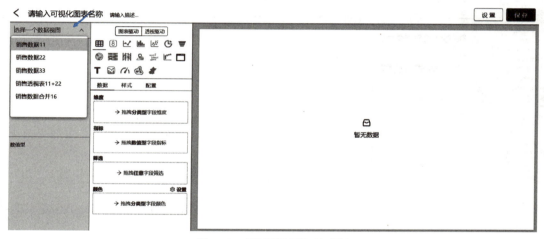

图 5-18 "数据视图"的选择

整个数据可视化分析的操作界面,如图 5-19 所示。

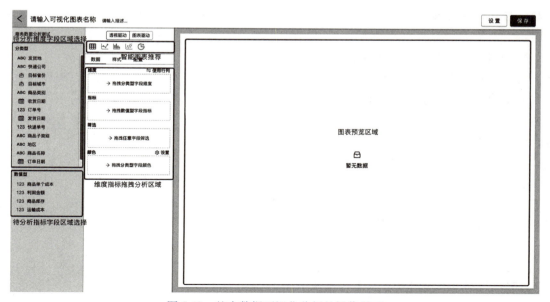

图 5-19 整个数据可视化分析的操作界面

在此界面中，用户可以将待分析的维度字段和待分析的指标字段，通过拖拽的方式拖入分析区域，用最简单的方式观察数据，发现问题，进行数据多维度分析。

2. 拖拽式操作

BBL 可以通过最简单的方式分析数据，发现问题，进行数据多维度分析。如图 5-20 所示，只要将待分析维度字段和待分析指标字段通过拖拽的方式拖入分析区域，即可完成可视化分析。

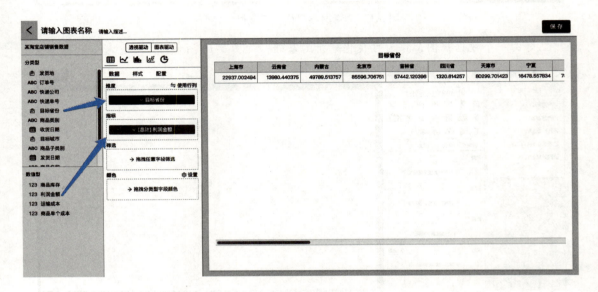

图 5-20 拖拽式操作

而且，将维度字段和指标字段拖入分析区域后，BBL 会根据用户当前分析的字段种类和个数，自动推荐合适的图表类型，避免了选择的操作，进一步降低初级用户数据分析的门槛。

3. 透视驱动模式下的可视化分析

在透视驱动模式下，图表的可视化逻辑基于用户拖拽配置生成数据透视表，通过将数据透视表中的指标项映射到坐标系中转换成图形。透视驱动模式中一个图形对应一个指标，支持透视表转换到图表，支持行列转置，支持多图同轴对比，支持不同坐标系图表转换和对比等，如图 5-21 所示。

4. 图表驱动模式下的可视化分析

在图表驱动模式下，用户拖拽配置的维度和指标服务于特定的图表类型，如柱状图、散点图、饼图、地图、桑基图、雷达图、双 y 轴图等，直接生成满意的可视化图表。例如，欠费用户分布占比图，如图 5-22 所示。

在图 5-22 中，将"性别""是否欠费"拖拽至"维度"，将"记录数"拖拽至"指标"，选择图表驱动下的饼图，并在"样式"中选择"环状""南丁格尔玫瑰"和"显示标签"，即可得到一个欠费用户分布占比图。

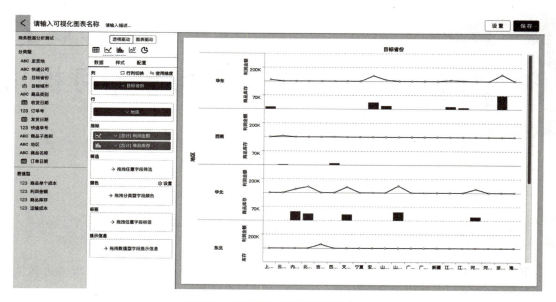

图 5-21　透视驱动下的可视化分析

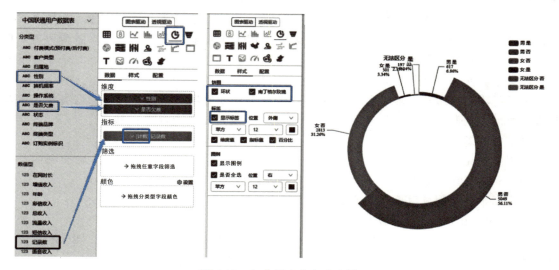

图 5-22　欠费用户分布占比图

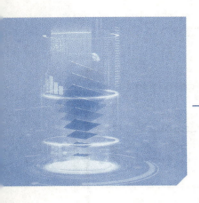

第 6 章
商务数据可视化

案例导读:泰尔重工——数据可视化驱动下的业务增长

2016年年初,泰尔重工实现以制造执行系统(MES)和ERP系统为主的所有内部信息化系统的全打通,公司的生产、经营、管理等全部实现了数字化。但这些信息系统在决策层(基层业务判断+高层资源配置决策)看来,就是一堆软件和机器。对于高层管理人员(决策者)来说,他们常用的就是PPT形式的报表、OA(办公自动化)系统和邮件。公司16年来的信息化投入,没有多少是真正帮到决策者的,因为数据看不到或看不懂。公司系统很多,决策者却并不关注,所以很多业务数据如果PPT上没能汇总,那决策者就看不到。IT部门花了大力气做了个数据精准、格式漂亮的Excel,决策者可没时间细看,1分钟看不懂那就白做了。并且,有些数据可能决策者也不太相信。

为了解决上述问题,泰尔重工的IT部门开始考虑如何实现数据可视化,让决策者参与进来。随后,他们又在可视化经验的基础上制定了信息化三步走战略:可视化工厂、数字化工厂和智能化工厂。

数据可视化项目的实施主要带来三个变化,也都是站在信息部门的角度感受到的价值点,即决策者好评、业务部门分析高效、IT部门成就感十足。

以下四个具体的应用场景,可以体现如何用数据可视化帮助业务提升:

(1)全集团工作计划看板

全集团工作计划看板是利用OA系统开发的一套工作体系,我们称之为"BOSS系统"。集团决策者通过这个看板,随时可以在大屏和手机上看到全集团三大版块(泰尔重工、3D打印、上海瑞聪)的工作总进展。

(2)生产管理看板

生产管理看板也是"BOSS系统"的一部分,可以一目了然地展示集团的生产、合同、设备管理、质量管理,看板可以钻取到每个项目的详细情况,多层钻取,直至生成最后的明细看板。通过这样从决策层到车间主管,最后到一线工人的完整生产报表系统,泰尔重工实现了车间生产"透明化"。

(3)营销管理看板

营销过程中,业务决策者利用"BOSS系统"中的营销管理看板,可以查看营销中最基本的的三大指标,开票、下订单等,实现从销售过程到结果的全面掌握。

(4) 财务中心管理看板

这一看板的数据是直接对接到 ERP 和财务系统的，一般来说，都是每天更新一次数据，不过如果决策层需要，可以手动点击，自动刷新出实时的数据。

泰尔重工的数据可视化案例充分表明，数据可视化变革不仅对业务发展有帮助，而且对企业的管理、商业模式都会产生非常大的影响。

> **学习目标**
> - 理解商务数据分析产生的背景和现状
> - 理解和掌握商务数据的真正含义与价值
> - 理解和掌握商务数据分析的基本概念
> - 熟悉正确的商务数据分析思维
> - 了解商务数据分析的影响与价值
> - 熟悉商务数据分析的过程与对象
> - 熟悉商务数据分析的流程

6.1 商务数据可视化概述

6.1.1 商务数据可视化的含义

信息的视觉化表达是一种古老的分享创意与体验的方法。图表和地图是一些早期数据可视化技术的重要例证。商务数据可视化的界定，需要了解商务数据可视化的背景与目的，并明确商务数据可视化的基本概念与本质。

1. 商务数据可视化的背景

商务数据可视化的背景，就是指数据可视化的发展历程与含义。数据可视化起源于二十世纪六十年代的计算机图形学，当时人们使用计算机创建图形图表，可视化提取出来数据，将数据的各种属性和变量呈现出来。随着计算机硬件的发展，人们创建更复杂、规模更大的数字模型，升级了数据采集设备和数据保存设备，同理，也需要更高级的计算机图形学技术及方法来创建这些规模庞大的数据集。随着数据可视化平台的拓展及应用领域的增加，其表现形式不断变化，增加了诸如实时动态效果、用户交互使用等功能，数据可视化像所有新兴概念一样不断扩大边界。

常见的饼图、直方图、散点图、柱状图等，就是最原始的统计图表，它们是数据可视化中最基础的应用。但是，最原始的统计图表只能呈现基本的信息，发现数据之中的结构，可视化定量的数据结果。面对复杂或大规模异型数据集，比如商业分析、财务报表、人口分布状况、媒体效果反馈、用户行为数据等，数据可视化面临的处理状况会复杂得多。

所以，广义的数据可视化涉及信息技术、自然科学、统计分析、图形学、交互技术、地理信息等多种学科。科学可视化（Scientific Visualization）、信息可视化（Information Visualization）和可视分析学（Visual Analytics）三个学科方向通常被看成可视化的三个主要分支，将这三个分支整合在一起形成了"数据可视化"新学科,这是可视化研究领域的新起点。

2. 商务数据可视化的目的

商务数据可视化并不是简单地把数据变成图表,而是以数据为视角,分析解释说明整个商务活动。换言之,商务数据可视化的客体是数据,可视化为手段,目的是描述真实的商务世界、探索商务规律。商务数据可视化的目标包括以下方面:

1)有的可视化目标是观测、跟踪数据,所以就要强调实时性、变化、运算能力,可能就会生成一份不停变化、可读性强的图表。

2)有的可视化目标是分析数据,所以要强调数据的呈现度,可能会生成一份可以检索的、交互式的图表。

3)有的可视化目标是发现数据之间的潜在关联,可能会生成分布式的多维的图表。

4)有的可视化目标是帮助普通用户或商业用户快速理解数据的含义或变化,会利用漂亮的颜色、动画创建生动、明了、具有吸引力的图表。

5)还有的可视化被用于教育、宣传或政治,被制作成海报、课件,出现在街头、手持广告、杂志和集会上。这类可视化拥有强大的说服力,使用强烈的对比、置换等手段,可以创造出极具冲击力直指人心的图像。在国外,许多媒体会根据新闻主题或数据,雇用设计师来创建可视化图表对新闻主题进行辅助。

3. 商务数据可视化的基本概念与本质

商务数据可视化,指的是利用图形、图像处理、计算机视觉以及用户界面,通过表达、建模以及对立体、平面、属性以及动画的显示,对数据加以可视化解释。这个定义应该如何理解呢?首先,商务数据可视化的最直接的定义应该是将数据通过合适的图表进行展现,以便读者可以迅速地理解数据所要传达的信息。从这个定义出发,凡是通过图表将商务数据进行展示的过程都可以称之为商务数据可视化。其次,商务数据可视化也是为了更好地促进商务运营决策,所以要让运营人员、决策人员看懂是关键。最后,当需要在已知的图表类型中进行选择时,需要清楚自身想要解决的究竟是何问题。

商务数据可视化的本质,就是借助于图形等各种手段,清晰有效地传达与沟通信息。如图 6-1 所示,左上侧的第一张表格是纯数字表格,显示的是五个美国城市,即旧金山、西雅图、芝加哥、纽约和迈阿密一月到十二月的平均降水量。但是,读者只是看到了一堆数字,

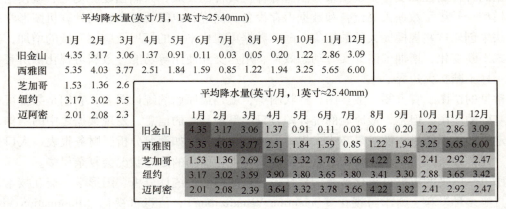

图 6-1 基于表格的降水量展示

很难一目了然地发现各个城市降水量的变化。右下侧的表格通过颜色深浅，稍微直观地表现了降水量，即颜色越深，降水量越大。但是，这一表现方式仍然不够直观！

更好的方式如图 6-2 所示，不仅用颜色的深浅表示降水量的多少，还通过雨点的大小，进一步表明降水量的多少。此时，从两个维度都非常直观地表现了五个城市每个月的降水量。例如，第一排的旧金山，明显是冬季（每年的 12 月、1 月、2 月）降水多，夏季（每年的 6 月、7 月、8 月）几乎没有雨水。最后一排的迈阿密恰恰相反，夏季（5 月到 9 月）明显雨水较多，而冬季（12 月到 1 月）明显雨水稀少。五个城市的降水量，通过可视化方式做到了一目了然。

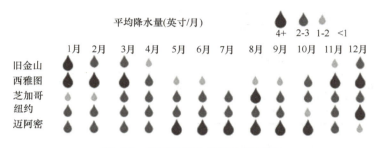

图 6-2　基于可视化的降水量展示

6.1.2　商务数据可视化的作用与价值

商务数据可视化是指利用图形、图像等，对商务数据加以可视化解释。商务数据可视化的作用和价值，具体而言，就是记录信息、突出变化、展示隐藏信息、交流思想和增强记忆。

1. 记录信息

通过图片记录信息的方式早已有之，信息成像或者草图记载是将浩如烟海的信息记录下来、世代传播的有效方法之一。看图远远比读文字要直观，不容易产生歧义。因为文字存在"记录是否准确""是否容易产生误解"等很多障碍，并不利于准确、长期记录信息。例如，马在奔跑时，有没有四脚腾空？一般人很难有明确的判断。通过摄像机记录骏马奔跑的影像，在第一排的三张图片，可以清晰地发现马在奔跑时四脚腾空，如图 6-3 所示。

图 6-3　摄像机记录骏马奔跑的影像

记录信息的直接结果，就是帮助人们感知这个世界，了解这个世界。正如 Google 首席经济学家麦肯锡在 2009 年所言，"将来几十年中，处理数据的能力将会成为至关重要的技术：（这一能力包括）理解数据、加工数据、提取数据价值、可视化数据、与数据交流……因为现在我们的确拥有无处不在的、可自由获取的数据。"所以，当数据足够多时，如何通过数据感知世界成为新热点、新难点。

2. 突出变化

一般而言，商务数据的数据量是巨大的，而人的认知能力、注意力等是有限的，所以通过可视化可以突出变化，帮助理解商务数据。例如，对于甘油三酯水平一览表（见表 6-1）中所反映的数据，可以通过可视化来突出其变化。

表 6-1 甘油三酯水平一览表 单位：mg/dL

收入水平	男性		女性	
	65 岁以下	65 岁及以上	65 岁以下	65 岁及以上
0~24999 美元	250	200	375	550
25000 美元及以上	430	300	700	500

在表 6-1 中，哪一个收入水平人群的甘油三酯水平（也就是身体脂肪量）趋势与其他都不相同？由于表格的数字涉及性别、年龄段、收入水平三个维度，普通人很难一目了然地发现规律。因此，可以对表 6-1 中的数据进行可视化，如图 6-4 所示。

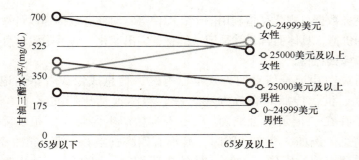

图 6-4 彩图   图 6-4 甘油三酯水平对比

选择"线图"这一简单的可视化方式，将前面表格中的数据可视化，这样就可以非常清楚地发现，一根从左下往右上的实线代表的收入为 0~24999 美元的女性人群，她们的甘油三酯水平（也就是身体脂肪量）的趋势与其他均不同。因此，在可视化中突出变化，可以减轻认知负担。

3. 展示隐藏信息

商务数据可视化可以展示隐藏的信息。例如，1854 年英国伦敦宽街爆发了大规模霍乱，约翰·斯诺（John Snow）对空气传播霍乱的理论表示怀疑，采用了散点图的方式，图中所标识的街道即为宽街，黑点表示死亡的地点，如图 6-5 所示。

这幅图形揭示了一个重要现象，就是死亡发生地都在街道中部一处水源周围，市内其他水源的周围极少发现死者。通过进一步调查，约翰·斯诺发现这些死者都饮用过此水源的水。后来证实，距离这个水源仅仅三英尺（约为 0.9144m）远的地方有一处污水坑，坑内

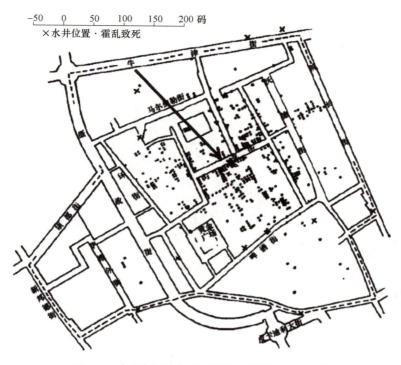

图 6-5 霍乱病例散点图（约翰·斯诺，1854 年）

释放出来的细菌，正是霍乱发生的罪魁祸首。

展示隐藏信息的结果，就是帮助人们使用感知代替认知。人的眼睛是人们了解、理解世界的最主要途径之一，因此，商务数据可视化提供了一种感性的认知方式，提高了人们的感知能力。可视化可以扩大人们的感知，增加人们对海量数据分析的想法和分析经验，从而对人们的感知和学习提供参考或者帮助。所谓"字不如表、表不如图"，往往是因为这个原因。

4. 交流思想

商务数据可视化有助于交流思想。例如，南丁格尔玫瑰图又被称为鸡冠花图，是南丁格尔所发明的一种圆形的直方图，用以表达军队医院季节性的死亡率，用于为那些不太能理解传统统计报表的公务人员解释数据。如图 6-6 所示，南丁格尔所绘制的图形中，最外层的蓝色区域表示死于可预防的传染病的人数；中间层的黑色区域表示死于其他原因的人数；最里面的红色区域表示死于枪伤、刀伤的人数。显然，蓝色区域所表示的死于可预防的传染病人数，远远大于其他人数，充分说明了医护工作的重要性。

图 6-6 打动了当时的高层，包括军方人士和维多利亚女王本人，于是改良医院护理工作的提案得到了支持。实际上，在日常沟通交流中，人们也经常通过绘制思维导图的方式，方便大家交流思想，避免歧义和误解。图表可能会突出显示一些不同的事项，人们可以在数据上形成不同的意见，这自然能为商业开辟新的发展途径。数据的可视化展示，提高了解释信息的能力，人们或许能从数据中发现一些意想不到的东西。从海量的数据和信息中寻找联系并不容易，但是图形和图表可以在几秒内提供信息，一望便知。

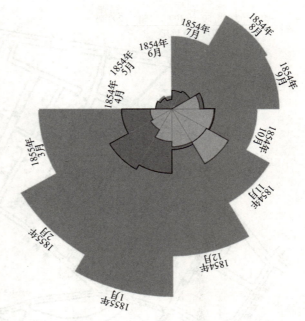

图 6-6 彩图　　　图 6-6　克里米亚战争期间士兵死亡原因的南丁格尔玫瑰图

5. 增强记忆

综上所述，人类已经使用数据可视化很长一段时间了，图像和图表已被证明是一种能进行新信息的传达与教学的有效方法。有研究表明，80%的人还记得他们所看到的（图表、图形等），但只有20%的人记得他们所阅读的（文字、数字等）！技术的发展进一步提高了数据可视化带给人们的机遇，它甚至可以把思想和事件传给后代。

6.1.3　商务数据可视化的基本步骤

商务数据可视化的基本步骤分为三步，即指标图形化、指标值图形化、指标关系图形化。

第一步，指标图形化。

指标图形化就是用与指标含义相近的图形（Icon）来表现。如图6-7所示，在不同运动项目月均支出的条形图中，用4个Icon分别代表了四个运动项目——橄榄球（Rugby）、马术（Horse Riding）、体操（Gymnastics）和足球（Football）。

实际上，在人们的日常生活中经常看到的代表男性和女性的小人，也属于指标图形化，用穿着长裤的小人代表男性，用穿着裙子的小人代表女性，如图6-8所示。

第二步，指标值图形化。

指标值就是一个数据，指标值图形化就是将数据的大小以图形的方式表现。例如，用柱形图的长度或高度表现数据大小是最常用的可视化形式，以及用地图表示数据在地理空间的分布、用饼图表示某种类别数据在所有类别中所占比例等。如图6-9所示，广东、山东、四川、江苏及闽南地区是我国人口较多的五个地方，分别用小人这一图形代表不同省份人口的数量。人口越多，小人的数量就越多。

第 6 章 商务数据可视化

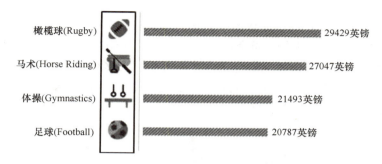

图 6-7 基于四种运动项目的指标图形化示例

图 6-8 基于性别的指标图形化示例

图 6-9 指标值图形化示例

可以用于比较类数据图形化的常用图表，包括柱状图、子弹图、直方图等；也有一些可能相对比较少见，比如玉珏图、螺旋图甚至象形图、平行坐标图、径向柱图等。可以用于分布类数据图形化的常用图表，包括气泡图、热力图、散点图等；也有一些可能相对比较少见，比如点描法地图、比例面积图、点阵图等。可以用于占比类数据图形化的常用图表，包括大家非常熟悉的环图、饼图等；也有一些近期出现较多的图形，比如词云图、桑基图；甚至一些相对少见的图形，比如点阵图等。可以用于关联类数据图形化的常用图表，包括大家非常熟悉的矩形树图、维恩图等；也有一些可能相对比较少见，比如弦图、弧长链接图等。

第三步，指标关系图形化。

指标关系图形化，就是借助已有的场景来表现指标之间的关系。如图 6-10 所示，如果想表达工作完成情况，就借用大家非常熟悉仪表盘的场景，当指针刚好指向仪表盘

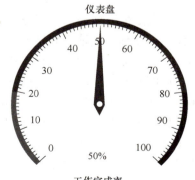

图 6-10 指标关系图形化示例

· 119 ·

的正中间时,就表示工作完成了50%。

如图 6-11 所示,以不同部门完成情况对比为例,将商务数据可视化的实现步骤串联起来:第一步,指标图形化,本例中每个部门以人形图标和扇区来表示。第二步,指标值图形化,本例中以每个人形图标所填充颜色的多少,并辅以扇区的大小,表示各个部门完成情况。第三步,指标关系图形化,本例中指标之间的关系就是逐渐增加,因此,设计师以线段来反映,线段从左向右延伸,其长度为指标完成进度。

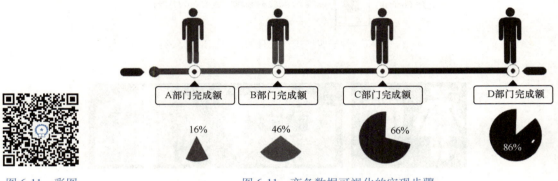

图 6-11 彩图   图 6-11 商务数据可视化的实现步骤

6.2 比较类商务数据的可视化

比较类商务数据的可视化,就是通过可视化方法显示值与值之间的相似和不同之处。一般而言,可以使用图形的长度、宽度、位置、面积、角度和颜色来比较数值的大小,通常用于展示不同分类间的数值对比及不同时间点的数据对比等。

比较类商务数据的可视化,常用图形包括柱状图(条形图)、气泡图、子弹图等。其中,柱状图、条形图等用长度作为视觉暗示,有助于数值型数据直接比较;子弹图能显示和表现数据,功能类似于条形图,但加入更多视像元素,可以提供更多补充信息。

6.2.1 柱状图

柱状图(Column Chart),是一种以长方形的长度为变量的表达图形,由一系列高度不等的纵向矩形方框表示数据分布的情况,通常用于较小的数据集分析。一个典型的柱状图包括横轴和纵轴,横轴一般显示类别,纵轴一般显示各个类别数值的大小,数值的大小通过矩形方框的高度来表现。典型柱状图如图 6-12 所示。

如图 6-13 所示,包括减肥药物和减肥保健品的减肥产品,2012 年我国零售市场规模30.5 亿元,2015 年减肥保健品市场规模接近 50 亿元,2018 年市场规模超过 100 亿元。

柱状图的基本类型有标准柱状图(适合比较各个类别的值)、堆积柱状图和三维堆积柱状图(适合比较同类别各变量和不同类别变量总和的差异)、百分比堆积柱状图和三维百分比堆积柱状图(适合展示同类别的每个变量的比例)、分组柱状图(适合在同一个轴上显示不同的分组的各个分类)、双向柱状图(适合数据中有负值的每个变量的比较)。

柱状图除了使用矩形方框代表高度、数量等展示数据之外,还可以用其他各种形状代

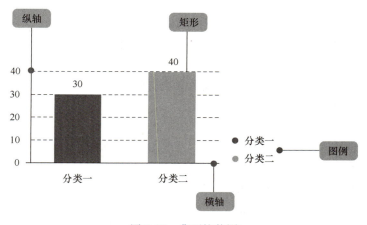

图 6-12　典型柱状图

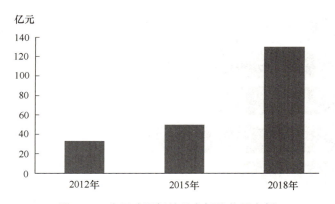

图 6-13　我国减肥保健品市场柱状图实例

替,甚至是用西红柿、包菜、土豆、汉堡、薯条、鸡块等形状来代替标准的垂直矩形,用以比较不同数值的大小,这就是个性化柱状图。如图 6-14 所示,用树的形状代替矩形方框,通过树的高矮对比了美国、加拿大、中国、日本的森林覆盖率。令人惊讶的是,其中加拿大的森林覆盖率最低,只有 25%。

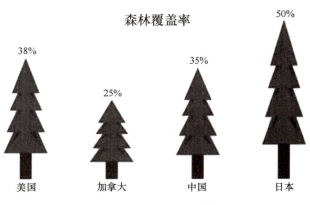

图 6-14　个性化柱状图实例

柱状图的局限在于它仅适用于中小规模的数据集，当数据较多时使用柱状图就不易分辨。一般而言，柱状图中的分类变量不要超过 10 个。如果柱状图中的分类变量数量比较多，柱状图中的柱子就比较多，图中横轴的轴标签就可能发生重叠和遮挡的问题。

通常来说，柱状图的横轴是时间维度，因为用户习惯性地认为存在时间趋势。如果遇到横轴不是时间维度的情况，建议用颜色区分每根柱子。总之，可以利用高度差异反映分类项目之间的比较，也可以利用横轴来反映时间趋势。

6.2.2 条形图

条形图（Bar Chart）类似于柱状图，也是用于显示各个项目之间的比较情况，只不过横轴和纵轴对调了一下。条形图的适用对象为类别名称过长的场景，因为它有大量空白位置标示每个类别的名称。条形图的局限也类似于柱形图，分类过多时无法展示数据特点。图 6-15 展示了某电商平台不同商品的销售额，就是一个典型的条形图。

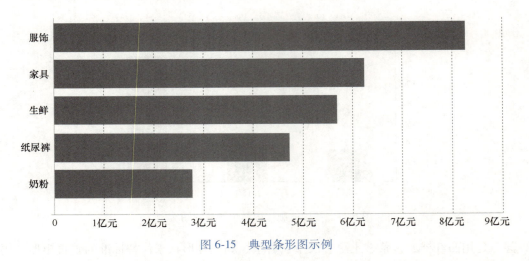

图 6-15　典型条形图示例

柱状图有堆积柱状图，条形图也有堆积条形图，作用一样，比较同类别各变量和不同类别变量总和的差异。类似地，条形图也有百分比堆积条形图，适合展示同类别的每个变量的比例；也有双向条形图，用于比较同类别的正反向数值差异。条形图除了使用垂直矩形代表高度、数量等展现数据之外，也可以用其他各种形状代替，以比较不同数值的大小。

因为柱形图在类别轴上空间有限，如果数据标签比较长，类别轴就可能看起来很凌乱。虽然可以将标签倾斜或者旋转来减少杂乱感，但是阅读起来仍然不是特别方便。相对而言，采用条形图即使是比较长的数据标签，也可以水平放置，既不凌乱也方便阅读。

6.2.3 气泡图

气泡图可以用于展示三个变量之间的关系。绘制时将一个变量放在横轴，另一个变量放在纵轴，而第三个变量则用气泡的大小来表示，如图 6-16 所示。

气泡图和散点图的比较：气泡图和散点图都不使用分类轴，水平轴和垂直轴都是数值轴；某种角度而言，气泡图是散点图的变体——散点图只需要绘制 x 轴和 y 轴，而在气泡图中，还需要绘制 z 的值来表示气泡的大小，即气泡图允许在图表中额外加入一个表示大小的

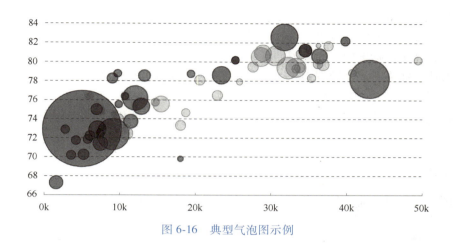

图 6-16 典型气泡图示例

变量 z。

气泡图的注意事项包括：①确保标签清晰可见，所有标签都应该清晰明了，并容易识别出相应的气泡；②采用适当大小的气泡，因为人类的视觉系统是根据面积而不是直径判断气泡大小。③不使用奇怪的形状，即避免添加过多的细节或使用不规则的形状，因为这可能导致表达效果不准确。

部分国家人口对比气泡图如图 6-17 所示。

图 6-17 彩图

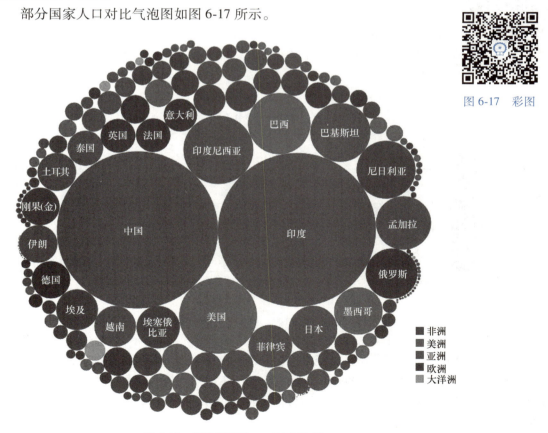

图 6-17 部分国家人口对比气泡图

图6-17这一气泡图完全遵守了前述的注意事项，无论是标签，还是气泡面积或者气泡形状，甚至图形整体形状、颜色，都让人觉得非常舒服、漂亮，也一目了然，人口最多的是中国和印度，其次包括美国、印度尼西亚、巴西、巴基斯坦等。

综上所述，如果有三个数据系列，并且每个数据系列都包含一组值，就可以使用气泡图来代替散点图。本质上而言，气泡图是散点图的一种变体，通过每个点的面积大小来反映第三个数据系列。气泡的面积越大，就代表相关数值越大。因为用户不善于通过视觉判断气泡面积大小，所以气泡图只适用不要求精确辨识数据的场合。

6.2.4 子弹图

子弹图是一个可视化实际与目标完成情况的图表，它的外形很像子弹射出后带出的轨道，所以叫作子弹图。子弹图在外观上有点类似条形图、柱状图，但是它反映的信息量比条形图更多。子弹图最初是由一位可视化专家斯蒂芬（Stephen Few）开发的，他觉得仪表盘只能展示一个实际数值及其所处的范围，在有限的空间里能表达的信息量太少，空间利用率低。特别是对于寸纸寸金的纸媒来说，仪表盘非常不友好。所以，斯蒂芬就参考了柱状图，把仪表盘改良成现在的子弹图。

图6-18 彩图

通过子弹图，不仅可以看到实际数值的大小与等级，还能将其与目标值比较，判断是未达目标、达到目标，还是超过目标。如图6-18所示，通过展示杭州总部、上海分部和北京分部的相关数据，在雇员和利润方面体现出优化前后的对比。杭州总部，优化后雇员有所减少；而上海、北京分部，优化后雇员有所增加。杭州总部与两个分部，优化后的利润都明显增加。

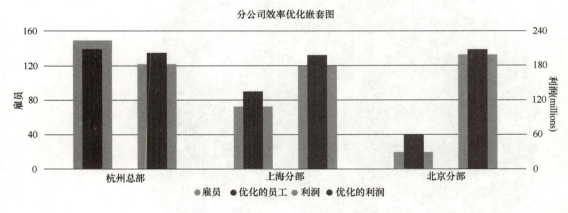

图6-18 分公司效率优化子弹图实例

子弹图是财务、销售等工作人员经常接触到的一种用于比较类商务数据可视化的基本图形，无论是关键绩效指标（Key Performance Idicator，KPI）考核，还是公司的年收益，子弹图都能清晰地展示出是否达到销售、盈利目标。除此之外，子弹图还能用在别的话题中，比如评估城市的交通状况。

6.3 分布类商务数据的可视化

分布类商务数据的可视化,就是通过可视化图表显示数据的频率,由于数据分散在一个区间或分组内,因此使用图形的位置、大小、颜色的渐变程度来表现数据的分布。这一方式通常用于展示连续数据上数值的分布情况。按照功能,分布类数据的可视化可以分为两种:第一种,显示频率及数据在某时间段内的分布、分组状况;第二种,按人口年龄和性别显示分布。

分布类商务数据的可视化,常用图形包括地图、热力图、直方图、箱线图(Boxplot)等。除此之外,还有等高线、点描法地图等。

6.3.1 地图

地图就是依据一定的数学法则,使用地图语言、颜色、文字注记等,通过制图综合在一定的载体上,表达地球(或其他天体)上各种事物的空间分布、组合、联系、数量和质量特征,及在时间中的发展变化状态绘制的图形。

相似图表包括热力地图(地图+热力图,通过颜色渐变展现数据分布)、点地图(用描点展现数据在区域的分布情况)、气泡地图(用气泡大小展现数据量大小)、连接地图(展现运动轨迹)和 GIS 地图(更精准的经纬度地图,需要有经纬度数据,可以精确到乡镇等小粒度的区域)等。

(1)热力地图

热力地图即地图结合热力图,是较为常见的地图使用方法,这种地图也叫作"分级统计图(Choropleth Map)",如图 6-19 所示。在这种地图中,每个区域以不同深浅度的颜色表示数据变量,比如从一种颜色渐变成另一种颜色,使用单色调渐进甚至是使用不同的颜色来表示数据的差异。

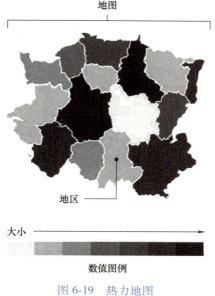

图 6-19 热力地图

图 6-19 彩图

（2）点地图

点地图，就是在地理区域上放置相等大小的圆点，旨在检测该地域上的空间布局或数据分布。当数据量非常大时，使用地图和点的组合方式，既能不丢失数据细节，又能从整体上看出数据的分布规律，挖掘数据背后的故事。

2010 年 10 月 23 日，《卫报》利用数据做了一篇"数据新闻"，将伊拉克战争中所有的人员伤亡情况都标注于地图中，如图 6-20 所示。地图上一个红点便代表一次死伤事件，鼠标单击红点后弹出的窗口则有详细的说明：伤亡人数、时间以及造成伤亡的具体原因。图中，密布的红点多达 39 万个，显得格外触目惊心。这样一个"数据新闻"刊出后，立即引起巨大轰动，推动英国最终做出撤出驻伊拉克军队的决定。

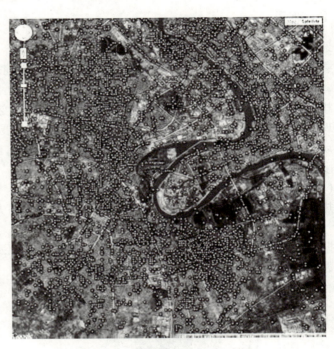

图 6-20 彩图　　　　　图 6-20 点地图示例——《卫报》的"数据新闻"

（3）气泡地图

在气泡地图中，地理区域上方会出现气泡圆形图案，气泡面积与代表的具体数值成正比。气泡地图的主要缺点在于：过大的气泡可能会与地图上其他气泡或区域出现重叠；另外，当数值字段表达的不是一个区域的总值，而仅仅是取样值（气温、降水等）时，不适合使用带气泡的地图（反而适合热力图）。

（4）连接地图

连接地图，即用直线或曲线连接地图上不同地点，它非常适合用来显示地区间的地理连接。此外，通过研究连接地图上的连接分布或集中程度，也可以用它来显示所连接地区的关系。线条有时可以带有流向，显示信息或物体从一个位置到另一个位置的移动及其数量，这一方式通常用来显示人物、动物和产品的迁移数据。

另外，GIS 地图可以帮助使用者了解、掌握某个人或某辆汽车所在具体位置、行动轨迹、行动方向等信息。

需要强调的是，地图必须遵循一定的数学法则，准确地反映它与客观实体在位置、属性等要素之间的关系。地图必须经过科学概括，缩小了的地图不可能容纳地面的所有现象。地图需要具有完整的符号系统，因为地图表现的客体主要是地球，地球上具有数量极其庞大的包括自然与社会经济现象的地理信息。只有透过完整的符号系统，才能准确地表达这种现象。

6.3.2 热力图

热力图，也可以称为热图、热量表、密度表，主要用于展示数据的分布情况。"热力图"一词的诞生最早可以追溯到1991年，由软件设计师柯马克·金尼（Cormac Kinney）提出并注册，当时用来实时显示一个2D金融市场的信息。1994年，利兰·威尔金森（Leland Wilkinson）发明了第一个基于聚类分析的高分辨率彩色热力图。如图6-21所示，标准的热力图将两个连续数据分别映射到 x、y 轴，第三个连续数据映射到颜色。所以，从某种角度而言，热力图是三维柱状图的俯视图。

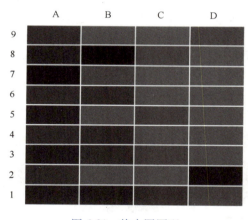

图 6-21　热力图原理

图 6-21　彩图

随着数据统计学的不断发展，热力图也得到了不断普及，成为最常见的可视化图形之一。如图6-21所示，早期用于展示金融市场情况的热力图，就是矩形色块加上颜色编码。目前，大多数人所理解的热力图，是经过平滑模糊处理的热力图谱，在生物、地理等科学领域和互联网领域都有广泛应用。

凭借着简单、易于理解的特点，热力图不断普及。作为地理信息系统中某种现象聚集度的直观展示方式，热力图在城市规划、人口迁移、景区监控等方面起着越来越重要的作用，是位置大数据服务中的重要组成，对人们的衣食住行都有帮助。通过热力图可以分析某个事件的热度，热力图能非常直观地反映不同时间段人流量的分布情况。例如，景区可以设置最佳的游览路线；交管局可以通过热力图，评估不同区域的人车流量，以更好地布局交通设施；出租车司机可以通过叫车热力图，提前到达叫车需求密集区域等待接单。图6-22是北京部分地点（中关村、魏公村、小西天、金融街、东直门、三元桥、国贸）的平均租房价格的热力图。

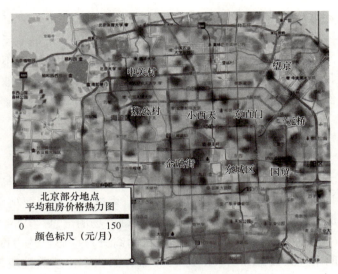

图 6-22 彩图   图 6-22 北京部分地点平均租房价格的热力图

    一般而言,热力图是以特殊高亮的形式显示访客热衷访问的页面区域和访客所在的地理区域的图示,以颜色的变化来展现访客在页面上的点击分布情况。如图 6-23 所示,通过观察网站热力图,可以直观清楚地看到页面上每一个区域的访客兴趣焦点,并发现访客的兴趣明显集中在左上角。

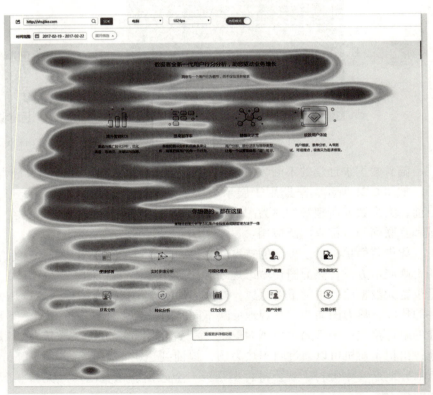

图 6-23 彩图   图 6-23 网站用户点击热力图

6.3.3 直方图

一般认为,直方图最早是由数理统计学家卡尔·皮尔逊(Karl Pearson)引入的,1891年,他在文章 Contributions to the Mathematical Theory of Evolution Ⅱ:Skew Variation in Homogeneous Material 中,运用直方图展示了均质材料中的偏差。随后,他也统计了欧洲 250 位君主的在位长度,以每 3 年为一个区间,发现在位时间在 9~12 年的君主数量最多(即为众数)。

(1) 直方图的含义

直方图是从总体中随机抽取样本,将样本数据加以整理用于了解数据的分布情况,使读者比较容易直接看到数据的位置状况、离散程度和分布形状的一种常用工具。直方图适用于连续性数据,如图 6-24 所示,它是用一系列宽度相等、高度不等的长方形来表示数据的。长方形的宽度代表组距,高度代表指定组距内的数据数(频数)。换言之,直方图由一系列高度不等的纵向条纹或线段表示数据的分布情况(一般横轴表示数据类型,纵轴表示分布情况)。

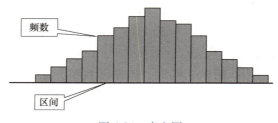

图 6-24 直方图

因此,直方图是一种可视化在连续间隔或者是特定时间段内数据分布情况的图表,它经常被用在统计学领域。简单来说,直方图描述的是一组数据的频次分布,例如,把年龄分成"0~5 岁,5~10 岁,…,80~85 岁"17 个组,以统计中国人口年龄的分布情况。直方图有助于人们了解数据的分布情况,诸如众数、中位数的大致位置或数据是否存在缺口或者异常值。

(2) 直方图的类型

根据数据分布状况不同,展示数据的直方图有不同的类型,包括正常型、孤岛型、双峰型、折齿型、陡壁型、偏态型和平顶型,如图 6-25 所示。正常型是指数据变化过程趋于稳定的图形,它的形状是中间高、两边低,左右"近似"对称。"近似"是指直方图多少有点参差不齐,是否对称主要看整体形状。孤岛型,是指在直方图旁边有孤立的小岛出现,当这种情况出现时,表示数据变化过程中有异常原因。双峰型,是指直方图中出现了两个峰,这是由于观测值来自两个总体、两个分布的数据混合在一起造成的。折齿型,即直方图出现凹凸不平的形状,这是由于作图时数据分组太多,测量仪器误差过大或观测数据不准确等原因造成的,此时应重新收集数据和整理数据。陡壁型,即直方图像高山的陡壁向一边倾斜,通常剔除了不合格品的产品数据作频数直方图时容易产生这种陡壁型,这是一种非自然形态。偏态型,是指直方图的顶峰有时偏向左侧、有时偏向右侧。平顶型,即直方图没有突出的顶峰,呈平顶形状。

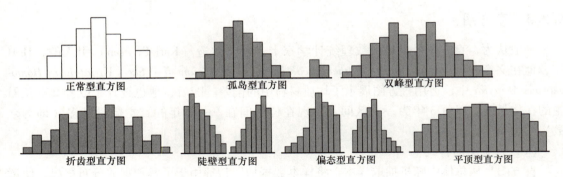

图 6-25 直方图的基本类型

（3）直方图与柱状图的对比

1）直方图与柱状图的相同点：直方图与柱状图的数据结构是相同的，都是由一个分类/分组字段和一个连续数值字段构成；都是由柱形条构成。

2）直方图与柱状图的不同点：

① 分析目的和适用场景不同。直方图用来展示数据的分布，柱状图主要用来比较数据的大小。

② 映射到 x 轴上的数据属性不同。在直方图中，x 轴上是连续的分组区间，这些区间通常表现为数字，且一般情况下组距是相同的，比如将在售商品的价格区间分为"0~10元，10~20元…"。在柱状图中，x 轴上的变量是分类数据，比如不同的手机品牌、店铺或网站在售商品的分类。

③ 宽度代表的意义不同。在直方图中，柱子的宽度代表了区间的长度（即组距），根据区间的不同，柱子的宽度可以不同，但其宽度原则上应该为组距的整倍。在柱状图中，柱子的宽度没有实际的含义，一般为了美观和整齐，会要求宽度相同。

④ 表示数据大小的方式不同。直方图是通过面积来表示数据的大小，且柱子之间紧密相连，没有间隔。柱状图是通过柱形条的高度来映射数据的大小，且柱子之间有间隔。

6.3.4 箱线图

箱线图，又称为盒须图、盒式图或箱形图，是一种用作显示一组数据分散情况资料的统计图，因形状如箱子而得名。在各种领域经常被使用，常见于品质管理。从箱线图中可以观察到：一组数据的关键值，如中位数、最大值、最小值等；数据集中是否存在异常值以及异常值的具体数值；数据是否是对称的；这组数据的分布是否密集、集中；数据是否扭曲，即是否有偏向性。因此，箱线图主要用于反映原始数据分布的特征，还可以进行多组数据分布特征的比较。

在箱线图中，箱子的中间有一条线，代表了数据的中位数。箱子的上下底，分别是数据的上四分位数和下四分位数，这意味着箱体包含了50%的数据，如图6-26所示。因此，箱子的高度在一定程度上反映了数据的波动程度。上下边缘则代表了该组数据的最大值（上限）和最小值（下限）。有时候，箱子外部会有一些点，可以理解为数据中的"异常值/极端值/离群值"。

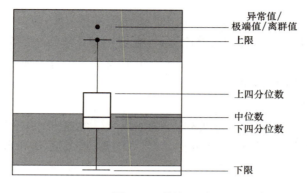

图 6-26　箱线图

箱线图用一组数据中的最小值、下四分位数、中位数、上四分位数和最大值来反映数据分布的中心位置和散布范围，可以粗略地看出数据是否具有对称性。通过将多组数据的箱线图画在同一坐标上，则可以清晰地显示各组数据的分布差异，为发现问题、改进流程提供线索。在箱线图中，可以直观明了地识别数据批中的异常值，判断数据的偏态和尾重，比较多批数据的形状。如图 6-27 所示，可以看到华北和华南客户的中位数位置、四分位间距框的位置与高度基本相同，说明两区域的客户收货天数基本相同。但是，从箱须（Whisker）上限和箱须（Whisker）下限看，华南客户的收货天数范围小于华北客户，说明其流程更加稳定。

箱线图的价值在于：①它可以直观明了地识别数据批中的异常值。箱线图判断异常值的标准以四分位数和四分位距为基础，四分位数具有一定的耐抗性，多达 25% 的数据可以变得任意远而不会很大地扰动四分位数，所以异常值不会影响箱线图的数据形状，箱线图识别异常值的结果比较客观。②利用箱线图可以比较多批数据的形状。同一数轴

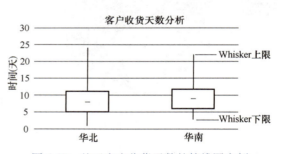

图 6-27　基于客户收货天数的箱线图实例

上，几批数据的箱线图并行排列，各批数据的中位数、尾长、异常值、分布区间等形状信息一目了然。

箱线图的局限性在于：①不能精确地衡量数据分布的偏态和尾重程度；②对于批量比较大的数据，反映的信息更加模糊以及用中位数代表总体评价水平有一定的局限性。

6.4　占比类商务数据的可视化

占比类商务数据的可视化，就是通过可视化的方法显示同一维度上的占比关系。这种占比关系可以分为两种：数值之间的比例关系以及部分对整体的比例关系。前者特别适合用南丁格尔玫瑰图、词云图等进行展现；后者适合采用饼图、桑基图等。

6.4.1 饼图

饼图用来展示各类别占比（如男女比例），它适用于了解数据的分布情况，可以反映部分与整体的关系。如图 6-28 所示，饼图用各个扇形表示各个分类所占比例的大小及其与整体的关系。饼图适合用来展示单一维度数据的占比，要求其数值中没有零或负值，并确保各分块占比总和为 100%。

饼图一般适用于一维数据（行或列）的可视化，它能够直观反映某个部分占整体的比重，使局部占整体的份额一目了然，用不同颜色来区分局部模块，也显得较为清晰。

饼图的优点在于：迅速直观地展现各项数据所占的比重情况。因此，如果想直接展示各项数据占整个数据的比例，并且显示所占的百分比情况，可以选择使用饼图。

饼图的不足在于：①饼图不适合被用于精确数据的比较；②分类过多，则扇形过小，无法展现图表。如图 6-29 所示，整个分类太多，导致很多扇区过小，显得不易辨识。一般而言，很难比较一个分类过多的饼图的数据，建议尽量将饼图分类数量控制在 7 个以内。

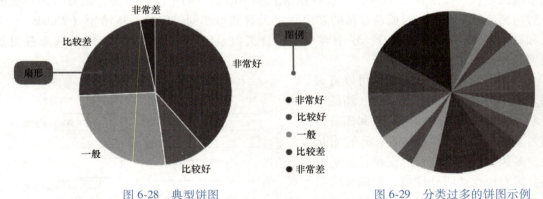

图 6-28　典型饼图　　　　　　　　图 6-29　分类过多的饼图示例

因此，当数据类别较多时，可以把较小或不重要的数据合并成一个模块命名为"其他"。有时，为了强调饼图中的某个数值或者某个分类，可以采用分离型饼图，将这个数值或者对应分类突出显示，起到强调的作用。如果各类别都必须全部展示，此时宜选择柱状图或堆积柱状图。

除了常见的饼图之外，还有一种复合饼图，即将用户定义的数值从主饼图中提取并组合到第二个饼图或堆积条形图的饼图。如果需要确保主饼图中的某些扇面，尤其是占比较小的扇面更易于查看，这种复合饼图非常有用。如图 6-30a 所示，因为"其他"还包含一些内容，为了便于查看，所以对"其他"这个扇形也做了一个饼图。

另外，复合饼图同样适合分类较多且个别分类数值较小，导致这些数值较小的分类在饼图中辨识度不高的情况。如图 6-30b 所示，因为"其他"还包含一些内容，为了便于查看，所以对"其他"这个扇形也做了一个堆积柱状图。

与饼图类似的图形，有环形图（环图），就是挖空的饼图，中间区域可以展现数据或者文本信息。如图 6-31 所示，在浏览器市场份额的环图中间空白处，突出显示了占比最大的 Firefox 浏览器，它占据了 45% 的市场份额。

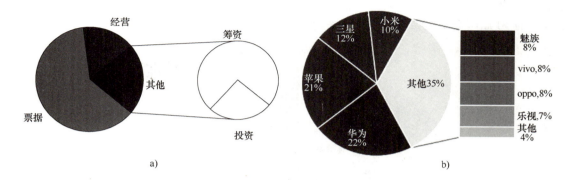

图 6-30　复合饼图示例

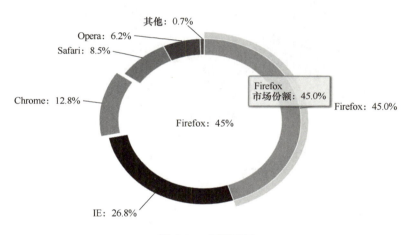

图 6-31　环图示例

环图和饼图的视觉元素不一样。饼图是靠图形中的相对角度判断部分和整体的关系；而环图的视觉元素是弧线的长度，通过弧线长度来判断部分和整体的关系。

6.4.2　南丁格尔玫瑰图

南丁格尔玫瑰图（Nightingale Rose Diagram）又名鸡冠花图（Coxcomb Chart）或极坐标区域图（Polar Area Diagram），是由英国的护士、统计学家——弗罗伦斯·南丁格尔发明的。19 世纪 50 年代，她在克里米亚战争期间使用这种图表传达士兵伤亡情况，打动了当时的高层，包括军方人士和维多利亚女王本人，使医护改良的提案得到了支持。

南丁格尔玫瑰图是将柱形图转化为更美观的饼图形式，是极坐标化的柱图。不同于饼图用角度表现数值或占比，南丁格尔玫瑰图使用扇形的半径表示数据的大小，各扇形的角度则保持一致。对照饼图，由于半径和面积的关系是平方的关系，南丁格尔玫瑰图会将数据的比例差异夸大，尤其适合对比大小相近的数值。

南丁格尔玫瑰图可在一个图表中集中反映多个维度方面的百分比构成数据，幅面小，信息量大，形式新颖，易于吸引注意力。如图 6-32 所示，在美国，尽管成为国会议员对于很多有志从政的人来说是一个梦想，然而国会议员的工作异常忙碌。在 1995—2014 年（每届 2 年）的 10 届国会中，参众两院分别平均每年有 160 天和 140 天在开会。

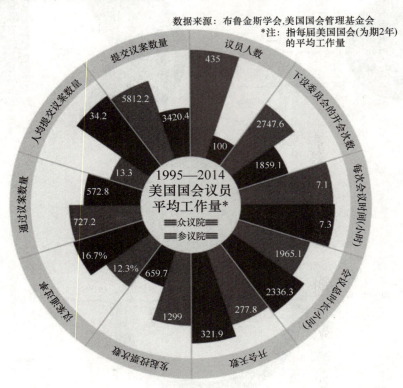

图 6-32　"忙碌的美国国会议员"南丁格尔玫瑰图

6.4.3　词云图

词云，又称文字云、标签云、关键词云，是文本数据的视觉表示，由词汇组成类似云的彩色图形。词云中每个词的大小取决于其出现的频率，频率越高，在图中显示越大。词云图可以直观反映文字密度及重要性。如图 6-33 所示，除了小说、经典、文学等传统热度词，当代青年还在外国小说、美学、绘本、漫画、诗等方面有较高的热情。

通过词云图，读者可以快速感知最突出的文字，也可以对比大量文本。

图 6-33　词云图示例

例如，根据十九大报告中的高频词而制作的词云图，"发展""人民""建设""社会主义"等词出现频次最高，如图 6-34 所示。

图 6-34　基于十九大报告高频词的词云图

词云图凭借着简单易用的特点和酷炫的可视化效果，通常被用于描述网站上的关键字元数据（标签）或可视化自由格式文本，每个词的重要性以字体大小或颜色显示。结合地图，也可以生产特殊词云。通过不同大小和颜色来反映对应的属性，将一些与位置点相关的文本信息在地图上展示出来。这种结合地图的词云图的特殊之处在于，词汇的大小并不与其频次直接相关，而是与词汇所处地区区域的大小有关。需要注意的是，地图词云需要做好标签的避让，防止标签叠在一起而影响阅读。

6.4.4　桑基图

桑基图（Sankey Diagram），即桑基能量分流图，也叫桑基能量平衡图。它是一种特定类型的流程图，图中延伸的分支的宽度对应数据流量的大小，通常应用于能源、材料成分、金融等数据的可视化分析。桑基图因 1898 年马修·桑基绘制的"蒸汽机的能源效率图"而闻名，此后便以其名字命名为"桑基图"。

桑基图通常应用于具有流向关系的数据可视化分析，数据从左边的项目流向右边的项目，项目条的宽度表示数据的大小，流向条的宽度对应数据流量的大小。如图 6-35 所示，因为每部电影可以划分为不同的类别，所以，用桑基图可以直观地展示每个分类有几部影片，也能从中看出每个影片分属什么类别。不难发现，桑基图是一种用一定宽度的曲线集合表示的图表，图中各个分支

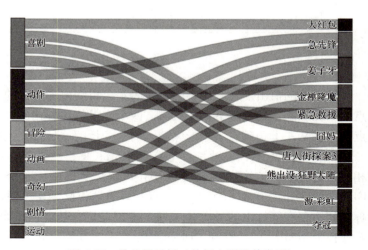

图 6-35　桑基图示例（热门电影及其类型）

的宽度对应数据流量的大小，起始流量总和始终与结束流量总和保持平衡。

桑基图最明显的特征在于始末端的分支宽度总和相等，即所有主支宽度的总和应与所有分出去的分支宽度的总和相等，保持能量的平衡。也就是说，桑基图的特点在于"能量守恒"，遵守能量守恒的桑基图是一种特定类型的流程图。不同于一般的流程图，桑基图在描述从一组数据到另一组数据的流动的同时，还能展示到底"流"了多少。在数据流动的可视化过程中，桑基图紧紧遵循能量守恒，数据从开始到结束总量都保持不变。

6.5 关联类商务数据的可视化

关联类商务数据的可视化实现，是指通过使用图形的嵌套和位置来显示数据之间的相互关系。数据之间的相互关系，通常指数据之间的共性关系、前后关系、层级关系以及相关性。按照功能进一步细分，关联类商务数据的可视化实现可以分为四种：显示数据之间的共性关系（维恩图等）、显示数据之间的前后关系（弦图）、显示数据之间的层次结构关系（矩形树图等）、用于查找相关性（散点图等）。

6.5.1 散点图

散点图（Scatter Plot）一般用于发现各变量之间的关系，适用于存在大量数据点的情况。如图 6-36 所示，散点图通过数据点在 x-y 轴上的位置来展现两个维度的变量。当一个个数据点形成一个整体时，变量的相关性就此显现。就图 6-36 而言，物流收货天数与客户满意度负相关，收货天数越长，满意度越低。

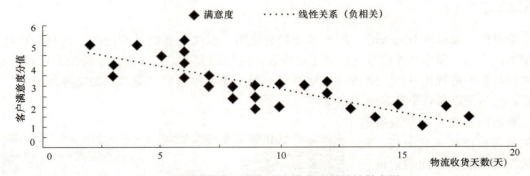

图 6-36　物流收货天数与客户满意度相关性散点图

散点图的值由点在图表中的位置表示，类别由图表中的不同标记表示。如果散点图中的点散布在从右上角到左下角的区域，两个变量的这种相关关系称为正相关；如果散点图中的点散布在从左上角到右下角的区域，两个变量的这种相关关系称为负相关。

如图 6-37 所示，横轴是各年份 GDP 增长率，纵轴是各年份债务率，图中的直线是线性相关的趋势线。该线性结果表明，GDP 增长率每增加一个百分点，美国非金融企业债务/GDP 比率便下降 0.47 个百分点，两者似乎是相反关系，但拟合系数 $R^2 = 0.166$ 说明两个指标之间不存在统计上的显著相关性。也就是说，从美国 1959—2015 年的数据来看，非金融企业债务与 GDP 的比率与 GDP 实际增长率之间缺乏相关性，既没有正相关性，也没有负相关性。

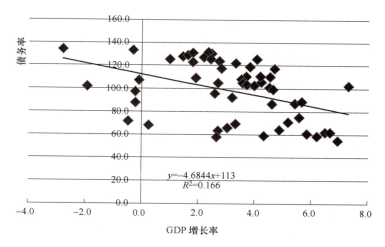

图 6-37　美国 1959—2015 年 GDP 和各年份债务率的散点图

散点图适合用于发现各变量之间的关系，适合存在大量数据点的情况。通过散点图，可以在繁多的数据点中发现异常数据。它的不足之处在于数据量小的时候，图会显得比较混乱。

使用散点图的注意事项包括：①如果数据集中包含非常多的点（如几千个点），那么散点图便是最佳图表类型，但若在散点图中显示多个序列看上去非常混乱，这种情况下，应避免使用散点图，而应考虑使用折线图；②默认情况下，散点图以圆圈显示数据点，如果在散点图中有多个序列，可考虑将每个点的标记形状更改为方形、三角形、菱形或其他形状；③可以引入更多变量，比如通过散点大小和颜色对变量进行编码；④可以适当使用辅助线，更清晰地展现相关性，但是辅助线不宜太多，否则会影响理解。

6.5.2　维恩图

维恩图（Venn Diagrams），也叫温氏图、韦恩图、范氏图、集合图，是由英国逻辑学家约翰·维恩（John Venn）在 1880 年左右发明的，它描述的是集合以及它们之间的关系，这些集合是共享某些共同点的一组对象。有时，维恩图被用作视觉头脑风暴工具，用来比较和对比两个（有时是三个或更多）不同的事物。通过比较和对比，判断相关事物的共性关系。

如图 6-38 所示，是一个关于工作设想的维恩图示例，它列出了各种各样的工作类型，分为"我的经验"和"我的愿望"。两者的重叠区域包含了被视为"理想工作"的工作类型。显然，维恩图提供了一种非常方便和整洁的方式来表达两个或多个数据集之间的关系。

维恩图通常由若干个大圆圈（或者其他形状）组成，它们彼此相交，

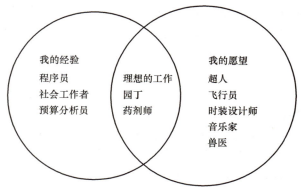

图 6-38　关于工作设想的维恩图示例

在中间形成一个空间。每一个圆圈代表想要比较和对比的东西。在这两个圆圈相交的地方，可以写下这两个事物的共同点。在相交空间的两边，可以写下这两个事物之间的区别。基于维恩图的蚂蚁和金鱼的共性关系如图 6-39 所示。

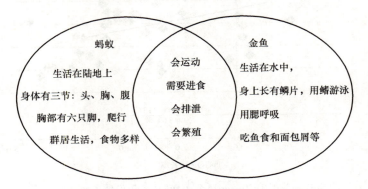

图 6-39　基于维恩图的蚂蚁和金鱼的共性关系

维恩图是不同事物组之间关系的图形或图形表示，它给出了群或集合的逻辑表示。借助维恩图，可以很容易地理解两个或三个集合之间的共性关系。因此，维恩图对于显示两个或多个主题或事物之间的关系最有用，但这些主题必须以某种方式相关或可比较，否则它们不适合维恩图模型。尽管根据所考虑的主题可以同时使用多个图，维恩图通常不适合比较四个以上的事物。另外，维恩图主要是一个视觉模型，它不能取代笔记，而且它通常不适合非常大量的信息。

6.5.3　弦图

弦图主要用于展示多个对象之间的关系，连接圆上任意两点的线段叫作弦，弦就代表着两者之间的关联关系。弦图虽然看起来有点令人眼花缭乱，但是它却非常适合用户分析复杂数据的关联关系。

虽然弦图的名字与几何学密切相关，但最初开始使用弦图的却是生物学家。面对纷繁复杂的基因组数据，生物学家巧妙地利用弦图展示基因组之间的关系。2017 年，一批生物学家在《自然》杂志上发表了一篇名为 Scalable whole-genome single-cell library preparation without preamplification 的文章。在文中，他们运用弦图展示了 bulk-equivalent 基因组与 bulk 基因组的断点连接重组情况。如图 6-40 所示，5 个细胞中 5 个染色体基因突变数量的弦图，每一个细胞对应每一条染色体都有一条纽带连接，哪一条纽带越宽，说明这个细胞中的这一条染色体上面突变的基因数量最多。

本质上，弦图是一种可视化数据关系的图表，展示了数据之间带有权重的关系。弦图的主要特点包括：

1）用圆上的两点的连线来表示两者的关系，适用于比较数据集或不同数据组之间的相似性（狗与人的染色体实验就是发现不同数据组的相似性）。
2）连接线的宽度可以表示两个数据之间的关系程度或者比例关系。
3）弧线与圆的接触面积上的宽度也可以用来表示关系程度和比例关系。
4）可以使用不同的颜色来区分不同的关系。

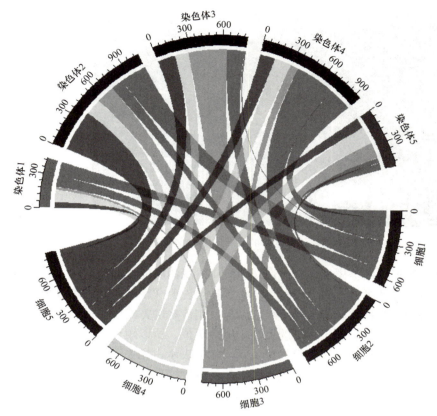

图 6-40　5 个细胞中 5 个染色体基因突变数量的弦图

图 6-40　彩图

正因为弦图能在表达大量复杂数据的同时，尽可能把这种复杂的关系可视化，所以它被广泛运用到各个方面。使用弦图应注意以下事项：①使用弦图时，可以通过连线的颜色是否与节点接触等来展现数据流动的方向；②用节点及连线宽度来展现数据之间的大小关系；③当数据量比较大的时候，可以通过一些交互性设计的辅助使图表更加具有可读性；④数据量过大会导致弦图可读性降低，数据排列的顺序对弦图呈现效果影响较大。

6.5.4　矩形树图

矩形树图，即把树状结构转化为平面矩形的状态。矩形树图虽然长得一点都不像"树"，但它能表示数据间的层级关系，还可以展示数据的权重关系。如图 6-41 所示，这是一个运动项目的矩形树图，游泳、田径是运动项目中的两个大项。

矩形树图把具有层次关系的数据可视化为一组嵌套的矩形，所有矩形的面积之和代表了数据整体的大小，各个小矩形的面积表示每个子数据的占比大小——矩形面积越大，表示子数据在整体中的占比越大。

最简单的矩形树图只展示一个类别的数据占比，每个矩形的面积代表了各数据在整体中的比重。需要注意的是，①矩形树图擅长可视化带权重的数据关系，也就是说，在展示不带有权重的层级关系数据的时候，使用矩形树图会显得层次不清。如图 6-42 所示，在展示公

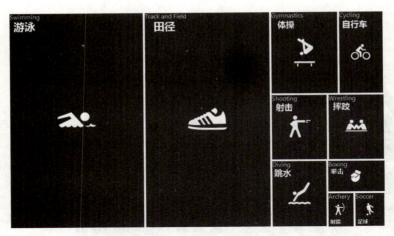

图 6-41 运动项目的矩形树图

司的部门组成时,使用矩形树图会模糊层次关系,但使用树状图就能清晰地表达。②矩形面积要适当,当小矩形所代表的类别占比太小时,会很难排版说明文字。当然,可以采用提示工具,显示矩形所代表的数据;或者考虑给小矩形编号,用注释的方式说明矩形所代表的数据。③矩形树图只用于表达正值。由于矩形的大小不能为负值,所以矩形树图中代表矩形大小的变量只能是正值。④矩形树图专注展示占比关系。作为表示占比关系的图表类型,矩形树图无法展示占比随时间变化的情况。如果想展示占比的幅度变化,堆叠柱状图和百分比堆叠面积图都是不错的选择。

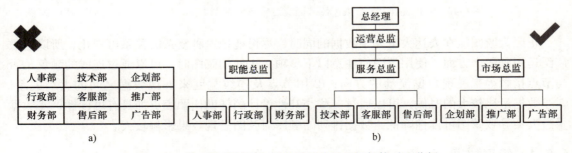

图 6-42 基于矩形树图和树状图的公司组织架构对比分析

实验六:基于 BBL 的数据可视化

一、实验目的

数据可视化,可以更好地发现数据之间的规律。以 BBL 为例,通过全新的可视化图表编辑器体验,可以完成图形的优化。

二、实验准备

已经完成了数据源的导入以及数据视图的创建,并理解 BBL 数据可视化的两种数据驱动模式——透视驱动和图表驱动。

三、实验内容

使用 BBL，通过颜色、提示信息、图表样式等多种方式来优化新建好的图形。

1. 颜色优化

选择图表后，分析区域即有颜色项，可将待分析维度拖入分析区域的颜色项中，进行颜色设置。具体步骤包括：①将带分析的维度拖入"颜色"分析框中，如图 6-43 所示；②在弹出的对话框中进行颜色编辑，并单击"保存"按钮，如图 6-44 所示。

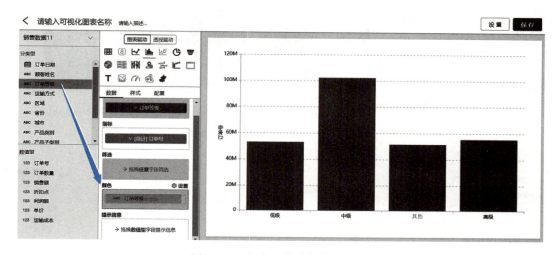

图 6-43 "颜色"优化操作示意图

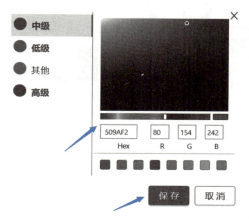

图 6-44 调整颜色对话框

2. 设置提示信息

选择图表后，分析区域即有提示信息项，可将待分析指标拖入，如图 6-45 所示。

3. 图表样式的优化

针对不同的图形，BBL 提供了详细的图表样式设置。以"图表驱动"下的柱状图为例，图表样式的设置包括：（是否）堆叠、（是否改为）条形图、标签、图例、x 轴和 y 轴、分割线的调整与优化如图 6-46 所示。

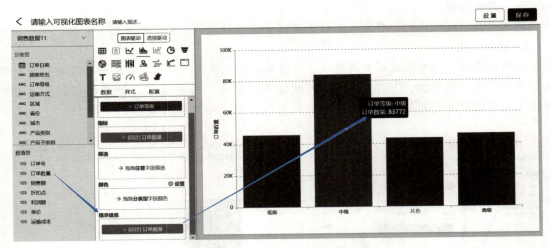

图 6-45 "提示信息"操作示意图

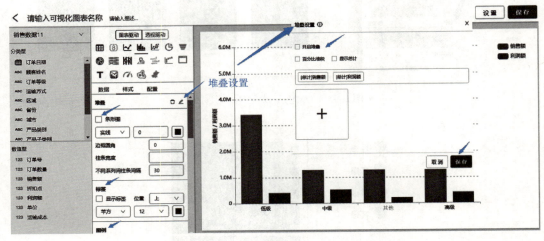

图 6-46 图表样式设置（以柱状图为例）

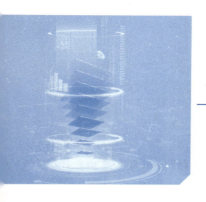

第 7 章
商务数据分析报告

案例导读：马萨诸塞州的大数据分析报告

2012年5月，Deval Patrick州长正式启动了马萨诸塞州大数据计划，此举旨在加强马萨诸塞州在迅速发展的全球大数据领域中的领导者地位。

该计划目标的达成需要一系列的努力与付出，包括建立一个组织委员会——马萨诸塞州大数据联盟，来帮助确定、设计和告知美国联邦政府为实现这一目标所做的努力。该计划还呼吁要创建一个研究与开发匹配的赠款项目，以支持大数据投资；要为以大数据为焦点的实习提供新的支持；并且要赞助一个非营利性的、为大数据相关创新和培训提供机会的组织。马萨诸塞州技术合作局负责实施、执行该计划的相关呼吁以及其他能够推进美国联邦政府大数据的方法。

马萨诸塞州的大数据分析报告的目的是通过提供对海量大数据格局的基础理解，提供对马萨诸塞州拥有的相对优势和劣势的客观评估以及其他可能促进海量大数据生态系统的增长的建议，以协助告知和支持马萨诸塞州大数据计划进一步的行动。

该报告基于对主要利益相关者的一系列采访、公司调查（首次年度海量大数据调查）、对公开数据的分析以及广泛的文献综述。其中的调查通过电子邮件发送给403家公司，有19家公司由于电子邮件地址无效而未能成功发送。调查大约持续了两个星期，57家公司完成了调查，有效回复率为14%。

该报告分为五个部分：
- 第一部分：简介——介绍了项目的背景和目的。
- 第二部分：马萨诸塞州大数据生态系统——对马萨诸塞州的大数据生态系统进行分析，评估现有的大数据公司、研究机构和教育机构、风险资本融资以及各类政府计划。
- 第三部分：马萨诸塞州的竞争地位——与美国其他地区相比较，分析了马萨诸塞州的竞争地位。
- 第四部分：增长前景——讨论整个全球市场以及马萨诸塞州特定细分市场和垂直市场的增长潜力。
- 第五部分：行动建议——提供建议和附录，附录中提供了大数据的定义，阐述了大数据的用途和价值，以及在关键业务领域中评估市场结构的框架。

马萨诸塞州的大数据分析报告展现了一个规范的、内容齐备的商务分析报告应该具备的体例结构，也说明了商务数据分析报告本质上就是一种商业分析应用文体。

> **学习目标**
> - 理解商务数据分析报告的本质
> - 理解和掌握商务数据分析报告的作用和评价标准
> - 理解和掌握商务数据分析报告的各种结构（思维结构、体例结构和要素结构）
> - 理解和掌握商务数据分析报告的金字塔结构和 SCQA 结构
> - 熟悉商务数据分析报告的类型和注意事项
> - 了解商务数据分析报告的常用模板

7.1 商务数据分析报告概述

数据报告是分析、思考和总结的呈现。写数据报告的目的是将自己的分析结果呈现给管理者或数据需求者，并给运营或管理人员提供可视的、合理的决策建议。数据分析报告不同于数据报告。数据报告最重要的特征是，它是一堆表格、一堆图的堆砌，是相关内容的堆砌。真正的数据分析报告既然是分析，一定是结果，也必须有结论，有观点。所以一定要呈现结论，哪怕是错误的结论。"结论是基于当前的数据，基于你做出的逻辑推理而得到的。"没有结论的数据分析报告，不应该叫作数据分析报告。

换言之，数据分析报告是根据数据分析原理和方法，运用数据来反映、研究和分析事物的现状、问题、原因、本质和规律，并得出结论、提出解决办法的一种分析应用文体。

7.1.1 商务数据分析报告的类型

由于商务数据分析报告的对象、内容、时间和方法等情况不同，因此存在不同形式的报告类型。常见的几种商务数据分析报告有专题分析报告、综合分析报告和日常数据通报等。

1. 专题分析报告

专题分析报告是对社会经济现象的某一方面或某一个问题进行专门研究的一种数据分析报告，它的主要作用是为决策者制定某项政策、解决某个问题提供决策参考和依据。专题分析报告有两个特点：单一性和深入性。

单一性是指专题分析报告不要求反映事物的全貌，主要针对某一方面或者某一问题进行分析，如用户流失分析、提升用户转化率等分析。

深入性是指由于内容单一、重点突出，因此要集中精力解决主要的问题，包括对问题的具体描述、原因分析和提出可行的解决办法。这需要对业务有深入的认识，切记泛泛而谈。

2. 综合分析报告

综合分析报告是全面评价一个地区、单位、部门业务或其他方面发展情况的一种数据分析报告，比如世界人口发展报告、某企业运营分析报告等。综合分析报告的特点主要有：全面性和关联性。

全面性是指综合分析报告反映的对象，无论是一个地区、一个部门还是一个单位，都必须以这个地区、部门或者单位为分析总体，站在全局高度反映总体特征，做出总体评价。例如，在分析一个公司的整体运营时，可以运用常用的"4P分析法"，从产品、价格、渠道和促销这四个角度进行分析。

关联性是指综合分析报告要把互相关联的一些现象、问题综合其他信息进行系统的分析。这种分析不是对全部资料的简单罗列，而是在系统地分析指标体系的基础上，考察现象之间的内部联系和外部联系。这种联系的重点是比例和平衡关系，分析研究不同事物的发展是否协调、是否适应。因此，从宏观角度反映指标之间关系的数据分析报告一般属于综合分析报告。

3. 日常数据通报

日常数据通报是以定期数据分析报告为依据，反映计划执行情况，并分析其原因和影响的一种分析报告。它一般是按日、周、月、季等时间阶段定期进行的，因此也叫作定期分析报告。它包含三个特点：进度性、规范性和时效性。

进度性是指由于日常数据通报主要反映计划的执行情况，因此必须把执行进度和时间的进展结合分析，观察比较两者是否一致，从而判断计划完成的好坏。为此，需要进行一些必要的计算，通过对一些绝对数（一定条件下总规模、总水平的综合指标，比如10天）和相对数（两个有联系的指标经过计算而得到的数据，比如6倍）指标来突出进度。

规范性是指日常数据通报基本成了相关部门的例行报告，定时向决策者提供。因此，这种分析报告形成了比较规范的结构形式，它一般包括以下几个基本部分：反映计划执行的基本情况；分析完成和未完成的原因；总结计划执行中的成绩和经验，找出存在的问题；提出措施和建议。这种分析报告的标题也比较规范，一般变化不大，有时为了保持连续性，标题只变动一下时间，如《××月××日业务发展通报》。

时效性是由日常数据通报的性质和任务决定的，日常数据通报是时效性最强的一种分析报告。只有及时提供业务发展过程中的各种信息，才能帮助决策者掌握企业的最新动态，否则将耽误工作。

7.1.2 商务数据分析报告的作用

商务数据分析报告实质上是一种沟通与交流的形式，主要目的在于将分析结果、可行性建议以及其他价值的信息传递给管理人员。它需要对数据进行适当的包装，让决策者能对结果做出正确的理解与判断，并可以根据其做出有针对性、操作性、战略性的决策。

商务数据分析报告主要有三个方面的作用，即展示分析结果、验证分析质量以及为决策者提供参考依据。

1. 展示分析结果

报告以某一种特定的形式将数据分析结果清晰地展示给决策者，使得他们能够迅速理解、分析、研究问题的基本情况、结论与建议等内容。

2. 验证分析质量

从某种角度上来讲，商务数据分析报告也是对整个数据分析项目的一个总结。通过报告中对数据分析方法的描述、对数据结果的处理与分析等几个方面来检验数据分析的质量，并且让决策者能够感受到整个数据分析是科学、严谨的。

3. 为决策者提供参考依据

大部分的商务数据分析报告都是具有时效性的，因此所得到的结论与建议可以作为决策者在决策方面的一个重要参考依据。虽然大部分决策者（尤其是高层管理人员）没有时间去通篇阅读分析报告，但是在决策过程中，报告的结论与建议或其他相关章节将会被重点阅读，并根据报告结果辅助其最终决策。所以，商务数据分析报告是决策者二手数据的重要来源之一。

7.1.3 商务数据分析报告的评价标准

商务数据分析报告的质量好坏，一般从两个方面来衡量：一是商务数据分析报告的深度和广度，即报告的内容是否丰富，对资料的分析和写作技巧如何；二是商务数据分析报告的时效性及其产生的社会影响，即分析报告在实际工作中发挥的作用如何，也就是它的社会效益如何。后者是衡量分析报告质量的主要标准。

以国家统计局组织评选优秀统计分析报告为例，统计局提出了四条评比标准，即基本质量要求：第一，选题准确，能够紧密结合经济形势，配合中心任务，反映方针、政策的执行情况和效果，对决策能起积极的作用；第二，资料可靠，观点鲜明，分析深刻，提出一定的见解；第三，时效性强，反映情况及时；第四，主题突出，结构严谨，条理清晰，文字简洁。

前述的四条标准可概括为商务数据分析报告的"四性"，即准确性、针对性、时效性、逻辑性。当然，要写出一篇高质量的商务数据分析报告，还应在求"新"和求"深"上下功夫。所谓"新"，是指创新。不仅要求内容有新意，形式也要新颖。要有所创新，就要树立新观念，研究新课题，挖掘新事物、新思想，选择新视角，反映新情况、新特点、新动态，写出新成就、新问题，分析新原因，总结新经验，提出新建议。所谓"深"，是指深入透彻。要掌握丰富的资料，进行深入的分析，达到对研究对象有深刻、透彻的认识。

7.2 商务数据分析报告的结构

7.2.1 思维结构

商务数据分析报告的思维结构，是指从逻辑思维的角度，报告应该如何布局。一般而言，可以运用金字塔结构和麦肯锡的 SCQA 架构来组织商务数据分析报告。

1. 金字塔结构

金字塔原理是指"以结果或结论为导向的思考、表达的过程"。在撰写商务数据分析报告时，可以先提炼出核心结论，基于核心结论用几个主要结论作为支撑，每个主要结论向下延伸出若干支持论点，每个支持论点由若干事实或论据作为支撑，依此类推，一层一层向下延伸，直到不需要再分解和提供事实支撑为止。这样一个商务数据分析报告即呈现金字塔结构，如图 7-1 所示。

第 7 章　商务数据分析报告

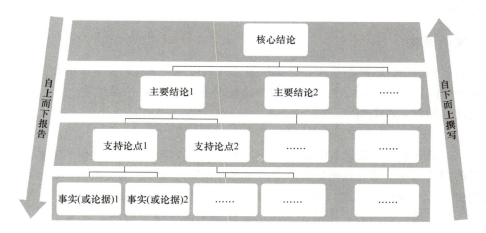

图 7-1　商务数据分析报告的金字塔结构

2. 麦肯锡的 SCQA 架构

无论是什么形式的商务数据分析报告，PPT 或者 Word 甚至是 Excel 报表，都需要把数据分析的结果和得出的结论进行汇报。如何把握重点，而不是简单罗列数据处理的过程，成为商务数据分析报告撰写的难点。基于麦肯锡金字塔原理的 SCQA 架构，是一种比较实用的商务数据分析报告的框架结构。

如图 7-2 所示，所谓 SCQA 是四个英文单词的首字母简写，分别是 Situation（情景）、Complication（冲突）、Question（疑问）和 Answer（回答）。

1）情景：情景即背景，用于事实的引入，提供一种受众熟悉的场景。
2）冲突：通常是指某种不利的变化或颠覆目前状态的事件，总的来说是推动情景发展的因素。
3）疑问：指出具体的问题，比如该怎么办？怎样做？
4）回答：提供可行的解决方案。

图 7-2　商务数据分析报告的 SCQA 结构

SCQA 架构是一个"结构化表达"方式，有四种用法：标准式（SCA：情景-冲突-答案）、开门见山式（ASC：答案-情景-冲突）、突出忧虑式（CSA：冲突-情景-答案）、突出信心式（QSCA：问题-情景-冲突-答案）。

标准式（SCA），按照传统讲述形式，可在一定程度上突出答案重点；开门见山式（ASC），可重点突出答案，由答案带领听者继续了解目前的情景及现存冲突，听者对答案也会增加认同感；突出忧虑式（CSA），强调冲突，引发忧虑，可激发听者对背景情景的关注；突出信心式（QSCA），先抛出问题引人思考，进而带动关注进入到所讲情景中，可增强分

· 147 ·

析、讲述的效果。

7.2.2 体例结构

商务数据分析报告的体例结构，是指从报告的编写形式或者组织形式的角度，整个报告应该包括哪些内容。从体例结构而言，商务数据分析报告主要包括标题、目录、前言、正文、结论建议和附录六个部分。

1. 标题

标题是指商务数据分析报告的题目，好的标题不仅可以表现数据分析的主题，而且能够引起读者的阅读兴趣。商务数据分析报告的标题可以分为四类：①疑问类，即标题以设问的方式提出报告所要分析的问题，引起读者的注意和思考，如"如何避免企业客户流失"；②概括类，即概括主要内容，用数据等说话，让读者抓住报告的重点或者中心，如"2020年企业销售情况稳定"；③解释类，即通过观点句解释、表达数据分析报告的基本观点，如"明星代言网络在线直播已经成为红海"；④介绍类，即交代分析报告的主题，反映分析的对象、范围、时间和内容等情况，在标题中没有说明报告的看法与主张、结果与结论，如"企业在线直播销售分析报告"。

2. 目录

目录可以帮助商务数据分析报告的读者快速找到所需内容，因此，需要在目录中列出报告主要部分的名称和页码。如果报告的图表众多，需要将这些图表单独制作成目录，以便读者直接查看图表与相关分析结论。

3. 前言

前言是商务数据分析报告的重要组成部分，主要介绍分析背景、分析目的、分析思路，甚至还包括分析结果。分析背景可以帮助报告的读者对整体的分析研究有所了解，主要说明本报告的起因、分析意义等相关信息。分析目的可以帮助读者了解、理解本次分析的效果及本次分析可以解决什么问题。分析思路用来解释本次分析报告的完整分析过程。分析结果方便读者直接掌握本次分析报告的结论。

4. 正文

正文是商务数据分析报告的核心部分，是系统全面地表达本次商务数据分析过程和结果的主要部分。正文部分占整个报告的主要篇幅，通过展开论题，对论点进行分析论证，表达报告撰写者的见解和研究成果的核心。由于正文部分占据了报告的大部分篇幅且内容众多，包含整个数据分析的事实、观点、依据，因此正文中各个部分的逻辑关系要清晰明了。

5. 结论建议

结论建议，是对整个报告的综合与总结，是报告的关键或具体结论及可行建议。结论建议，不是对正文内容的简单重复，而是以数据分析结果为依据得出的分析结论，是结合实际场景综合分析、逻辑推理形成的总体论点。好的结论建议，可以帮助读者加深认识、明确主旨，引起读者的思考。而且应该首尾呼应，措辞严谨、准确。

6. 附录

附录是商务数据分析报告的基本组成部分，是对报告正文部分的补充说明，可以帮助读者更加了解报告的原始资料、获取途径、基本设定等相关信息和内容。

7.2.3 要素结构

商务数据分析报告的要素结构，是指从报告的基本组成部分的角度，整个报告应该包括哪些内容。从组成要素而言，商务数据分析报告主要包括项目背景、项目进度、名词解释、数据获取方法、数据概览、数据细节、结论汇总、后续改进、致谢、附件共十个基本要素。

1. 项目背景 & 项目进度

项目背景主要简述项目相关背景，即为什么做本项目、目的是什么等内容；项目进度，主要综述项目的整体进程以及目前的情况。如果报告的读者不了解相关背景，可以通过此部分内容，对本项目有一个初步熟悉和整体掌握。

2. 名词解释 & 数据获取方法

名词解释是指本次分析报告的关键性指标是什么、为什么如此界定这些关键性指标。如果不对指标进行统一定义和说明，很多时候会使报告读者产生误解。例如，点击率可以是点击次数/浏览次数，也可以是点击人数/浏览人数。点击的人数可能按访问去重，也可能按天去重。如果没有清晰的解释，不同读者的理解不同，对整个数据的可读性就大打折扣。

数据获取方法包括介绍怎么获取到数据、产生了哪些问题等。另外，由于原始数据往往需要经过数据清洗剔除"脏数据"，也需要部分假设进行数据补全。所以，需要专门对数据清洗、补全的方法进行说明，方便读者认可。

3. 数据概览 & 数据细节

数据概览就是对重要指标的趋势、变化情况及重要拐点成因的解释。数据细节，就是通过拆分不同的维度，通过不同的分析挖掘方法，对数据概览进行补充说明。数据细节部分，需要采用合适的可视化方式和合理的数据分析方法。例如，展现对比或者趋势，使用折线图、柱形图等更形象；展现具体数据，则使用表格更全面直观。与此同时，表格中对需要强调的数字要做明显标识。如果是PPT报告，每个页面应说明白一个结论或者解释清楚一个趋势。分析报告中的关键性结论，需要只用一句话就能说清楚。

4. 结论汇总 & 后续改进

结论汇总，就是对之前数据分析阶段的数据进行汇总，形成完整的结论。后续改进，就是在数据分析的结论和问题的基础上，对后续工作进行方向性的说明。

5. 致谢 & 附件

致谢是对整个报告涉及的所有相关协助部门的致谢：一方面，认可这些部门的工作与积极配合；另一方面，经过致谢，在之后的合作中也会更加融洽。

附件主要针对的是有价值的数据，但是，如果将其放在正文部分会分散分析报告的重点；如果删除，又有可能无法解释读者或者听众的疑问。作为附件，应随时提供使分析结论可信的解释。

7.3 商务数据分析报告的注意事项

7.3.1 选题方面的注意事项

选准题目是商务数据分析报告的首要任务。要达到这一要求，就要遵循选题的原则，选好课题的内容，讲究选题的方法，突出选题的要点。

1. 选题的方向

如何才能做到选题准确呢？一般应围绕以下重点方向来选题：是否具有现实意义、是否与自己的工作紧密相关；是否与企业的战略相吻合、顺应企业发展需求；是否提出新情况、新问题、新经验；是否属于报告读者关心关注的问题等。

总之，要根据实际情况来选题，不要为了分析而分析。当然选题中还要对主观条件加以考虑，课题所需资料的来源渠道是否畅通，人力资源是否充足，时间安排是否满足决策的需要等。

2. 选题的技巧

商务数据分析报告的选题要在明确方向的基础上，注意结合以下"三点"来进行。这"三点"就是注意点、矛盾点和发生点。

注意点是指管理过程中，领导和群众比较注意的地方。比如说，从全国来讲，第一季度要总结工作，提出新的任务，制订年度工作计划，要开一些重要的会议，如每年的中央经济工作会议，会议的中心议题就成为"注意点"；到了第四季度要预计计划完成情况，做好下一年度的各项准备工作，此时的"注意点"又转移到计划的完成情况上来了。

矛盾点是指管理过程中，问题比较集中、事情比较关键、影响比较大或争论比较多的地方。例如，市场疲软、扩大内需、开拓农村市场、下岗职工再就业、商品房投诉等问题，就是"矛盾点"。

发生点是指管理过程中，处于萌芽状态且还未被多数人认识的事物，即人们所说的新情况、新问题，新趋势。如开展消费信贷、商品房抵押贷款等。

总之，只要能抓住这"三点"来进行选题，商务数据分析报告就能发挥积极的作用，取得较好的社会效益。

7.3.2 写作方面的注意事项

1. 主题要突出

主题是商务数据分析报告的中心思想或基本论点。它像一根红线贯穿于全文，是分析报告的灵魂与统帅。商务数据分析报告要根据研究的任务，抓住要解决的主要矛盾及矛盾的主要方面开展分析工作。报告的内容要紧扣主题，从数据中反映复杂的商业规律，抓住重点问题，突出主题思想加以阐述。

2. 材料和观点要统一

商务数据分析报告必须以数据为依据，但不能简单堆砌数据，要用数据支撑、说明观点。这就要求编写商务数据分析报告必须处理好数据与观点的关系。数据要支持报告所说明的观点，而观点要依据数据，做到数据与观点的辩证统一。如果数据与观点脱节，商务数据分析报告便失去了说服力。

3. 判断推理要符合逻辑

商务数据分析报告的准确性，不仅要求运用的原始数据准确可靠，而且要准确地说明商业规律的本质和发展变化的根源。这就要求编写商务数据分析报告要在数据的基础上进行深入分析，运用判断和推理的逻辑方法。判断是以准确的数字为依据的，推理是以充分的依据为前提的。正确的判断和推理，从事物发展上说，就是要有根有据，符合客观的规律性；从思维发展上说,就是要实事求是,合乎事物的逻辑性。判断和推理的结果,前后不能矛盾,左右不能脱节,要如实反映客观事物的内在联系。

4. 结构要严谨

结构要严谨,是指商务数据分析报告内容的组织、构造精当细密,无懈可击,甚至达到"匠心经营,天衣无缝"的地步。这就要求首先要思想周密,没有"挂一漏万""顾此失彼";其次要组织严谨,没有"颠三倒四""破绽百出"。因此,结构能否严谨,首先取决于作者的思路是否清晰、严密。作者只有充分认识与掌握事物发展的内在规律,才能把它顺理成章地表达出来。

5. 语言要生动、简练

商务数据分析报告的质量高低,首先在于内容正确;其次还要讲究辞藻问题。如果用词烦琐,语言不通,词不达意,就不能较好地表述分析的结果。所以,写一篇较好的分析报告,要善于用典型的事例、确凿的数据、简练的辞藻、生动的语言来说明问题。切忌文字游戏、词句堆砌、形式排比、华而不实。

6. 报告要反复研究、修改

写商务数据分析报告与写其他文章一样,必须反复研究和反复修改,做到用词恰当,符合实际。商务数据分析报告要进行反复研究和修改的目的,是为了检查观点是否符合政策,材料是否真实可靠,文章结构是否严密,文字是否言简意赅,表达是否准确得当。只有反复修改,才能写出好的商务数据分析报告。

7. 受众要明确

商务数据分析报告的受众不同,内容也不同。一般而言,高层决策者关注方向,中层管理者关注策略,基层员工关注执行。对于高层决策者而言,希望通过商务数据分析发现或洞察潜在机会点,因此商务数据分析报告是他们的决策参考、决策依据。对于中层管理者而言,他们主要关注基于数据可以制定什么样的策略。例如,当用户流失时,他们更关注流失用户的特征是什么,从而制定解决问题的具体策略。对于基层员工而言,就是基于数据分析结果直接执行,比如掌握针对何种特征的用户适合发放何种类型的优惠券。

7.3.3 排版方面的注意事项

要创建令人信服的数据分析报告,应该向读者清楚地传达想法。问题是糟糕的设计有时会让事情变得更加混乱。当读者无法阅读分析报告的插图,无法解释数据,这就是一份失败的数据分析报告。在创建数据分析报告的过程中,请注意避免以下问题:

1. 草率的层次体系

在商务数据分析报告中,经常看到这样的错误:信息图片让人们的眼睛变得杂乱无章,或者电子书中的章节太有"创意",过于拥挤或无序的视觉效果,会迷惑商务数据分析报告的读者。如图 7-3 所示,图 7-3a 就是一个草率混乱的层次体系分布,而图 7-3b 齐整、规范。

2. 错乱的排版

一个错乱的排版,通常会导致一个作品看起来很邋遢或者感觉不平衡,如图 7-4a 所示。要避免这种情况,请坚持网格排版。网格排版可以帮助确定在构建数据分析报告内容时将所有内容放在何处。至少应该做到:①从图形边缘开始的空间量是一致的,如图 7-4b 所示,尤其是页眉开始和页脚结束的地方；②各部分之间使用一致的间距，注意页眉和副本；③完成最终稿前，进行最终对准。

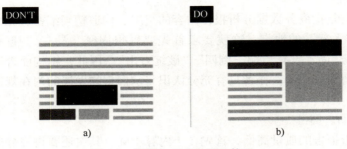

图7-3　错误和正确的层次体系

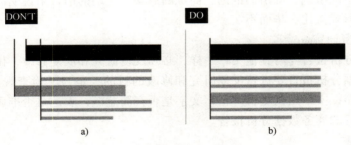

图7-4　错误和正确的排版

3. 插图过度使用

在商务数据分析报告中，字符太多或太花哨是不明智的，如图7-5a所示。如果图片等不能支持或强化报告的论述、观点、结论，就不应该使用这些图片，如图7-5b所示。视觉效果应该有助于用更少的语言交流，所以需要明智而有目的地使用插图。至少应该实现：①抵制在没有特定目的的情况下加入人物插图的冲动；②选择一些从插图中受益最大的关键要素，以帮助强化报告的整体信息。

图7-5　错误和正确的插图使用

4. 过多的字体和样式

在Word等软件中，有非常多漂亮的字体，很多商务数据分析报告的撰写者会尝试使用太多字体，以显得自己有创意如图7-6a所示。但是，不同字体会干扰对商务数据分析报告的理解，选择的字体、摆放的位置都会直接影响商务数据分析报告的质量。因此，仔细布局和规范字体是关键，应该做到：①在同一份报告中选择一个字体系列；②在同一视觉效果中不要使用超过三种类型的样式；③限制所用字体的粗细、大小和变化程度，如图 7-6b 所示。

DON'T
THE FIRST
HEADER
SECONDARY TITLE
DO
THE FIRST
HEADER
Secondary Title

a)　　b)

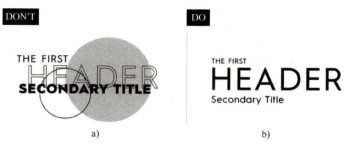

图 7-6　错误和正确的字体/样式选择

7.4　商务数据分析报告模板

7.4.1　PPT 中的报告模板

PPT 中的数据分析模板，是对 PPT 格式的数据分析结构和示例的简单描述。此类模板要求设计简单，以项目符号格式涵盖重要主题，如图 7-7 所示。

数据分析和解释
早期的思考
计划与规划
原始数据导入与清洗
分析
解释
反思
我们学到了什么?
我们能得到什么结论?
有什么建议?
我们分析的局限性是什么?

图 7-7　PPT 中的报告模板

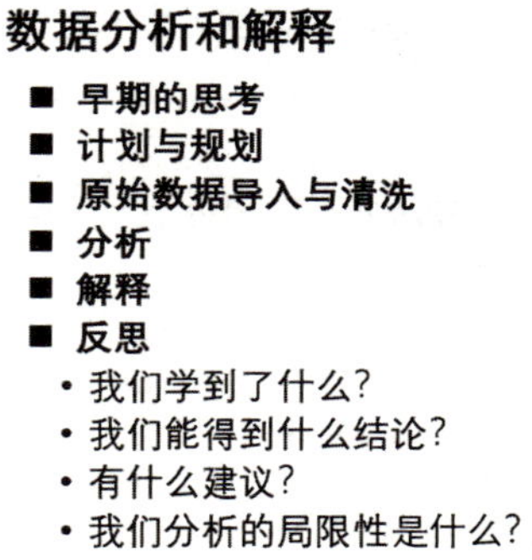

7.4.2　Word 中的报告模板

Word 中的商务数据分析报告模板，首先列出了报告的需要和说明（Instruction），然后在不同的分标题下，列出了报告的主要部分：导言（Introduction）、背景（Background）、目的（Purpose）、局限性（Limitations）、方法（Methods）、样本（Sample）、工具（Instrumentations）、结果（Results）、摘要（Abstract）和参考文献（Reference）。

实验七：基于 BBL 的商务数据分析报告

一、实验目的

BBL 的仪表盘和数据大屏是由一个个统计图表组合而成的，相当于一个绚丽的商务数据分析报告。与此同时，仪表盘也是一个项目的基本组成单位，用户可在仪表盘上进行新建图表、调整图表布局、设置图表联动等操作。所以，本次实验的目的在于通过控制器、联动、钻取、分享、自由布局等操作，让可视化组件灵动起来，使商务数据分析报告图文并茂，实现用户与数据的直接对话，帮助用户更好地观察与分析数据，满足指导决策等多种应用需求。

二、实验准备

已经完成相关可视化分析图表,并且对仪表盘和数据大屏的布局等已经有所设计。

三、实验内容

(一)仪表盘

1. 仪表盘的新建

新建仪表盘的步骤如下:第一步,切换到"可视化应用"界面,单击"创建新仪表盘",弹出"新增数据门户"对话框;第二步,在该对话框中,输入仪表盘的"名称""描述",选择"是否发布"等"基本信息",也可以在"权限管理"中进行设置,相关信息输入后单击"保存"按钮,如图7-8所示。

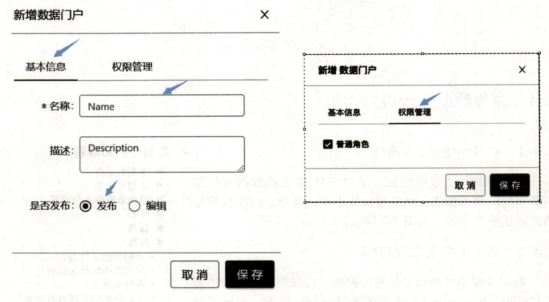

图7-8 "新增数据门户"对话框

第三步,单击刚刚新建的仪表盘图标,进入仪表盘操作界面,如图7-9所示。

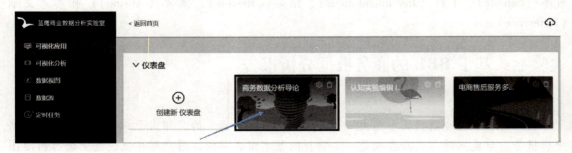

图7-9 仪表盘操作界面

第四步,单击"+"按钮。第五步,输入新仪表盘的名称,单击"保存"按钮,如图7-10所示。

图 7-10 新增仪表盘操作界面

2. 仪表盘的图表导入与添加

仪表盘中需要汇集已经完成的众多图表，无论是导入还是添加，具体操作步骤如下：

第一步，在仪表盘操作界面中，单击右侧的"+"按钮，如图 7-11 所示。

图 7-11 仪表盘操作界面中的新增图表界面

第二步，选择需要导入的图表，单击"下一步"。第三步，选择数据刷新模式（分为"手动刷新"和"定时刷新"），单击"保存"按钮。第四步，对已添加图表可以自由拖动以及修改大小。

3. 配置全局控制器（筛选）

全局控制器的配置，可以帮助分析者有目的有针对性地开展分析结果的汇报与报告。具体实验内容和操作步骤包括：

（1）新增"全局控制器"

具体操作：第一步，单击右上角的"全局控制器配置"按钮；第二步，在弹出的"全局控制器配置"对话框中，单击左上角"控制器列表"右侧的"+"按钮，如图 7-12 所示。

（2）编辑"全局控制器"

具体操作：第一步，单击"新建控制器"右侧的笔形按钮；第二步，将控制器的名称改为"区域销售控制器"；第三步，单击文本框右侧的"√"，如图 7-13 所示。

（3）"全局控制器"的设置

具体操作：第一步，选择"关联图表"；第二步，选择"关联字段"，如"区域"；第三步，设置控制器的相关配置；第四步，单击"保存"按钮，如图 7-14 所示。

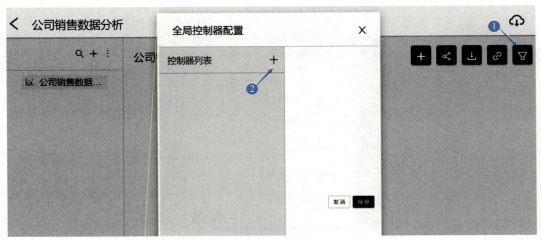

图 7-12 新增"全局控制器"操作界面

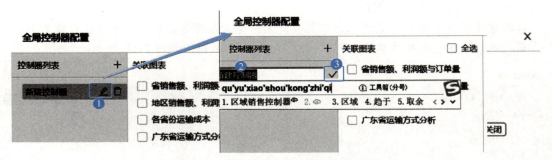

图 7-13 编辑"全局控制器"操作界面

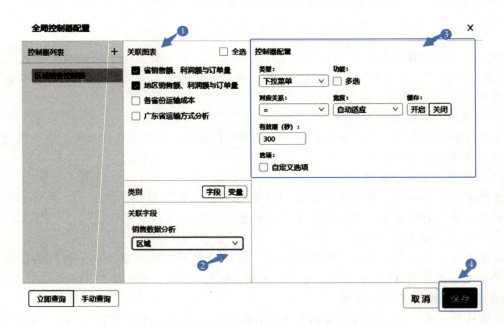

图 7-14 设置"全局控制器"操作界面

第 7 章　商务数据分析报告

(4)"全局控制器"的效果显示

"全局控制器"实质上就是在仪表盘中进行筛选后，关联图表会进行相关变化。如图 7-15 所示，将地区设置为"华南"，关联图表发生明显变化。

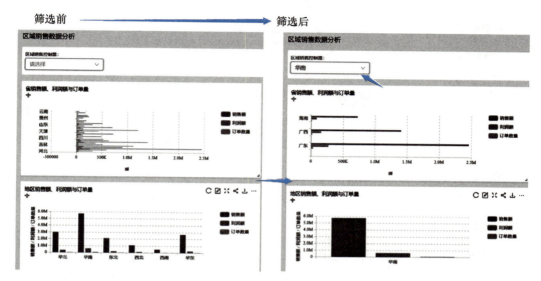

图 7-15　基于"全局控制器"的筛选前后效果对比图

4. 联动设置

(1) 新增"联动关系配置"

具体操作：第一步，单击右上角的"联动关系配置"按钮；第二步，在弹出的"联动关系配置"对话框中，单击"新增"按钮；第三步，完成操作后，单击"保存"按钮，如图 7-16 所示。

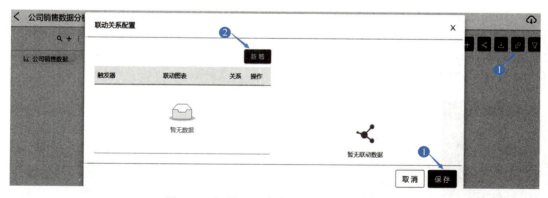

图 7-16　新增"联动关系配置"操作界面

(2) 联动设置

在弹出的"新增联动项"的对话框中设置"触发器""联动图表"和"关系"。在本实验中，触发器选择"地区销售额、利润额与订单量"下的"区域"，联动图表选择"各省份运输成本"下的"区域"，关系保持原选项"="，并单击"保存"按钮，保存设置好的触发器和联动图表，如图 7-17 所示。

· 157 ·

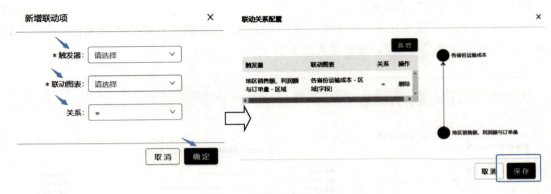

图 7-17 "联动设置"操作界面

5. 仪表盘的下载与分享

BBL 的仪表盘提供下载与分享功能，如图 7-18 所示。

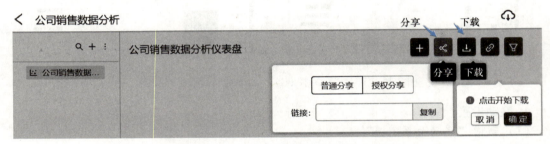

图 7-18 仪表盘的下载与分享

（二）数据大屏

1. 数据大屏的新建

具体操作步骤：第一步，可视化应用界面，单击"创建新数据大屏"；第二步，在出现的"新增 Display"对话框中输入数据大屏名称、描述，选择是否发布等；第三步，单击"保存"按钮，如图 7-19 所示。

图 7-19 创建"数据大屏"操作界面

2. 数据大屏的编辑

点击准备编辑的数据大屏，进入数据大屏编辑界面。BBL 提供了新增图表、屏幕尺寸背景设置、图层编辑、辅助图形等功能，帮助用户编辑精美大屏，如图 7-20 所示。

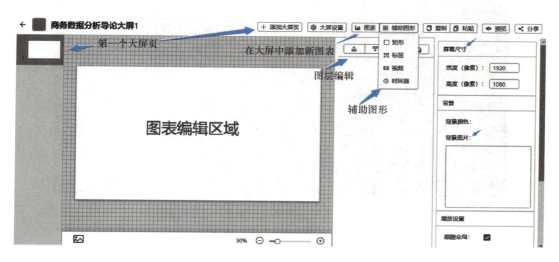

图 7-20　数据大屏编辑界面

3. 数据大屏示例

通过 BBL 可以设计出非常专业精美的数据大屏，图 7-21、图 7-22 是基于 BBL 制作的"学生大数据中心"数据大屏和"智慧教室数据统计"数据大屏。

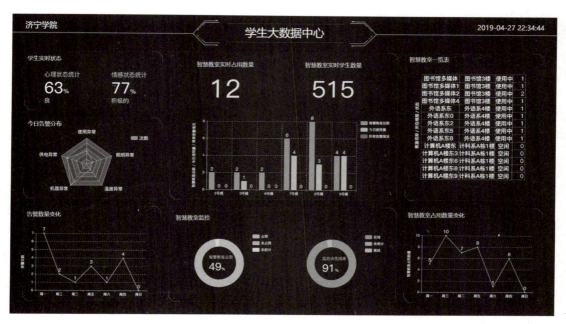

图 7-21　基于 BBL 的"学生大数据中心"数据大屏

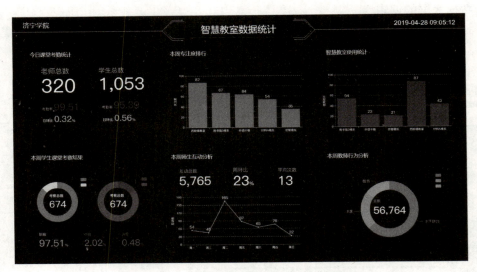

图 7-22　基于 BBL 的"智慧教室数据统计"数据大屏

第 2 部分

商务数据分析的实训部分

第 8 章
用户画像数据分析实训

8.1 实训背景

大数据的发展对于各行各业都有重要的影响，为了完善自身的运营、管理和投资，企业需要积累大量的数据，用数据说话，指导企业决策层的决策，最终创造更大的数据价值。伴随着当前流量红利的结束、获客成本的不断提高，企业进入了一个用户精细化运营阶段。

"用户画像"这个理念是交互设计之父阿兰·库珀（Alan Cooper）提出来的。用户画像是真实用户的虚拟代表，是建立在一系列真实数据之上的目标用户模型。究竟什么是用户画像，分为两个流派：一派叫作 User Persona（用户角色），即通过调研问卷、电话访谈等手段获得用户的定性特征，从而描绘抽象一个自然人的相关属性；另一派叫作 Profile，即通过数据挖掘与大数据息息相关的应用，获得数据建立描绘用户的标签。

本次实训项目所聚焦的用户画像，遵循 Profile 的界定，是建立在一系列属性数据之上的目标用户模型，是产品设计、运营人员从用户群体中抽象出来的典型用户模型。换言之，本次实训的用户画像本质上是一个用以描述用户需求的工具。它的核心工作主要是利用存储在服务器上的海量日志和数据库里的大量数据进行分析和挖掘，给用户贴"标签"，而"标签"是能表示用户某一维度特征的标识，被应用于业务的运营和数据分析。通过大数据技术分析挖掘富含用户基本特征与偏好的海量数据，可以大幅度提高企业内部管理的效率，降低运营成本，指导企业决策层的决策。

8.2 实训简介

本实训的数据主要来自中国联通网络通信集团有限公司（以下简称"中国联通"）的用户数据，旨在了解中国联通的用户基本情况、用户消费偏好及终端使用偏好。通过分析了解中国联通的市场情况，以数字化的方法对用户偏好进行衡量，预测和掌握下一步市场动向，为未来制定合适的营销策略奠定基础。

8.2.1 原始数据情况

中国联通的用户数据，包括性别、年龄、客户类型、在网时长、总收入、终端品牌、终端类型、操作系统等字段，如图 8-1 所示。

记录数	订购实例标	性别	年龄	归属地	客户类型	在网时长	状态	总收入	增值收入	流量收入	短信收入	彩信收入	语音收入	付费模式(预	是否欠费
1	0003BD46B7	男	23	北京	公众客户	10	是	26.1	13.7	13.5	0.2	0.2	2.4	后付费	是
2	000EC4C819	男	29	北京	公众客户	15	是	138.6	5	3.6	1.4	1.4	93.6	后付费	否
3	001D020B4:	男	52	天津	公众客户	60	是	105.63	20.29	0.3	0.1	0	13.06	后付费	否
4	002283ACC	男	30	石家庄	公众客户	9	是	13.55	3.4	1.2	2.2	2.2	0.15	后付费	否
5	002579602/	女	20	石家庄	公众客户	34	是	46.2	5.4	4.8	0.6	0.6	4.8	后付费	否
6	00295CF1C/	男	47	沧州	公众客户	66	是	12.4	1.6	0.3	1.3	1.3	0.8	后付费	否
7	002A2EBFC/	男	27	保定	公众客户	1	是	154.35	7.82	4.5	1.1	1.1	72.75	后付费	否
8	00309F17F0	女	44	天津	公众客户	3	是	66.1	8.4	8.1	0.1	0	17.7	后付费	否
9	0034C9D45/	男	38	天津	公众客户	52	是	269.6	0	0.3	0.2	0	161.7	后付费	否
10	00406F2C2!	男	50	天津	公众客户	87	是	27.07	0	2.7	5	0	4.96	后付费	否
11	004302E98:	男	23	天津	公众客户	7	是	327.6	188.4	187.2	0.2	0	113.2	后付费	否
12	005E22C44(	男	33	北京	公众客户	65	是	59.79	8.68	2.88	5.8	0	8.58	后付费	否
13	005FFB770	女	17	北京	公众客户	1	是	68.55	53.1	52.8	0.3	0.3	15.45	后付费	否
14	0062A3400!	女	29	天津	公众客户	37	是	134.98	28.75	31.8	15.26	0	1.92	后付费	否
15	006BF69AA(	女	17	承德	公众客户	1	是	45.9	15.7	15.6	0.1	0.1	10.2	后付费	否
16	006E3B089(	男	39	保定	公众客户	4	是	14.6	0.8	0.3	0.5	0.5	3.8	后付费	否
17	0077E6122E	女	56	天津	公众客户	99	是	56.95	27.3	27.3	3	0	3.65	后付费	否
18	00891A97FI	女	20	石家庄	公众客户	15	是	76.25	45.9	35.7	1.2	1.2	4.35	后付费	否
19	008F233B7I	男	21	北京	公众客户	2	是	42.7	2.1	1.5	0.6	0.6	0	后付费	否
20	0094B851E(	女	39	廊坊	公众客户	8	是	27.05	2.9	0.3	2.6	2.6	14.15	后付费	否
21	0094BD244I	男	30	北京	公众客户	1	是	211.05	179.6	179.4	0.2	0.2	21.45	后付费	否

图 8-1　中国联通的用户数据示意图

8.2.2　实训分析过程

首先，确定问题。本实训是对中国联通用户进行的基本分析，包括用户的基础特征、消费特征、终端使用特征等方面。

其次，分解问题。对于中国联通用户的分析可以分解成以下几点：①用户性别、年龄、客户类型、地区分布、在网时长等分布情况；②总收入、各类收入情况；③消费地区分布情况；④欠费用户分布情况；⑤终端消费情况；⑥收入来源的终端品牌分析；⑦通信地域分布情况；⑧操作系统使用偏好分布情况。

再次，评估问题。需要的评估指标包括性别、年龄、客户类型、在网时长、总收入、流量收入、短信收入、彩信收入、语音收入、增值收入、是否欠费、终端品牌、终端类型、操作系统。

最后，总结中国联通的用户特征与偏好情况。

8.3　实训过程

8.3.1　数据上传

上传"中国联通用户数据表"，具体操作：进入 BBL 数据分析系统，单击"创建新项目"按钮，在出现的对话框中选择"数据源"，单击上传按钮（见图 3-9）后出现如图 8-2 所示的对话框，将对话框中的表名命名为"中国联通用户数据表"，再单击"下一步"，出现如图 8-3 所

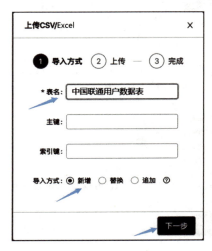

图 8-2　新建项目中的数据源
命名界面（用户画像）

示的数据源上传对话框,选择要上传的 Excel 文件上传即可。后续若数据源需要调整,可单击图 8-2 中"导入方式"中的"替换",完成数据源的更新。

图 8-3　新建项目中的数据源上传界面(用户画像)

8.3.2　数据处理

在新出现的编写 SQL 界面(见图 8-4)中,单击"执行"按钮,对中国联通用户数据进行处理。SQL 执行成功后,系统默认分配给每个字段一种数据类型和一种可视化类型,用户也可以配置它们,进行可视化建模。单击"下一步"按钮,进入编辑数据模型与权限界面(见图 8-5)。

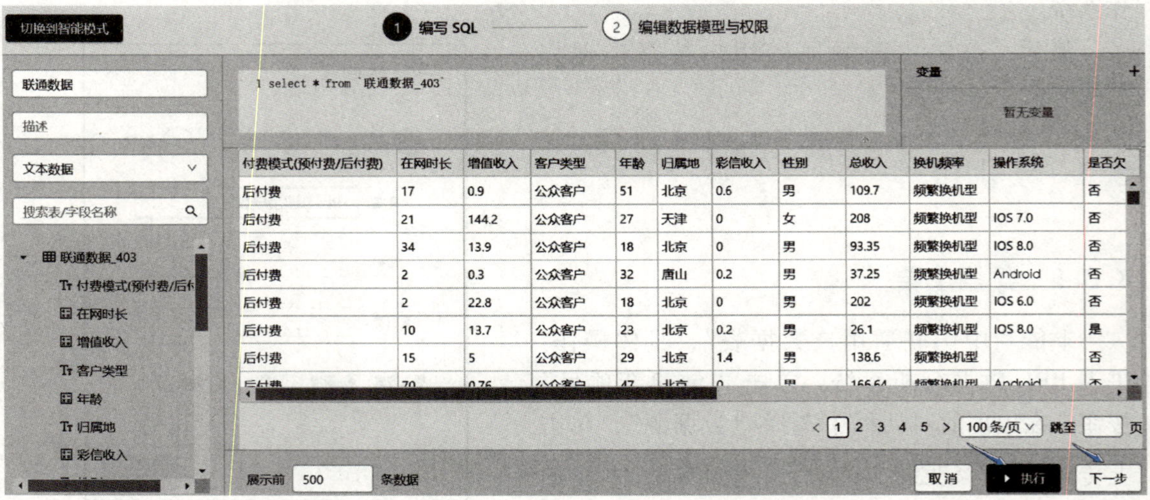

图 8-4　编写 SQL 界面

第 8 章　用户画像数据分析实训

图 8-5　编辑数据模型与权限界面

8.3.3　数据可视化分析

如图 8-6 所示，单击左边对话框中的"可视化分析"，切换到可视化分析界面，单击"新增"按钮。

图 8-6　可视化分析界面

进入可视化图表编辑界面，单击"选择一个数据视图"，选择"中国联通用户数据表"，如图 8-7 所示。

图 8-7　"选择一个数据视图"对话框

· 165 ·

1. 用户性别、年龄占比分析

拖拽分类型数据项"性别"到"维度"框，数值型数据项"记录数"（这里的记录数可以理解为用户数，便于统计标识）到"指标"框中，选择可视化图表中的"饼图"，如图 8-8 所示。

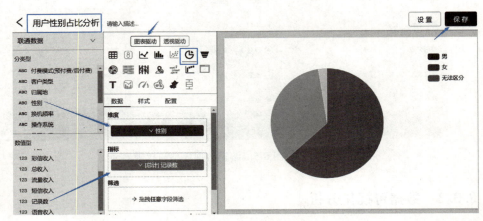

图 8-8　彩图　　　　　　　　　图 8-8　用户性别占比分析

如果想对颜色进行调整，那么在图 8-8 的基础上，通过"颜色"对可视化进行调整。具体操作：将"性别"拖拽至"颜色"框，在出现的对话框中调整配色，如图 8-9 所示。

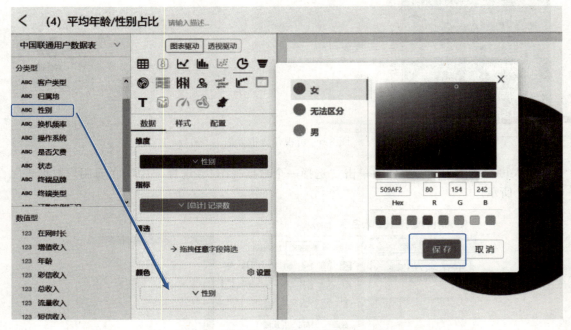

图 8-9　颜色修改对话框

类似地，如果需要显示标签，则同样在图 8-8 的基础上，在"样式"中进行调整。具体操作：单击"样式"标签页，在"标签"区域中选中"显示标签"复选框，如图 8-10 所示。

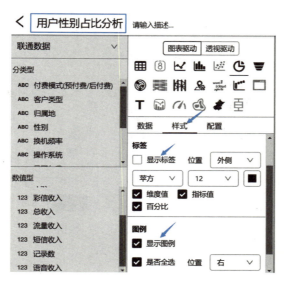

图 8-10 显示标签

为了统计中国联通男女用户的平均年龄,删除指标项中的"记录数",将"年龄"拖入"指标"框中,再单击"年龄"指标,选择"平均数"的计算方式,统计男女用户的平均年龄。

用户年龄/性别占比分析如图 8-11 所示。

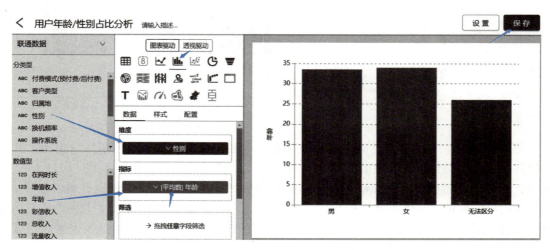

图 8-11 用户年龄/性别占比分析

从图 8-11 的分析结果可以看出性别的分类为:男、女、无法区分。考虑到"无法区分"可能是原始数据出现异常导致,所以分析年龄/性别情况时,删除"无法区分"类数据,具体操作:将"性别"拖拽至"筛选"框,在"筛选配置"对话框中,选择需要的数据项("男""女"),单击"保存"按钮,如图 8-12 所示。

对"性别"数据进行筛选后,调整柱状图样式,单击"样式",选择"条形图",如图 8-13 所示。

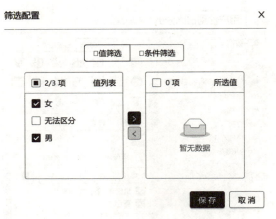

图 8-12 删除"无法区分"数据

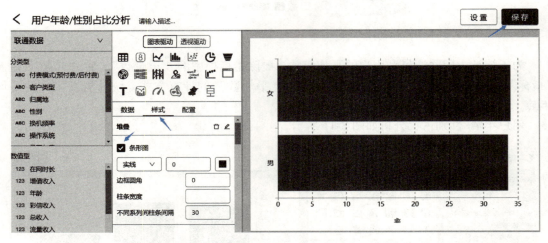

图 8-13 删除"无法区分"数据后的用户年龄/性别占比分析

图 8-13 表明,男性和女性的平均年龄几乎没有区别。类似地,将"年龄"更换为"记录数"可以看出男性占总人数的 62.96%,女性占总人数的 34.61%,男性用户超过了一半,说明企业可以挖掘女性用户的潜在价值,可以定制女性优质服务、母婴健康订阅服务等,扩展女性用户的数量。男性与女性用户的平均年龄均为 35,说明用户大多集中在中青年,企业可以增加用户参与活动拓展消费的途径,扩展不同年龄段的受众,如提供老年人电子阅读、子女语音畅聊服务等定制服务。

2. 用户地区分布分析

拖拽分类型数据项"归属地"到"维度"框,数值型数据项"记录数"到"指标"框,单击"记录数"指标,选择"计数"的计算方式,并选择"显示标签",选择"柱状图"进行分析,如图 8-14 所示。

通过分析用户的地区分布情况,可以看出企业在北京、天津拥有很好的用户基础,在石家庄、保定、邯郸拥有一定量的用户基础,而衡水、秦皇岛、张家口的用户相对较少,初步分析可能是因为北京、天津的总人口数比石家庄、张家口等城市多,企业可以对用户较少的

第 8 章 用户画像数据分析实训

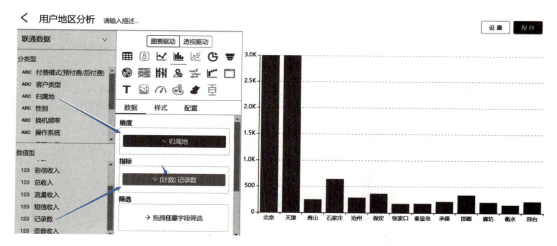

图 8-14　用户地区分布分析

城市进行深入分析，探寻这些城市是否存在潜在价值的用户。

3. 客户类型分布分析

拖拽分类型数据项"客户类型"到"维度"框，数值型数据项"记录数"到"指标"框，单击"记录数"指标选择"计数"的计算方式，并选择"显示标签"，选择"饼图"进行分析，结果如图 8-15 所示。

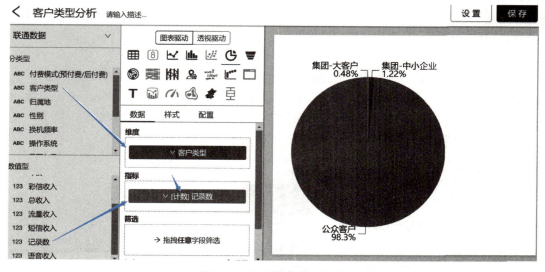

图 8-15　客户类型分布分析

通过客户类型及占比分析，可以帮助企业发现主要客户群和潜在客户群。从分析结果中可以看出，中国联通的用户基本都是公众客户，公众客户占总客户的 98.3%；"集团-大客户"与"集团-中小企业"分别占总客户的 0.48% 和 1.22%。这说明企业在大客户与中小企业客户中的用户基础相对较弱，企业可根据公司战略，加强与大中小企业、高校等的合作，扩大客户群。

· 169 ·

4. 在网时长分析

拖拽分类型数据项"性别"到"维度"框，数值型数据项"在网时长"和"总收入"到"指标"框，选择"柱状"图并选择"样式"中的"显示标签"进行分析，结果如图 8-16 所示。

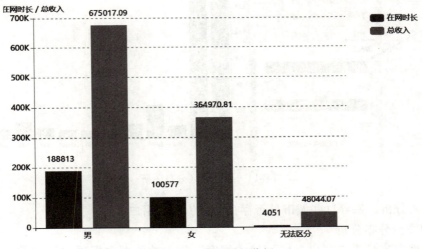

图 8-16 在网时长分析

从对不同性别的用户在网时长与总收入的占比分析中可以看出，男性用户的总收入与在网时长都近乎女性用户的两倍，说明女性用户的使用频次与品牌忠诚度还有待提高。通过在网时长与总收入对比分析也不难发现，在相同的在网时长中，女性用户的消费高于男性用户的消费，说明女性用户具有一定的潜在价值。

5. 总收入区域分布分析

在"透视驱动"模式下：第一，拖拽分类型数据项"归属地"到"维度"框；第二，拖拽数值型数据项"总收入""记录数"到"指标"框；第三，将"总收入""记录数"拖拽至"标签"框；第四，单击"记录数"指标，选择"计数"的计算方式；第五，选择"柱状图"，结果如图 8-17 所示。

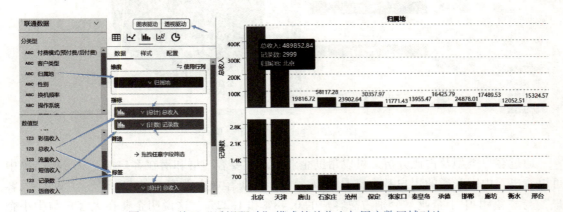

图 8-17 基于"透视驱动"模式的总收入与用户数区域对比

在"图表驱动"模式下：第一，拖拽分类型数据项"归属地"到"维度"框；第二，拖拽数值型数据项"总收入""记录数"到"指标"框;第三,将"总收入""记录数"拖拽至"标签"框;第四,单击"记录数"指标,选择"计数"的计算方式;第五,选择"折线图",结果如图 8-18 所示。

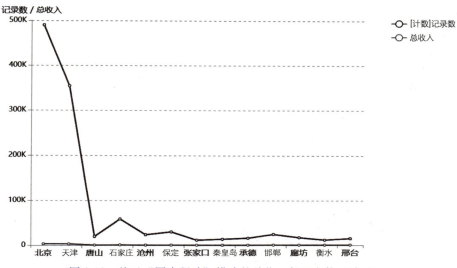

图 8-18　基于"图表驱动"模式的总收入与用户数区域对比

通过总收入的区域分布分析可以看出不同区域的用户收入差距较大,创造了较高收入的用户主要分布在北京和天津,其次是石家庄,这说明其他城市的消费水平相对较低,存在极大的用户和业务开发的潜在价值。通过总收入与用户数的对比趋势分析,可以看出,北京、天津的用户数基本持平,但两地区的总收入具有较大的差别,北京的总收入比天津的高出许多,这说明天津用户的消费水平低于北京用户。

6. 各类型收入占比分析

通过各类型收入占比分析可以发现用户消费产生收入的主要来源。具体操作是:拖拽数值型数据项"流量收入""短信收入""语音收入""彩信收入"和"增值收入"到"指标"框,选择"饼状图",并选择"样式"中的"显示标签""环状"和"南丁格尔玫瑰"进行分析,结果如图 8-19 所示。

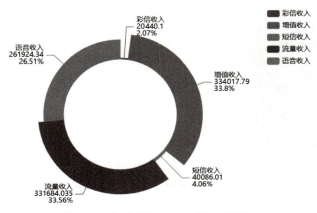

图 8-19　各类型收入占比分析环形图

在上述操作的基础上,将"归属地"拖至"维度"框,并选择"折线图"进行分析,结果如图 8-20 所示。

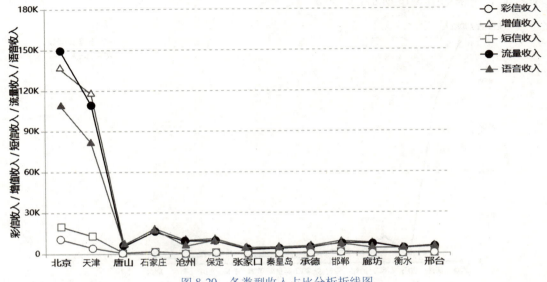

图 8-20　各类型收入占比分析折线图

从分析结果可以看出,主要收入来源为流量、增值、语音收入,占总收入的 93.87%,其中,流量收入和增值收入占比分别为 33.56% 和 33.8%,占比总和接近七成,说明联通收入符合网络时代特征,这一总趋势说明应重点关注对互联网用户的投入和重视。通过对各地区的收入类型占比分析,可以看出各类型收入占比在不同地区存在明显差异。例如,北京地区的流量收入比增值收入高,而天津地区的流量收入比增值收入低,说明不同地区用户的消费偏好存在差异。

7. 总收入/流量收入分布分析

拖拽分类型数据项"客户类型"到"维度"框,拖拽数值型数据项"总收入""流量收入"到"指标"框;选择双 y 轴图后,再将"总收入"拖拽到右轴"指标"框,结果如图 8-21 所示。

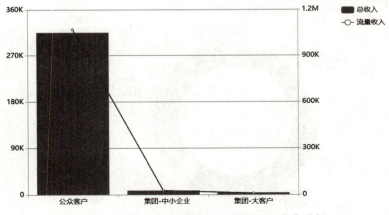

图 8-21　各客户类型的总收入/流量收入分布分析

拖拽分类型数据项"客户类型"和"归属地"到"维度"框，数值型数据项"流量收入"到"指标"框，选择"饼状图"，并选择"样式"中的"显示标签""环状"和"南丁格尔玫瑰"；接着，单击"流量收入"对结果进行降序排序；最后通过"筛选"框，对"流量收入"进行筛选（条件为"流量收入大于1000"），得到结果如图 8-22 所示。

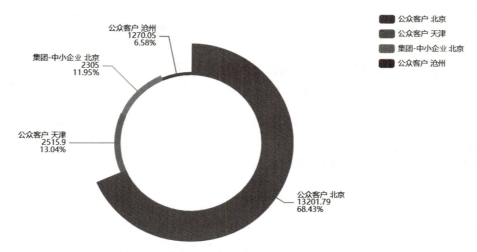

图 8-22 各地区及客户类型的流量收入分布图

在各类型收入分布分析中得出流量收入在总收入中的占比较高，因此提取流量收入进行进一步分析，从客户类型维度对流量收入与总收入进行对比分析。通过各客户类型的总收入与流量收入对比分析可以看出，流量收入与总收入在公众客户、大客户、中小企业具有相同的趋势，都是公众客户的消费最多（见图 8-21）。在此分析的基础上，再加入归属地维度进行分析（见图 8-22），观察不同用户群的流量消费是否存在地域差别，通过各地区及客户类型的流量收入分析可以看出：第一，北京、天津的公众客户流量消费依旧最高；第二，北京的中小企业流量消费比较高，甚至高于部分地区（如沧州）公众客户的流量消费。

8. 欠费用户分布分析

通过不同用户的欠费分布情况分析可以观察用户的信用情况，以及信用情况是否存在性别差异。具体操作为：拖拽分类型数据项"性别"和"是否欠费"到"维度"框，数值型数据项"记录数"到"指标"框，选择"饼状图"，并选择"样式"中的"显示标签""环状"和"南丁格尔玫瑰"；与此同时，考虑到"无法区分"类别可能是由源数据出现异常所导致的，所以在性别维度上，把"无法区分"这类数据剔除（通过将"性别"拖拽至"筛选"框来实现），结果如图 8-23 所示。

从剔除无效数据后的分析结果可以看出，部分用户存在欠费情况，约占用户总数的 1/10；同时，男性欠费用户的数量是女性用户的两倍，企业可以针对这些用户设置交费提醒服务，提醒他们按时交费以保证自身信用度。

9. 终端总收入及各类型收入对比分析

通过对不同终端（操作系统）的总收入及各类型收入对比分析，可以得到各类操作系统的总收入排名，并探寻不同操作系统下用户的消费偏好是否存在差异。具体操作为：拖拽分类型数据项"操作系统"到"维度"框，选择双 y 轴图进行分析，拖拽数值型数据项

商务数据分析导论

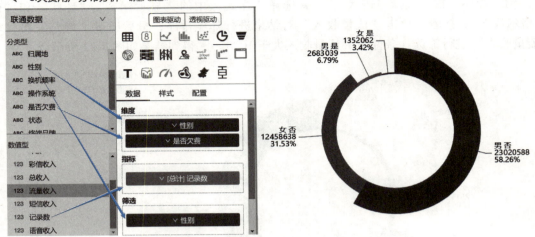

图 8-23　剔除无效数据后的欠费用户分布分析

"流量收入""短信收入""语音收入""彩信收入"和"增值收入"到左轴"指标"框，拖拽"总收入"到右轴"指标"框，结果如图 8-24 所示。

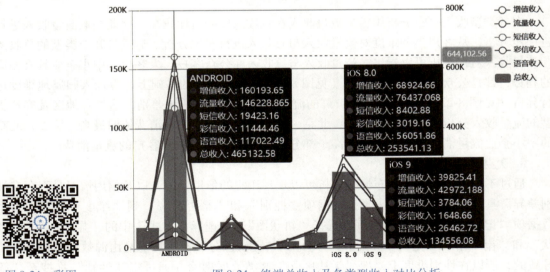

图 8-24　彩图

图 8-24　终端总收入及各类型收入对比分析

通过图 8-24 可以看出，用户终端主要操作系统为安卓系统和 iOS 系统，其中安卓系统的总收入最高，其次为 iOS8.0 系统；而不同的操作系统，用户的消费偏好也不同，安卓系统中增值收入最高，而在 iOS9.0、iOS8.0 系统中流量收入最高。

10. 收入来源的终端品牌分析

拖拽分类型数据项"终端品牌"到"维度"框，拖拽数值型数据项"总收入"到"指标"框，并将"总收入"拖拽至"筛选"框，设置筛选条件为"总收入大于 2000"；选择"饼状图"，并选择"样式"中的"显示标签""环状"和"南丁格尔玫瑰"，结果如图 8-25 所示。

· 174 ·

第 8 章 用户画像数据分析实训

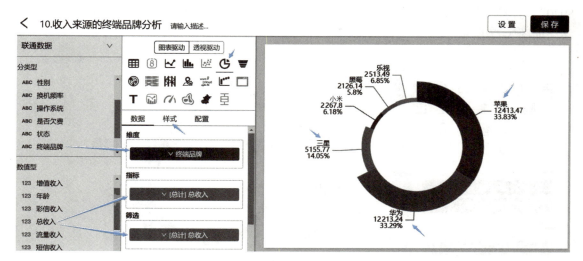

图 8-25 收入来源的终端品牌分析饼状图

单击"透视驱动",拖拽分类型数据项"终端品牌"到"维度"框,数值型数据项"总收入""记录数"到"指标"框,选择"柱状图"进行分析,结果如图 8-26 所示。

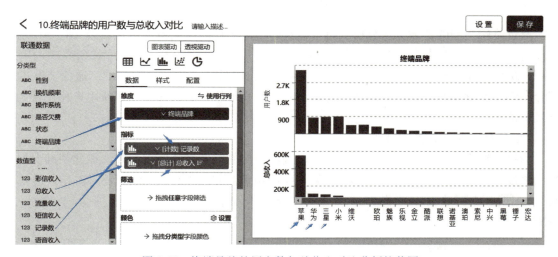

图 8-26 终端品牌的用户数与总收入对比分析柱状图

通过图 8-25 的收入来源的终端品牌分析可以看出,终端品牌总收入占比最高的是苹果,其次为华为、三星、小米等,其中苹果占比为 33.83%。在此基础上加入用户数这一维度,通过图 8-26 可以分析出各终端品牌的总收入是否与用户数存在一定的关系,剖析总收入高的原因,对结果进行分析后可以发现苹果用户数也是最高的,可以初步判断苹果终端总收入最高可能与其用户数有关;而通过分析华为、三星、小米的总收入与用户数的关系发现,这三种品牌的总收入与用户数成反比关系,说明小米、三星用户的消费水平低于华为用户的消费水平。

11. 通信地域分布分析

拖拽分类型数据项"归属地"和"终端类型"到"维度"框,拖拽数值型数据项"记录数"到"指标"框,并将"记录数"拖拽至"筛选"框,设置筛选条件为"记录数大于

8970";选择"饼状图",并选择"样式"中的"显示标签""环状"和"南丁格尔玫瑰",结果如图 8-27 所示。

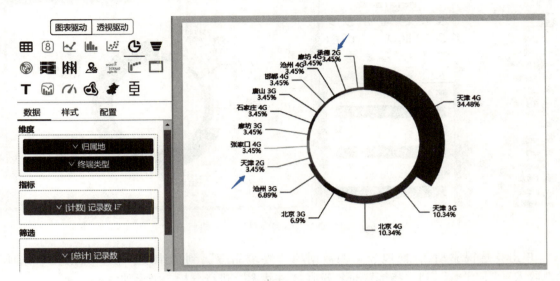

图 8-27　通信地域分布情况分析饼状图

通过终端类型的地域分布分析,可以发现各地区用户的终端类型占比以及 2G、3G 用户现存情况,为 5G 建设做准备。从结果中可以看出,各城市都存在一定量的 2G 或 3G 用户,但用户更倾向于高速通信的 4G 网络,这说明 5G 通信具有一定的用户基础;通信业务的地域分布仍主要分布在北京、天津两个直辖市,说明其他地区的通信业务和新用户存在较大的开发价值。

12. 操作系统使用情况分析

通过对操作系统的使用情况分析,可以观察用户的终端系统使用偏好,在此基础上加入性别维度,可以进一步分析性别对终端系统使用偏好的影响。具体操作:单击"透视驱动",拖拽分类型数据项"操作系统"到"维度"框,拖拽数值型数据项"记录数"到"指标"框,选择"柱状图"进行分析,结果如图 8-28 所示。

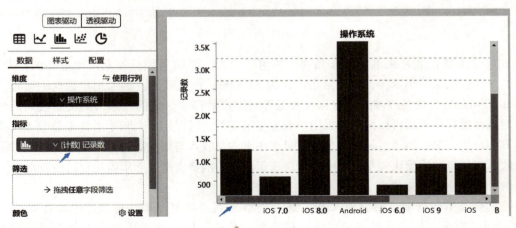

图 8-28　操作系统使用情况分析柱状图

分析图 8-28 发现出现一栏没有标注的无效数据，需要剔除这些数据，因此将分类型数据项"操作系统"拖拽至"筛选"框，选择有效数据（见图 8-29），剔除无效数据后将"记录数"按照降序方式排列，最终结果如图 8-30 所示。

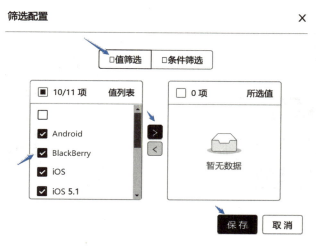

图 8-29　剔除无效数据

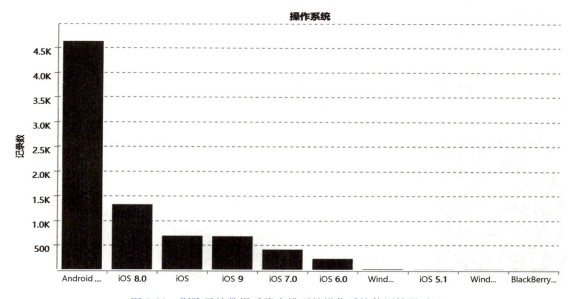

图 8-30　剔除无效数据后降序排列的操作系统使用情况对比

拖拽分类型数据项"性别"和"操作系统"到"维度"框，拖拽数值型数据项"记录数"到指标框；将"性别"拖拽至"筛选"框，剔除"性别"维度下的"无法显示"相关数据；将"记录数"拖拽至"筛选"框，设置筛选条件为"记录数大于 8950"；选择"饼状图"，并选择"样式"中的"显示标签""环状"和"南丁格尔玫瑰"，结果如图 8-31 所示。

从图 8-31 可以看出，联通的安卓系统用户最多，其次是 iOS8.0 系统用户。加入性别维度后，联通的男性安卓系统用户最多，其次是女性安卓系统用户、女性 iOS8.0 系统用户、男性 iOS 系统用户等。

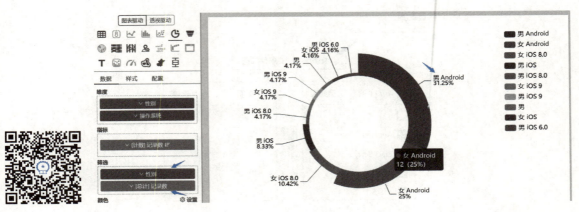

图 8-31　彩图　　　　　图 8-31　不同性别下的操作系统使用情况对比

8.3.4　数据可视化应用

1. 数据仪表盘

通过仪表盘可视化应用模式，让可视化组件灵动起来，图文并茂，实现用户与数据直接对话，帮助用户更好地观察与分析数据。

（1）新增仪表盘

从"可视化分析"页面切换到"可视化应用"界面，单击"创建新仪表盘"，如图 8-32 所示。

图 8-32　创建新仪表盘

在"新增数据门户"的对话框中，输入仪表盘名称、描述，选择"发布"按钮，最后单击"保存"按钮，如图 8-33 所示。

单击屏幕左上角的"+"（即仪表盘"新增"按钮），在弹出的对话框中输入新增仪表盘的名称"用户基础特征分析"，选择"Dashboard"类型，最后再单击"保存"按钮，如图 8-34 所示。

第 8 章　用户画像数据分析实训

图 8-33　新增数据门户对话框

图 8-34　新增仪表盘界面

（2）编辑仪表盘——添加图表

单击屏幕右上角的"+"（即图表"新增"按钮），弹出"新增图表"对话框。选择新增的图表，并单击下一步（见图 8-35），接着单击"保存"按钮，完成图表的添加。

图 8-35　新增图表界面

（3）编辑仪表盘——全局控制器配置（筛选）

第一步，进入"仪表盘"界面后，单击屏幕右上角的"全局控制器"按钮，如图 8-36 所示。

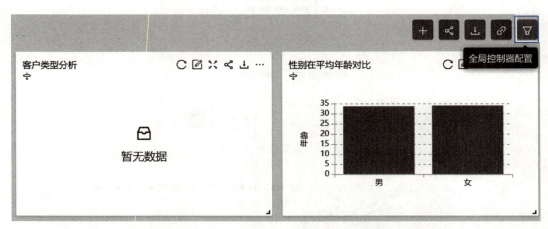

图 8-36　全局控制器配置界面

第二步，在弹出的"全局控制器配置"对话框中单击"控制器列表"右侧的"+"按钮，如图 8-37 所示，出现一个"新建控制器"界面。

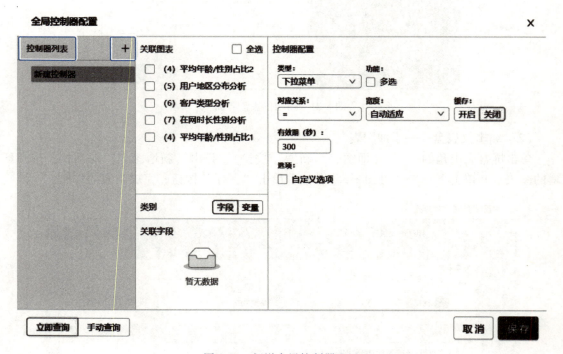

图 8-37　新增全局控制器配置

第三步，单击"新建控制器"右侧的笔形按钮 ✎，编辑控制器的名称，将名称改为

"联通用户控制器1",并单击右侧的"√",如图8-38、图8-39所示,完成控制器名称的编辑修改。

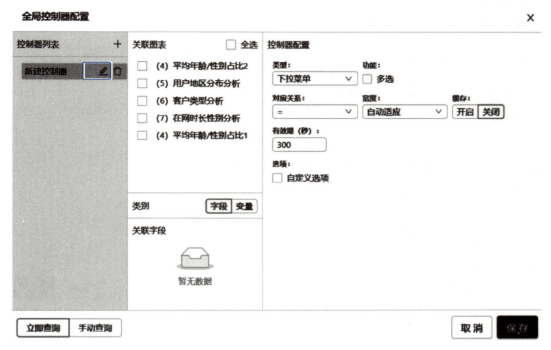

图8-38 编辑控制器名称

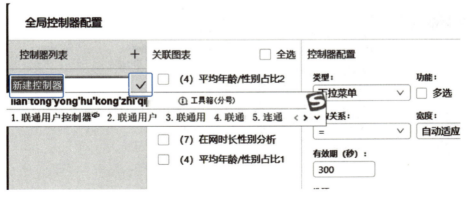

图8-39 输入新控制器名称

第四步,选择"关联图表",如图8-40所示。
第五步,选择关联字段,如"性别",如图8-41所示。
第六步,设置控制器配置,并单击"保存"按钮,如图8-42所示。
最后,通过构建的筛选器,进行互动式可视化分析,在联通用户控制器1下的"请选择"对话框中,选择"女"作为筛选条件,并单击右侧的"查询"按钮,筛选前后结果如图8-43、图8-44所示。

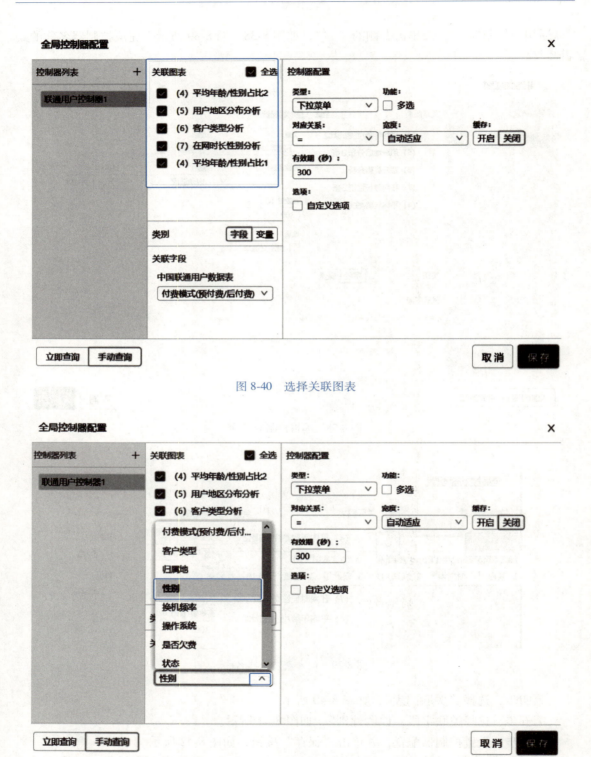

图 8-40 选择关联图表

图 8-41 选择关联字段

第 8 章 用户画像数据分析实训

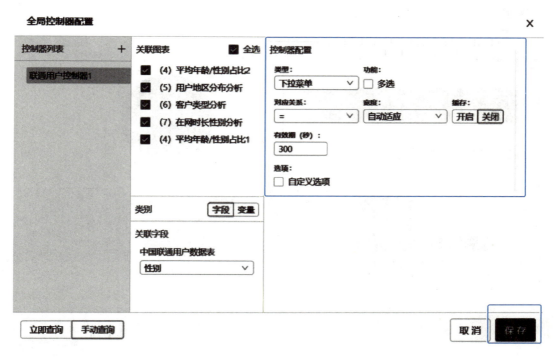

图 8-42 设置控制器配置

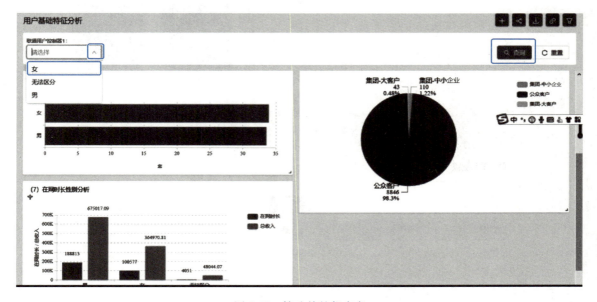

图 8-43 筛选前的仪表盘

（4）编辑仪表盘——联动设置

单击右上角"联动关系配置"按钮，进行联动设置，如图 8-45 所示。

在弹出的"联动关系配置"界面中，选择"新增"，如图 8-46 所示。

· 183 ·

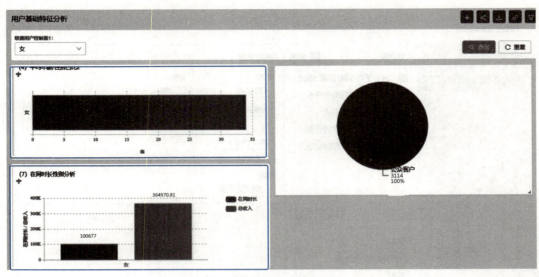

图 8-44 筛选后的仪表盘

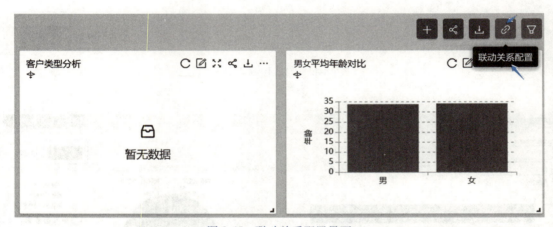

图 8-45 联动关系配置界面

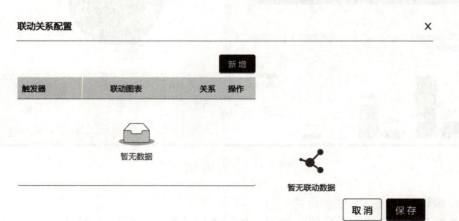

图 8-46 新增联动关系配置界面

在弹出的界面中设置"新增联动项",包括"触发器""联动图表"和"关系"。其中,触发器选择"平均年龄/性别占比 1"下的"性别",如图 8-47 所示;联动图表选择"平均年龄/性别占比 2"下的"性别",如图 8-48 所示;关系保持原选项"=",并单击"确定",保存设置好的触发器和联动图表,如图 8-49 所示。

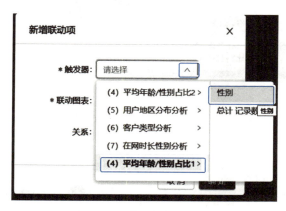

图 8-47　设置触发器界面

图 8-48　设置联动图表界面

图 8-49　保存联动项设置界面

构建的联动关系如图 8-50 所示，单击"保存"按钮。

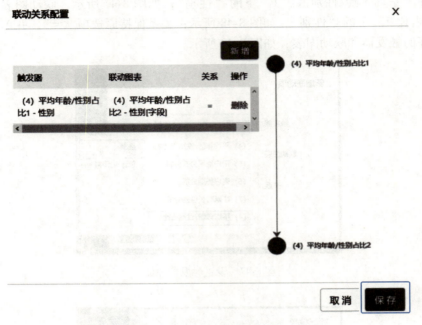

图 8-50　保存联动关系配置界面

进入联动前的仪表盘界面，平均年龄/性别占比 1 中显示"可联动标识"，如图 8-51 所示。

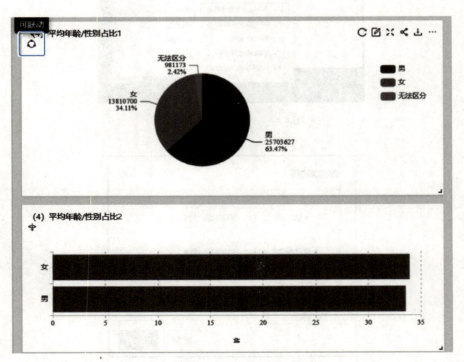

图 8-51　联动前的仪表盘界面

单击"平均年龄/性别占比 1"中的"女"后,在"平均年龄/性别占比 2"中的图形出现明显变化,如图 8-52 所示。通过这种方式,可以查看联动结果。

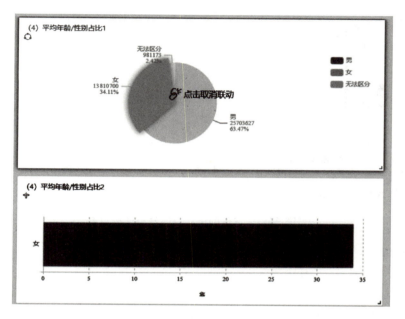

图 8-52 联动后的仪表盘界面

(5)编辑仪表盘——下钻上卷

右击选择需要下钻的字段,如图 8-53 所示,单击"北京"地区,在"钻取"中选择合适的字段,如"终端品牌"。

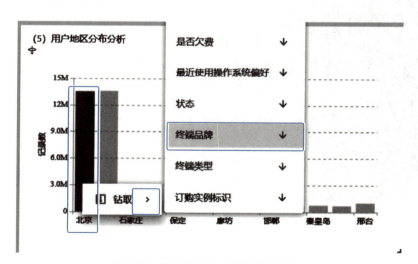

图 8-53 用户地区分布钻取操作界面

得到的钻取后的用户地区分布柱状图如图 8-54 所示,接下来可以进一步选择下钻字段,也可以单击图形左下角的"返回"按钮,完成"上卷"。

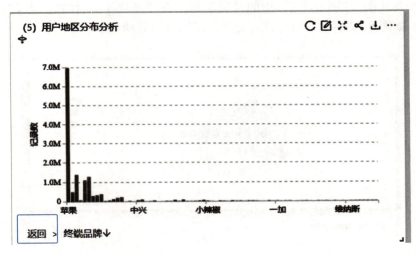

图 8-54　钻取后的用户地区分布柱状图

2. 数据大屏

（1）新建大屏

切换到可视化应用界面，单击"创建数据大屏"按钮，在出现的对话框中，输入名称和相关描述，并设置"发布"或"编辑"，单击"保存"按钮，如图 8-55 所示。

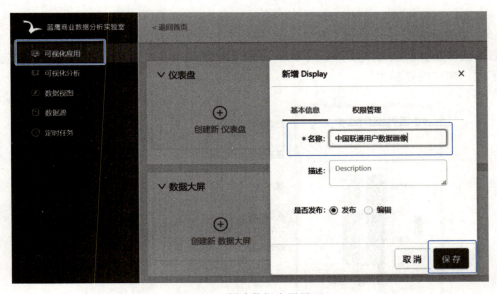

图 8-55　创建数据大屏界面

（2）编辑大屏

单击屏幕右上方的"图表"，在出现的对话框中选择需要在大屏上显示的图表，如图 8-56 所示。

选择好图表后，鼠标左击可以拖动该图表进行位置调整，单击上方"辅助图形"，可以增添"时间器"等，在右侧可以进行背景图片的设置等操作，对大屏进行布置，如图 8-57 所示。

第 8 章　用户画像数据分析实训

图 8-56　选择图表界面

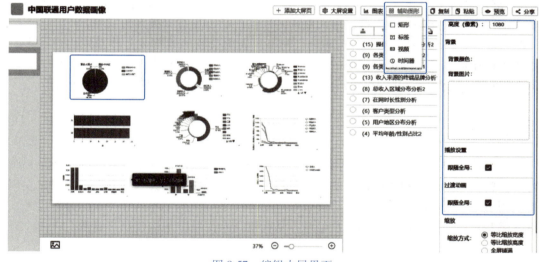

图 8-57　编辑大屏界面

8.4　实训总结

　　本次实训针对用户基础特征（如性别、年龄、归属地）、消费情况（如总收入、流量收入、增值收入）、终端使用情况（如终端类型、终端品牌、操作系统）等相关数据对中国联通用户画像进行简单的数据分析，可以得到用户分布情况、地域分布情况、用户消费偏好以及终端使用偏好等方面的分析结果，如图 8-58 所示。

　　通过分析，不难发现如下结论：

　　1）用户主要集中在中青年，此年龄仍有较大的用户服务资源潜在价值，不同地域、职

· 189 ·

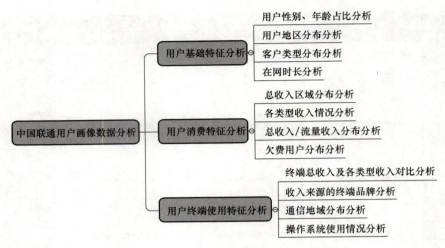

图 8-58　中国联通用户画像数据分析思维导图

业类型的用户中存在潜在的业务开展资源，同时针对老年人和学生群体也可开发定制对象服务。

2）终端品牌集中分布在苹果、小米、华为、三星等品牌中，随着国内通信技术的提升以及我国用户对国产手机的支持，未来我国的通信产品市场将有极大的发展。

3）用户和业务开展主要分布在两个直辖市，周围市场的通信业务和新增用户不多，通信市场仍存在资源开发的价值，通信高速网络的覆盖面应辐射到周围城市，对于即将全面开展的 5G 业务，应保持在热门城市的业务服务和用户新增，加大周围城市的服务覆盖。

8.5　实训思考题

本实训从用户基础特征、用户消费特征和用户终端使用特征等方面对中国联通用户画像进行了分析。用户信息包含的范围非常广，特别是动态标签数据具有多变性，所以建立用户画像模型也是一个不断完善的过程。读者可以思考除了本次实训罗列和完成的分析之外，还可以从哪些角度研究中国联通的用户信息，从而更加全面精准地构建用户画像。

第 9 章
财务数据分析实训

9.1 实训背景

财务数据分析,又称财务分析、财务报表分析,是通过收集、整理企业财务报告中的有关数据,并结合其他有关补充信息,对企业的财务状况、经营成果和现金流量情况进行综合比较和评价,为财务报告使用者提供管理决策和控制依据的一项管理工作[①]。

财务目标,是指财务活动在一定环境和条件下应达到的根本目的,是评价财务活动是否合理的标准,它决定财务管理的基本方向。财务目标之所以重要,是因为它是财务决策的准绳、财务行为的依据、理财绩效的考核标准,明确企业的财务目标对加强企业管理,不断提高企业经济效益有着极其重要的意义[②]。

财务分析这个题目看似很简单,从事财务工作或者与数据有关的工作人员总能说出一些与分析相关的内容;但真正要系统、深入地做好分析,首先要懂业务,其次要懂财务。换言之,要先理解业务循环,再通过财务报表上的数字去验证业务。

财务分析是一项高层次、高要求的工作,设置了专职财务分析岗位的通常都是规模达到一定程度的企业。做好财务分析,需要有对财务工作的深入了解、严密的逻辑思维、对数据极高的洞察力和敏感性、数据的深入挖掘能力、极强的报告沟通能力等。从职业发展角度看,财务分析工作可以帮助全面了解企业财务、业务情况,对个人未来的发展帮助很大。即使并不从事专职财务分析工作,若能提供几篇有价值的分析报告,也会对个人能力的提升、职位晋升有很大的帮助。

9.2 实训简介

本实训通过定量研究某公司 2016 年 6 月的财务数据,可视化查看该公司当月的各类费用支出情况和收入情况,进而根据已有数据对该公司当月财务管理情况进行分析,并制作仪表盘。

---

① 百度百科. 财务报表分析[EB/OL]. https://baike.baidu.com/item/%E8%B4%A2%E5%8A%A1%E6%8A%A5 %E8%A1%A8%E5%88%86%E6%9E%90/461.

② 百度百科. 企业财务目标[EB/OL]. https://baike.baidu.com/item/%E4%BC%81%E4%B8%9A%E8%B4%A2 %E5%8A%A1%E7%9B%AE%E6%A0%87/11038151.

9.2.1 原始数据情况

原始数据情况如图9-1所示，包括科目代码、科目名称、日期、凭证字号、费用内容等字段（本实训所有操作界面图中的金额的单位均为"万元"）。

科目代码	科目名称	日期	业务日期	凭证字号	费用内容	金额
5501	营业费用	2016/6/30	2016/6/30	记-102	计提6月工资	16.20
5501	营业费用	2016/6/30	2016/6/30	记-102	计提6月工资	33.82
5501	营业费用	2016/6/30	2016/6/30	记-105	支付6月社保公积金	15.26
5501	营业费用	2016/6/30	2016/6/30	记-105	支付6月社保公积金	18.25
5502	管理费用	2016/6/1	2016/6/30	记-1	支付住宿费及机票	15.80
5502	管理费用	2016/6/2	2016/6/30	记-2	支付住宿费及交通费	15.19
5502	管理费用	2016/6/3	2016/6/30	记-3	支付职工福利费	15.22
5502	管理费用	2016/6/4	2016/6/30	记-4	支付培训费用	15.04
5502	管理费用	2016/6/5	2016/6/30	记-5	支付业务招待费	15.20
5502	营业费用	2016/6/6	2016/6/30	记-5	支付餐费及交通费	15.52
5502	营业费用	2016/6/7	2016/6/30	记-5	支付住宿费	15.08
5502	管理费用	2016/6/8	2016/6/30	记-5	支付办公用品费	15.05
5502	管理费用	2016/6/9	2016/6/30	记-6	支付机票及火车票、住宿费、餐补、交通补贴	15.67
5502	管理费用	2016/6/10	2016/6/30	记-6	支付通信补贴	15.18
5502	管理费用	2016/6/11	2016/6/30	记-6	支付机票及火车票、住宿费、餐补、交通补贴	15.47
5502	管理费用	2016/6/12	2016/6/30	记-6	支付机票及火车票、住宿费、餐补、交通补贴	15.47
5502	管理费用	2016/6/13	2016/6/30	记-6	支付业务招待费	15.10

图9-1 原始数据情况

9.2.2 实训分析过程

首先，确定问题。通过对费用明细、费用内容数据等分析，了解企业的月度财务状况。

其次，分解问题。本次实训将公司财务问题分解为：①各类费用金额；②各类费用支出比重；③费用支出的变化趋势。

最后，评估总结问题。通过对费用细分、时间等进行评估，发现规律性的现象、问题。

9.3 实训过程

9.3.1 数据上传

将原始数据上传至BBL平台。具体操作如下：

第一步，进入BBL系统，单击"创建新项目"按钮，在出现的对话框中选择"数据源"，单击上传按钮后出现如图9-2所示的对话框，将对话框中的表名命名为"财务数据分析"。

第二步，单击"下一步"按钮，出现如图9-3所示的数据上传对话框，选择要上传的Excel文件进行上传即可。

上传CSV/Excel
1 导入方式 2 上传 3 完成
* 表名: 财务数据分析
主键:
索引键:
导入方式: 新增 替换 追加
下一步

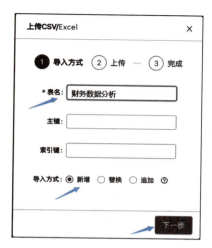

图 9-2　新建项目中的数据源命名界面（财务数据）

上传CSV/Excel
导入方式 2 上传 3 完成
上传: 点击选择上传的 CSV/Excel
保存

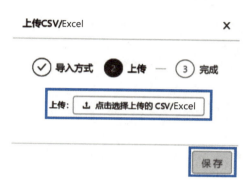

图 9-3　新建项目中的数据源上传界面（财务数据）

9.3.2　数据处理

当原始数据上传 BBL 后，需要对其进行预处理。具体操作如下：

第一步，在新出现的“编写 SQL”界面（见图 9-4）中，单击“执行”按钮，对油井数据进行处理。SQL 执行成功后，系统默认分配给每个字段一种数据类型和一种可视化类型，用户可以配置它们，进行可视化建模。

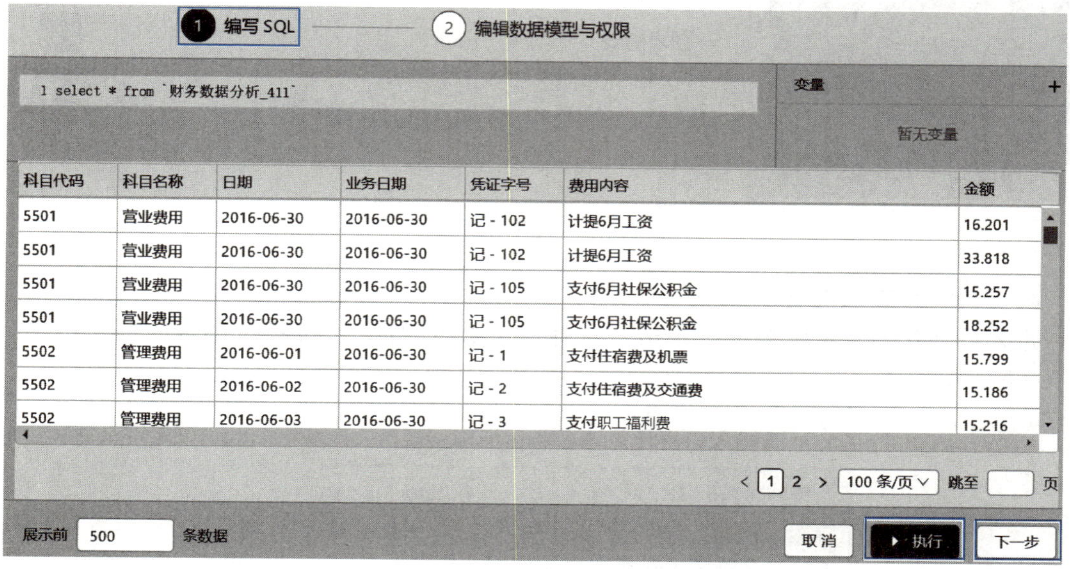

1 编写 SQL
2 编辑数据模型与权限
1 select * from `财务数据分析_411`
变量
暂无变量
科目代码 科目名称 日期 业务日期 凭证字号 费用内容 金额
5501 营业费用 2016-06-30 2016-06-30 记 - 102 计提6月工资 16.201
5501 营业费用 2016-06-30 2016-06-30 记 - 102 计提6月工资 33.818
5501 营业费用 2016-06-30 2016-06-30 记 - 105 支付6月社保公积金 15.257
5501 营业费用 2016-06-30 2016-06-30 记 - 105 支付6月社保公积金 18.252
5502 管理费用 2016-06-01 2016-06-30 记 - 1 支付住宿费及机票 15.799
5502 管理费用 2016-06-02 2016-06-30 记 - 2 支付住宿费及交通费 15.186
5502 管理费用 2016-06-03 2016-06-30 记 - 3 支付职工福利费 15.216
1 2 100 条/页 跳至 页
展示前 500 条数据
取消
执行
下一步

图 9-4　基于 SQL 语言的数据加工界面

第二步，单击“下一步”按钮，进入编辑数据模型与权限界面（见图 9-5），再单击“保存”按钮。

图 9-5 编辑数据模型与权限界面

9.3.3 数据可视化分析

1. 新增可视化分析图表

从"数据视图"界面切换到"可视化分析"界面,单击可视化分析界面中的"新增"按钮,如图 9-6 所示。

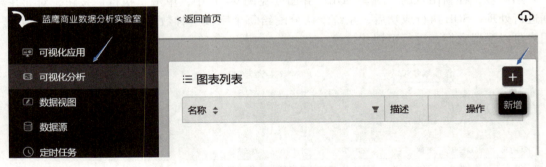

图 9-6 可视化分析界面

2. 选择一个数据视图

进入可视化图表编辑界面,单击"选择一个数据视图",选择"财务数据分析",如图 9-7 所示。

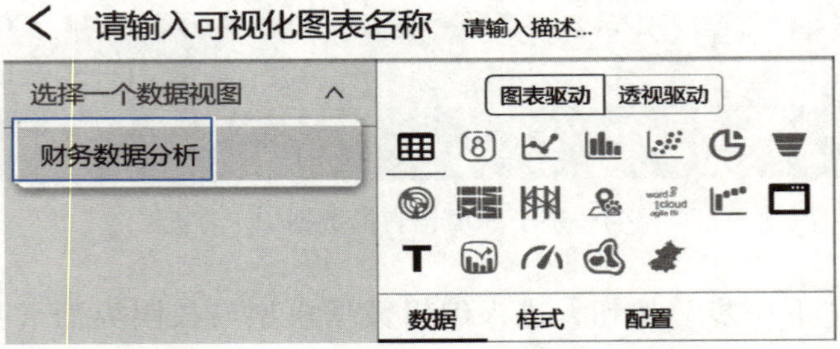

图 9-7 "选择一个数据视图"的对话框

3. 可视化界面的各个功能区展示

完成"选择一个数据视图"操作后，即可进入可视化界面。可视化界面分为五大功能区，分别为待分析维度字段区域选择、待分析指标字段区域选择、智能图表推荐、维度指标拖拽分析区域和图表预览区，如图9-8所示。

图9-8 可视化界面的各个功能区

4. 分析各科目费用金额

分析财务数据，首先需要分析各个科目的费用总金额。具体操作：

第一步，将"金额"拖入指标框，将"科目名称"拖入"筛选"框，单击在筛选中的"科目名称"，选择"配置筛选"，如图9-9所示。

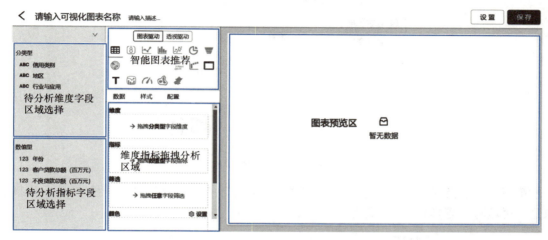

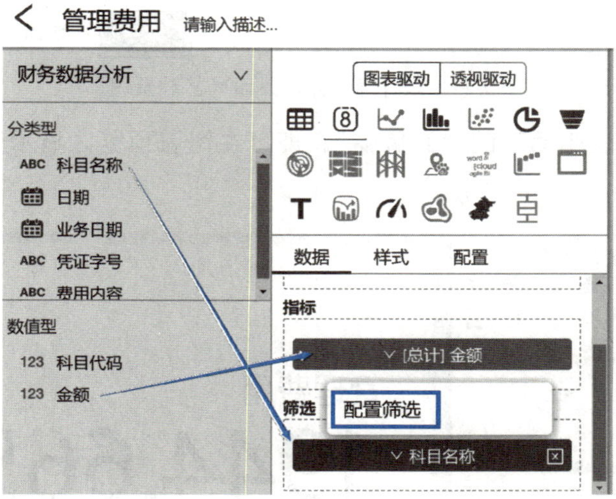

图9-9 配置筛选操作界面

第二步，在弹出的"筛选配置"对话框中，选择"值筛选"下的"管理费用"，如图9-10所示。

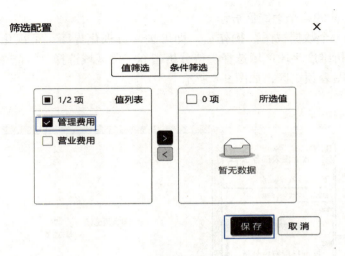

图 9-10 值筛选操作界面

第三步,切换到"条件筛选"栏,在"科目名称"中的运算符号框选择"=",运算对象这一栏填写"管理费用",最后单击"保存"按钮,如图 9-11 所示。

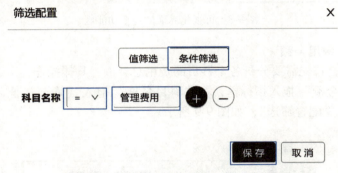

图 9-11 条件筛选操作界面(管理费用)

第四步,单击图表驱动下的"翻牌器",即可在图表预览区显示管理费用的金额,如图 9-12 所示。

图 9-12 管理费用"翻牌器"效果界面

第五步，单击"样式"并对其进行设置，具体操作：将"头部配置"中的前缀命名为"管理费用"，将"主体配置中"的后缀设置为"元"，并将整个图表命名为"管理费用"，最后单击"保存"按钮，如图 9-13 所示。

图 9-13　样式设置界面

按照同样的步骤，可以对科目名称下的营业费用进行筛选，最终筛选的效果如图 9-14 所示。

图 9-14　营业费用"翻牌器"效果界面

由图 9-13 和图 9-14 可知，该公司 2016 年 6 月的管理费用为 1944.665 万元，占比约为 91.76%，远远高于营业费用。

5. 分析不同类型的费用占比情况

查看了不同科目费用的总额之后,需要进一步分析各个不同类型费用的占比情况。具体操作:

第一步,继续新建图表,将"科目名称"拖入"维度"框,将"金额"拖入"指标"框,选择"饼图",得到不同类型费用占比情况,如图9-15所示。

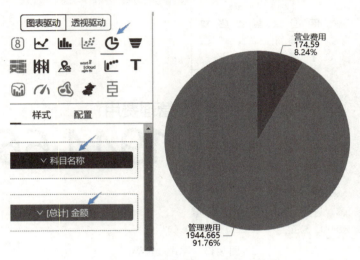

图9-15 不同类型费用占比情况饼图

第二步,将"科目名称"拖拽至"颜色"框中,可对管理费用和营业费用的颜色进行调整,如图9-16所示。

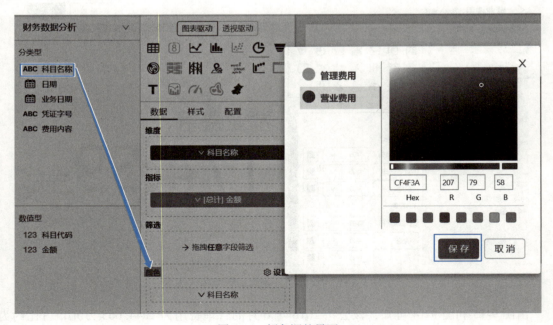

图9-16 颜色调整界面

第三步,设置样式。具体操作:从"数据"切换到"样式",选择"环状",如图9-17所示。

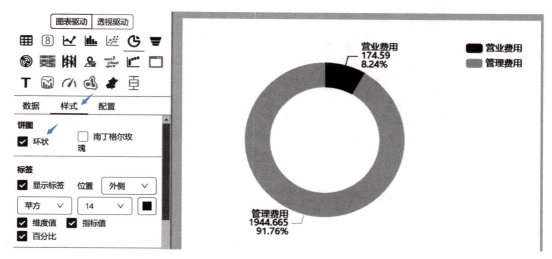

图9-17　不同类型费用占比情况环状图

第四步,查看费用明细情况,将"费用内容"拖入"颜色"框中,弹出调整各个费用内容颜色设置的对话框,单击"保存"按钮,如图9-18所示。

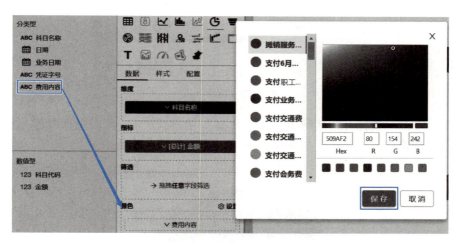

图9-18　不同费用类型颜色设置界面

若分类太细太多,则难以发现规律,因此需要进行筛选。

第五步,将分类型区域中的费用内容拖拽至"筛选"框中,弹出"筛选配置"对话框,在"值筛选"栏筛选出前五项,如图9-19所示。

第六步,从"值筛选"界面切换到"条件筛选"界面,选择"Or",在"费用内容"中的运算符号框选择"=",运算对象这一栏分别填写"摊销服务费""支付六月社保公积金""支付职工福利费""支付业务招待费"和"支付交通费",最后单击"保存"按钮,如图9-20所示。

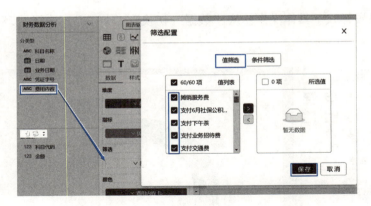

图 9-19 值筛选

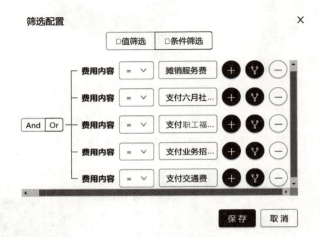

图 9-20 条件筛选

第七步，在维度指标分析区域中，从"数据"切换到"样式"，选择"显示标签"，得到各个不同类型费用占比情况，如图 9-21 所示，单击"保存"按钮。

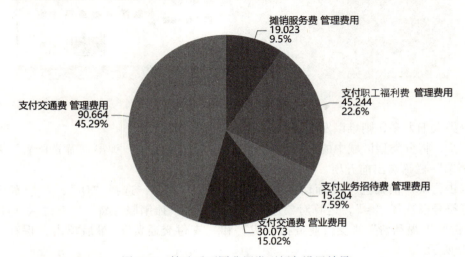

图 9-21 筛选后不同费用类型颜色设置效果

由图 9-21 可知，管理费用中支付交通费（45.29%）、支付职工福利费（22.6%）占比较高，成本控制过程中可以选择先对"支付交通费"和"支付职工福利费"这两项进行把控。

6. 当月每日支出资金变化趋势

除了了解各个科目的总额以及占比情况，还需要知道公司随着时间变化的资金变动情况，尤其是支出资金的变动情况。具体操作：

第一步，将"日期"拖入"维度"框，将"金额"拖入"指标"框，选择"折线图"，如图 9-22 所示。

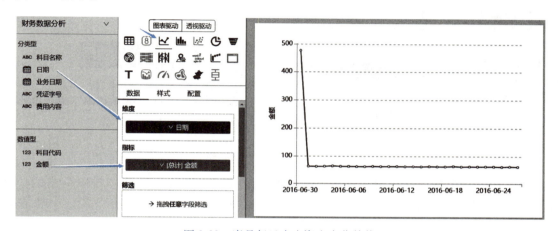

图 9-22　当月每日支出资金变化趋势

第二步，单击维度指标分析区域中"日期"前的下拉菜单，选择"排序"中的"升序"，单击"保存"按钮，将该图形保存为"当月每日支出资金变化趋势 1"，如图 9-23 所示。

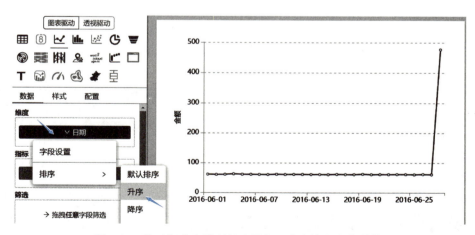

图 9-23　按日期升序排列的当月每日支出资金变化趋势

从图 9-23 的变化趋势可以看出，2016 年 6 月 25 日之前，当月每日支出资金基本无变化，2016 年 6 月 25 日之后，当月每日支出资金呈直线上升趋势。

7. 不同费用内容的分布

通过不同费用内容的分布，有助于了解公司的支出情况。

具体操作：第一步，将"费用内容"拖入"维度"框，将"金额"拖入"指标"框，选择"柱状图"，如图 9-24 所示。

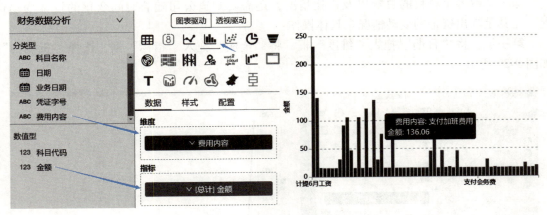

图 9-24　不同费用内容的柱状图

第二步，单击维度指标分析区域中"金额"前的下拉菜单，选择"排序"中的"升序"，单击"保存"按钮，将该图形保存为"当月每日支出资金变化趋势 2"，如图 9-25 所示。

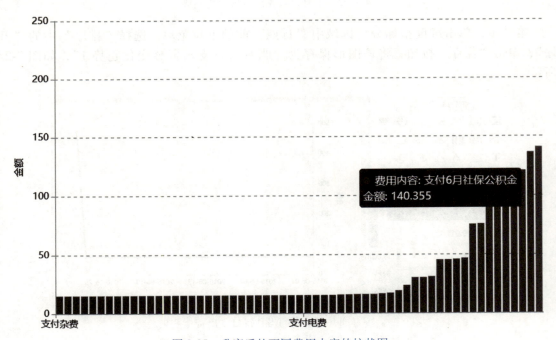

图 9-25　升序后的不同费用内容的柱状图

从图 9-25 可以分析出，支付 6 月社保公积金所花费的费用最高，支付杂费所花费的费用最低。

9.3.4 数据可视化应用

通过仪表盘可视化应用模式，让可视化组件灵动起来，图文并茂，实现用户与数据的直接对话，帮助用户更好地观察与分析数据。

1. 创建新仪表盘

从"可视化分析"界面切换到"可视化应用"界面，单击"创建新仪表盘"，如图 9-26 所示。

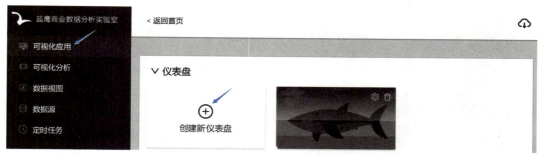

图 9-26 创建新仪表盘

2. 仪表盘命名

在"新增数据门户"的对话框中，输入仪表盘名称、描述，选择"发布"选项，最后单击"保存"按钮，如图 9-27 所示。

图 9-27 "新增数据门户"对话框

3. 新增仪表盘

单击屏幕左上角的"+"（即仪表盘"新增"按钮），在弹出的对话框中输入"新增仪表盘"的名称"财务数据分析"，选择"Dashboard"类型，最后再单击"保存"按钮，如

图 9-28 所示。

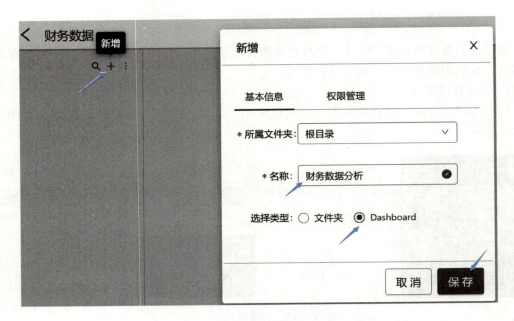

图 9-28 "新增仪表盘"对话框

4. 添加图表

单击屏幕右上角的"+"（即图表"新增"按钮），弹出"新增图表"对话框。选择新增的图表（见图 9-29），单击对话框右下角的"下一步"，接着单击"保存"按钮，完成图表的添加。

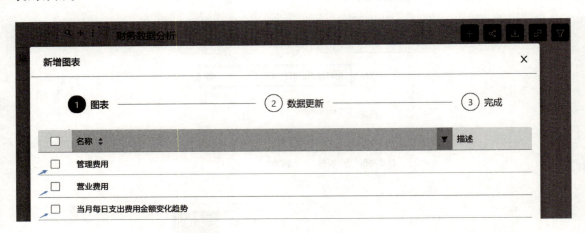

图 9-29 "新增图表"对话框

5. 全局控制器配置（筛选）

第一步，进入"仪表盘"界面后，单击右上角的"全局控制器配置"按钮，如图 9-30 所示。

第 9 章　财务数据分析实训

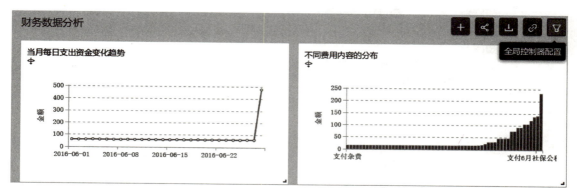

图 9-30　"全局控制器配置"按钮位置

第二步，在弹出的"全局控制器配置"对话框中单击"控制器列表"右侧的"+"按钮，如图 9-31 所示，出现一个"新建控制器"。

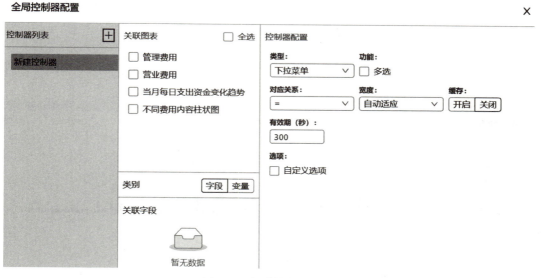

图 9-31　新建控制器界面

第三步，在"关联图表"区域将所有图表全选，并在"关联字段"中选择"科目名称"，进行关联操作，并单击"保存"按钮，如图 9-32 所示。

第四步，进行完关联图表和字段设置操作后，进入筛选前的仪表盘可视化界面，如图 9-33 所示。

第五步，在新建控制器下的"请选择"对话框中，选择"2016-06-01"作为筛选条件，筛选结果如图 9-34 所示。

通过图 9-34 可知 2016 年 6 月 1 日支出的资金为 61.252 万元。不同费用内容支付的金额大致相同，其中支付住宿费及机票金额最多，为 15.799 万元；支付打车费金额最少，为 15.032 万元。

· 205 ·

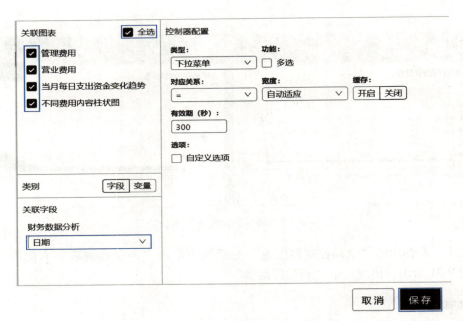

图 9-32　关联图表和字段设置

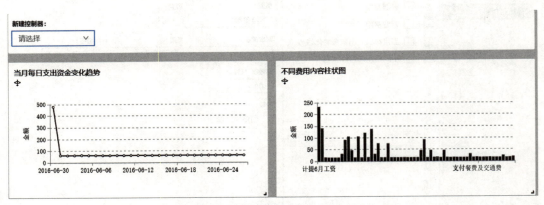

图 9-33　筛选前的仪表盘可视化界面

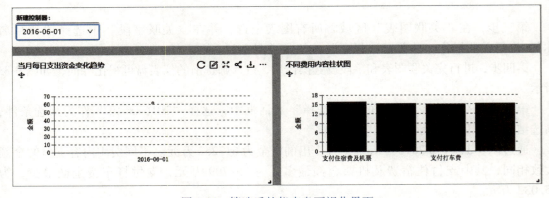

图 9-34　筛选后的仪表盘可视化界面

6. 联动设置

第一步，单击右上角"联动关系配置"按钮，进行联动设置，如图 9-35 所示。

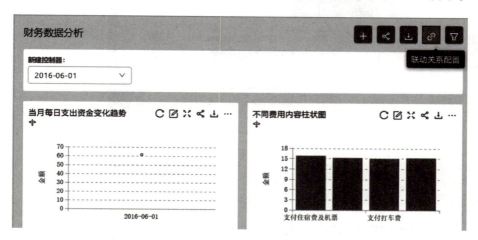

图 9-35 "联动关系配置"按钮位置

第二步，单击"新增"按钮，如图 9-36 所示。

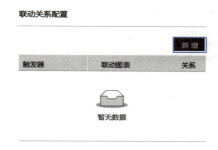

图 9-36 新增联动关系配置界面

第三步，设置触发器，选择将当月每日支出资金变化趋势下的"日期"作为联动项，如图 9-37 所示。

图 9-37 设置当月每日支出资金变化趋势触发器界面

第四步，选择"不同费用内容柱状图"下的"日期"作为联动项，将联动关系设置为

"=",并保存设置好的触发器和联动图表,如图9-38所示。

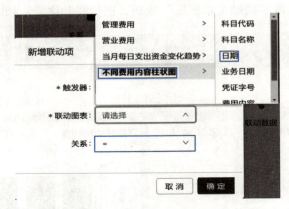

图 9-38　设置不同费用内容柱状图的触发器

第五步,构建不同费用内容与当月每日支出资金变化趋势的联动关系,如图9-39所示,单击"保存"按钮。

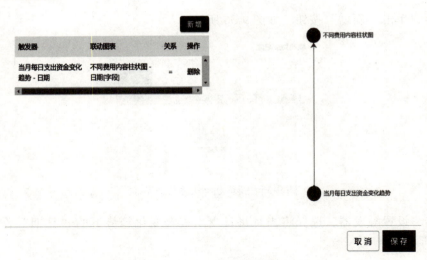

图 9-39　保存联动关系配置

第六步,联动前的当月每日支出资金变化趋势图中显示"可联动标识",如图9-40所示。

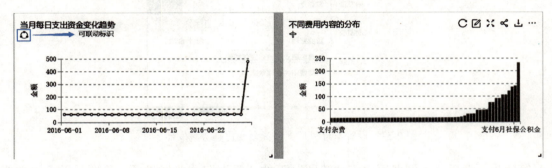

图 9-40　联动前的仪表盘

第七步，查看联动结果。单击"当月每日支出资金变化趋势"中的2016-06-27，则实现了基于2016-06-27的当月每日支出资金变化趋势和不同费用内容柱状图的联动，如图9-41所示。

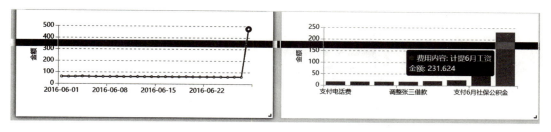

图9-41 联动后的仪表盘（基于2016-06-27）

类似地，单击"当月每日支出资金变化趋势"中的2016-06-30，即可实现基于2016-06-30的当月每日支出资金变化趋势和不同费用内容柱状图的联动，如图9-42所示。

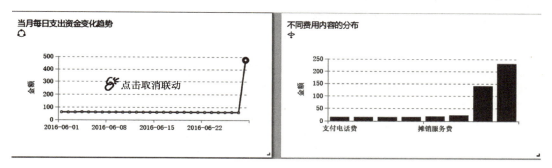

图9-42 联动后的仪表盘（基于2016-06-30）

对比图9-40、图9-41和图9-42不难发现，联动操作后"不同费用内容柱状图"的图形出现明显变化。对比图9-41和图9-42可知：月底支出金额的大幅增加主要源于计提6月工资和支付6月社保公积金费用的增多（需要将鼠标停留在柱状图上才能查看具体信息）。

7. 下钻上卷操作

第一步，右击选择需要下钻的字段。如图9-43所示，右击2016-06-27，在"钻取"中选择合适的字段："科目名称""业务日期""凭证字号"或者"费用内容"。

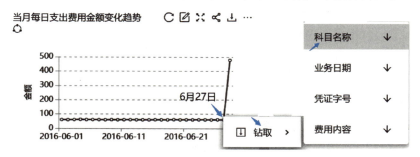

图9-43 当月每日支出资金变化图钻取操作

第二步，选择合适的字段如"科目名称"，钻取后的当月每日支出资金变化情况如图9-44所示。

· 209 ·

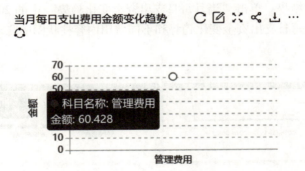

图 9-44　钻取后的当月每日支出资金变化情况

第三步，右击管理费用，可以选择"日期""业务日期""凭证字号"或者"费用内容"，进一步进行钻取操作，如图 9-45 所示。

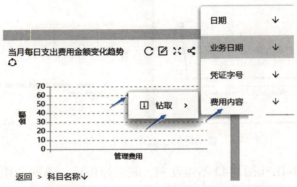

图 9-45　当月每日支出资金变化图进一步钻取操作

第四步，选择"费用内容"，结果如图 9-46 所示。另外，也可以单击图形左下角的"返回"按钮，完成"上卷"。

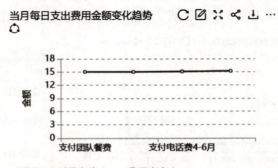

图 9-46　进一步钻取后某日管理费用的费用内容变化情况

同理，也可以对不同费用内容柱状图进行钻取。首先，右击支付加班费用，选择"科目名称"进行进一步钻取，所得效果图如图 9-47 所示。

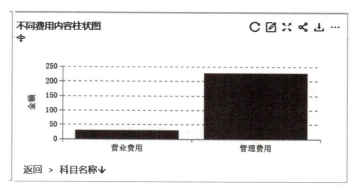

图 9-47　基于"科目名称"钻取后的不同费用情况

其次,右击管理费用,选择"日期",进行进一步的钻取操作,钻取效果如图 9-48 所示。最后,也可以单击图形左下角的"返回"按钮,完成"上卷"。

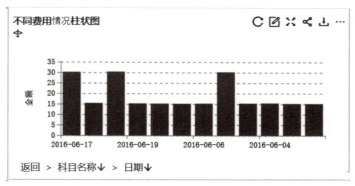

图 9-48　基于"日期"进一步钻取后的不同费用情况

8. 分享

单击图 9-49 右上角的分享按钮,可以对仪表盘进行分享。其中,普通分享指的是分享给一般用户,可以通过链接直接访问,不需要登录权限。授权分享指的是分享给平台指定用户,需要登录权限。

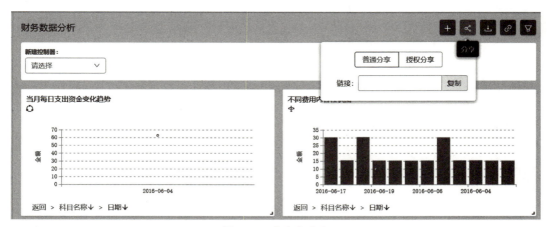

图 9-49　分享仪表盘

9.4 实训总结

通过对财务数据的分析，可以及时了解公司的财务状况，便于开展财务管理工作。本次实训在费用金额和费用内容两个维度上进行了财务数据分析，如图 9-50 所示。

图 9-50　财务数据分析思维导图

以实训分析为例，可以看到财务支出费用被分为管理费用、营业费用。其中，管理费用为 1944.665 万元，占比为 91.76%；营业费用为 174.59 万元，占比为 8.24%。从当月每日支出资金变化折线图中可以看出该公司 6 月的支出情况，在月底支出呈明显的直线上升趋势，其他日期支出较为平稳。通过联动操作，发现月底发生了工资、公积金的支出，这有可能是导致月底支出直线上升的主要原因。

9.5 实训思考题

本实训通过图表联动，清晰地显示了月末支出资金直线上升的原因。实际上，平时每日的支出资金，其费用内容也不尽相同。请思考以下两个问题：①在其他实训中，有无需要通过图表联动方式挖掘出新规律的可能性？②为什么除了月末之外，其他日期发生的费用内容不尽相同，支出资金的数额却大致相同？

第 10 章
网站流量分析实训

10.1 实训背景

目前，互联网行业作为新兴行业，是大数据应用最为广泛的行业之一。越来越多的网站开启了数据化运营的思路，用数据说话，指导企业决策层的决策，最终创造更大的数据价值。

网站流量分析，是指在获得网站访问量基本数据的情况下对有关数据进行统计、分析，从中发现用户访问网站的规律，并将这些规律与网络营销策略等相结合，从而发现目前网络营销活动中可能存在的问题，并为进一步修正或重新制定网络营销策略提供依据。

网站流量分析的基础是获取网站访问量的基本数据，这些数据大致可以分为三类，每类包含若干数量的统计指标[一]。

1. 网站流量统计指标

网站流量统计指标常用来对网站效果进行评价，主要包括如下指标：

1) 独立访问者数量（Unique Visitors，UV）。
2) 重复访问者数量（Repeat Visitors）。
3) 页面浏览数（Page Views，PV）。
4) 每个访问者的页面浏览数（Page Views per User）。
5) 某些具体文件/页面的统计指标，如页面显示次数、文件下载次数等。

2. 用户行为指标

用户行为指标主要反映用户是如何来到网站的、在网站上停留了多长时间、访问了哪些页面等信息，主要包括如下指标：

1) 用户在网站的停留时间。
2) 用户来源网站（也叫"引导网站"）。
3) 用户所使用的搜索引擎及其关键词。
4) 在不同时间段的用户访问量情况等。

3. 浏览网站方式指标

用户的浏览网站方式指标主要包括如下指标：

㊀ https://baike.baidu.com/item/%E7%BD%91%E7%AB%99%E6%B5%81%E9%87%8F%E5%88%86%E6%9E%90/2295210?fr=aladdin。

1）用户上网设备类型。
2）用户浏览器的名称和版本。
3）用户的计算机分辨率显示模式。
4）用户所使用的操作系统名称和版本。
5）用户所在地理区域分布状况等。

10.2 实训简介

本实训所使用的数据主要为某网站浏览数据，旨在了解用户的访问分布、访问黏性及网站流量来源分布情况。通过本实训中的分析可以了解该网站目前的用户访问情况。

10.2.1 原始数据情况

网站流量原始数据情况如图 10-1 所示，包括媒介来源、城市、日期、网站版块、页面、浏览时长、PV、UV、访问次数等字段。

媒介来源	城市	日期	网站版块	浏览时长	PV	UV	访问次数	退出访客数	人均浏览页面数	页面
hao123.com	兰州	2012/11/15	每日一记	5.58	151	29	58	3	5.2	/riji/2012/10/interactivity-checklist-1675
hao123.com	海口	2012/11/16	每日一记	2.43	191	32	64	3	6	/riji/2012/10/interactivity-checklist-1675
hao123.com	大连	2012/11/19	每日一记	1.16	229	38	76	4	6	/riji/2011/08/are-movie-sequels-profitable-1279
hao123.com	衢州	2012/11/20	每日一记	1.35	190	12	24	1	15.8	/riji/2010/01/hatecrimes
hao123.com	东营	2012/11/21	每日一记	1.53	167	10	20	1	16.7	/riji/2011/08/are-movie-sequels-profitable-1279
hao123.com	北京	2012/11/21	每日一记	1.4	90	30	60	3	3	/riji/2012/10/top-100-q3-2012-1669
hao123.com	上海	2012/11/21	每日一记	2.23	132	19	38	2	6.9	/riji/2011/06/which-country-has-most-wimbledon-wins-1213
hao123.com	重庆	2012/11/21	每日一记	1.53	130	36	72	4	3.6	/riji/2010/01/hatecrimes
hao123.com	深圳	2012/11/22	每日一记	1.19	94	35	70	4	2.7	/riji/2012/10/top-100-q3-2012-1669
hao123.com	河池	2012/11/22	每日一记	1.41	206	30	60	3	6.9	/riji/2012/10/interactivity-checklist-1675
hao123.com	武汉	2012/11/22	每日一记	2.32	229	44	88	4	5.2	/riji/category/government-and-artco-data
hao123.com	杭州	2012/11/23	每日一记	1.56	288	43	86	4	6.7	/riji/2012/10/interactivity-checklist-1675
hao123.com	呼和浩特	2012/11/27	每日一记	3.26	227	12	24	1	18.9	/riji/2012/10/interactivity-checklist-1675
hao123.com	潮州	2012/11/27	每日一记	1.25	276	30	60	3	9.2	/riji/2012/08/political-piece-2012-1619
hao123.com	大连	2012/11/27	每日一记	3.34	172	53	106	5	3.2	/riji/2011/04/data-shaping
hao123.com	柳州	2012/11/28	每日一记	1.14	227	84	168	8	2.7	/riji/2011/04/data-shaping
hao123.com	呼和浩特	2012/11/28	每日一记	0.56	188	40	80	4	4.7	/riji/2012/01-7-here-1411
hao123.com	鞍山	2012/11/29	每日一记	0.57	239	19	38	2	12.6	/riji/2012/01-7-here-1411

图 10-1 网站流量原始数据情况

10.2.2 实训分析过程

1）确定问题。本实训是对 Leric's blog 网站进行基本的网站分析，包括各版块访问量比重、各版块访问趋势、访问来源分布等方面。

2）分解问题。本次实训项目需要了解：①各版块访问量比重；②各版块访问量时间趋势；③各版块用户访问情况（停留时间、人均浏览页面数）；④分析访问前五大来源。

3）评估问题。上述实训分解问题，需要应用如下评估指标：

① PV：页面被查看的次数。用户多次打开或刷新同一个页面，该指标值累加。

② UV：页面的访问人数。所选时间段内，同一访客多次访问会进行去重计算。

③ 访问次数：访问次数是访客对网站进行访问的次数，按 session（计算机用语，指"会话""会话控制"）计算，一般 session 半小时过期，如用户半小时无操作，即进入到下一次访问。

④ 人均浏览页面数：即 PV 数/UV 数，该指标反应用户的访问黏性。

⑤ 页面退出率：用户退出页面的次数除以用户进入浏览页面的次数的百分比。页面退出率高，则需要考虑此页面的出口设计问题；页面退出率低，说明用户访问网站后点击了众多网页才离开，说明网站内容深受欢迎。

⑥ 访问来源：网站指定页用户的上一个访问页面，反映用户的来源路径。

4）在前面众多指标分析的基础上，总结网站的运营情况。

10.3 实训过程

10.3.1 数据上传

将原始数据上传至 BBL 平台。具体操作如下：

第一步，进入 BBL 系统，单击"创建新项目"按钮，在出现的对话框中选择"数据源"，单击上传按钮后出现如图 10-2 所示的对话框，将对话框中的表名命名为"网站流量数据分析"。

第二步，单击"下一步"按钮，出现如图 10-3 所示的数据上传对话框，选择要上传的 Excel 文件，进行上传。

图 10-2 新建项目中的数据源命名界面

图 10-3 新建项目中的数据源上传界面

10.3.2 数据处理

当原始数据上传 BBL 后，需要对其进行预处理。具体操作如下：

第一步，在新出现的编写 SQL 界面（见图 10-4）中，单击"执行"按钮，对油井数据进行处理。SQL 执行成功后，系统默认分配给每个字段一种数据类型和一种可视化类型，用户可以配置它们，进行可视化建模。

第二步，单击"下一步"按钮，进入编辑数据模型与权限界面（见图 10-5），再单击"保存"按钮。

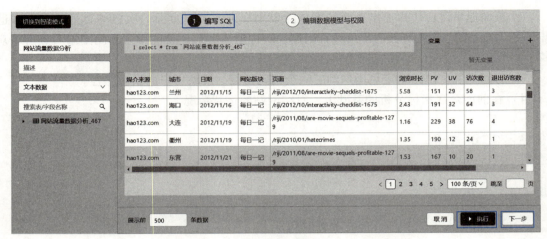

图 10-4　编写 SQL 界面

图 10-5　编辑数据模型与权限界面

10.3.3　数据可视化分析

1. 新增可视化分析图表

从数据视图界面切换到可视化分析界面，单击可视化分析界面中的"+"按钮，如图 10-6 所示。

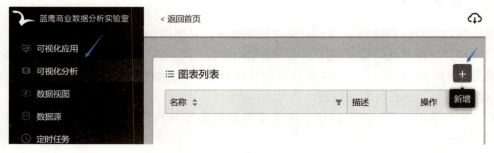

图 10-6　可视化分析界面

2. 选择一个数据视图

进入可视化图表编辑界面，单击"选择一个数据视图"，选择"网站流量数据分析"，如图 10-7 所示。

图 10-7 "选择一个数据视图"的对话框

3. 各版块访问量分析

网站各个版块的用户访问量，反映了其受欢迎程度。各版块访问量分析的具体操作：将分类型功能区域中的"网站版块"拖拽到"维度"框，将数值型功能区域中的"UV"拖拽到"指标"框，在智能图表推荐区域选择"柱状图"，并将该图形保存为"各版块访问量"，如图 10-8 所示。

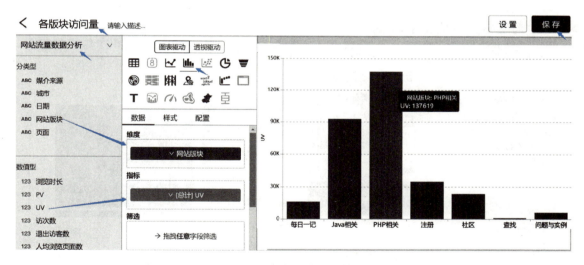

图 10-8 各版块访问量情况

分析图 10-8 不难发现，"PHP 相关"版块最受用户欢迎，其次是"Java 相关"版块。而"查找"版块、"问题和实例"版块的访问量非常小，需要对这两块内容进行优化。

4. 各版块访问量时间趋势分析

网站各个版块的访问量随时间的变动情况反映了用户的活动规律。各版块访问量时间趋势分析的具体操作：

第一步，在数据分析平台，拖拽分类型中的"日期"到"维度"框，拖拽数值型中的"PV""UV"到"指标"框，在智能图表推荐区域选择"折线图"，将其命名为"各版块访问量时间趋势分析"，如图 10-9 所示。

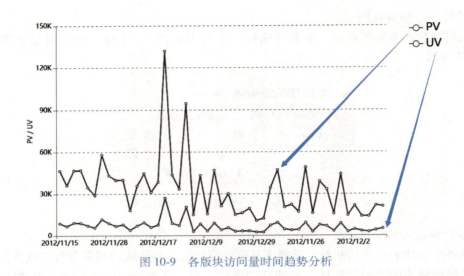

图 10-9　各版块访问量时间趋势分析

第二步，颜色调整，将分类型中的"日期"拖拽至"颜色"框中，弹出如图 10-10 所示的颜色调整的对话框，可实现对图表的颜色调整，最后单击"保存"按钮。

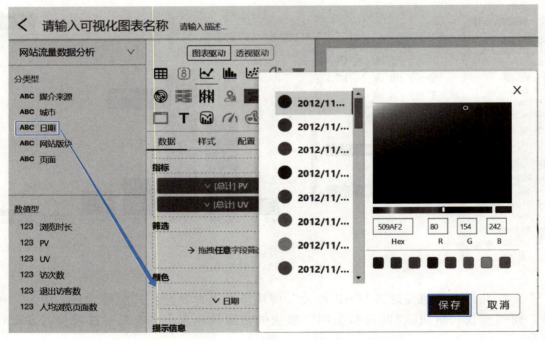

图 10-10　颜色调整的对话框

第三步，将颜色框中的"日期"删除，分别单击维度指标分析区域中 PV 和 UV 的下拉栏，选择"排序"中的"升序"，如图 10-11 所示。

第四步，将分类型下的"日期"拖拽到"筛选"框中，弹出"筛选配置"的对话框，在值筛选中选择"2012/12/18"和"2012/11/27"，如图 10-12 和图 10-13 所示。

第 10 章 网站流量分析实训

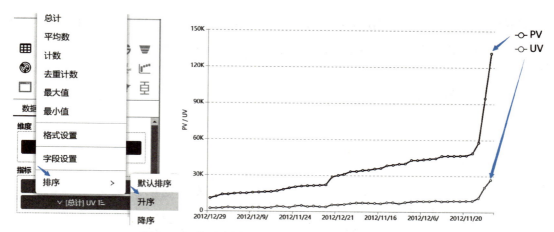

图 10-11 按升序排列的各版块访问量时间趋势分析

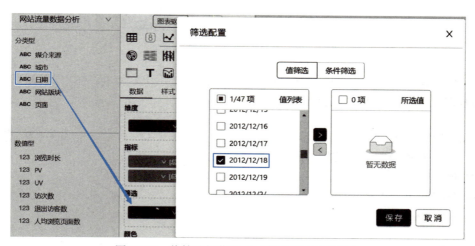

图 10-12 值筛选操作界面（筛选 2012/12/18）

图 10-13 值筛选操作界面（筛选 2012/11/27）

· 219 ·

第五步，从值筛选界面切换到条件筛选界面，选择"Or"，在"日期"中的运算符号框选择"="，运算对象栏分别填写"2012/12/28"和"2012/11/27"，最后单击"保存"按钮，如图 10-14 所示。

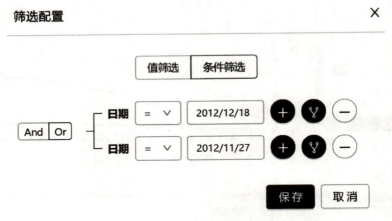

图 10-14　条件筛选操作界面（日期）

第六步，单击"样式"中的"显示标签"，条件筛选后 PV 和 UV 在"2012/12/18"和"2012/11/27"这两个日期的访问量如图 10-15 所示。

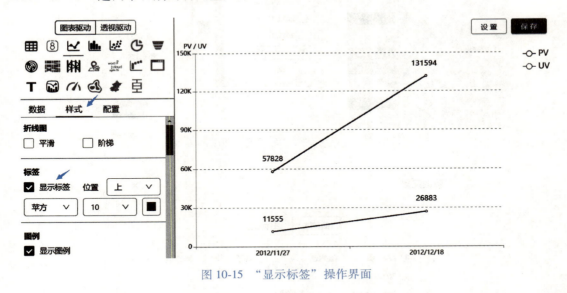

图 10-15　"显示标签"操作界面

单击"保存"按钮，将该图形保存为"各版块访问量时间趋势"。由图 10-15 可知，2012 年 12 月 18 日的 PV 和 UV 达到了流量高峰，UV 高达 26883 人，PV 达到 131594 次。2012 年 11 月 27 日流量最低，UV 为 11555 人，PV 为 57828 次。

5. 各版块用户访问分析

各版块用户访问分析，就是分析各版块用户访问的停留时间和人均浏览页面数。

首先，分析各版块用户访问的停留时间，具体操作：在数据分析平台，拖拽分类型中的"网站版块"到"维度"框，拖拽数值型中的"浏览时长"到"指标"框（选择"平均数"),在智能图表推荐区域选择"折线图",将其命名为"各版块访问时间趋势折线图",如图 10-16 所示。不难发现,各个版块的平均浏览时长相差不大。

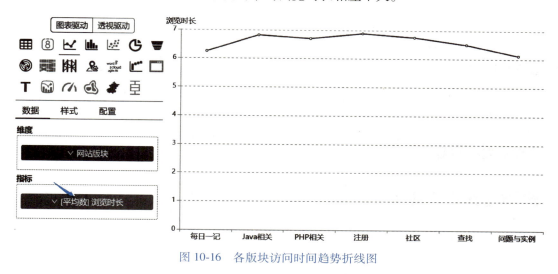

图 10-16　各版块访问时间趋势折线图

其次,分析各版块的人均浏览页面数,具体操作:在数据分析平台,拖拽分类型中的"网站版块"到"维度"框,拖拽数值型的"人均浏览页面数"到"指标"框(选择"平均数"),在智能图表推荐区域选择"折线图",将其命名为"各版块人均浏览页面数折线图",如图 10-17 所示。不难发现,"查找"版块的人均浏览页面数明显偏低。

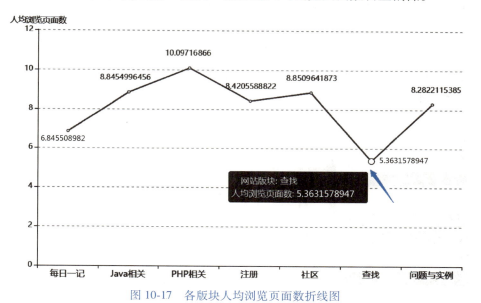

图 10-17　各版块人均浏览页面数折线图

6. 人均浏览页面数趋势分析

人均浏览页面数可以反映该网站各个页面的质量以及页面质量之间的差距。人均浏览页面数趋势分析的具体操作:拖拽分类型中的"日期"到"维度"框,拖拽数值型中的"人均浏览页面数"到"指标"框(选择"平均数"),在智能图表推荐区域选择"折线图",

将其命名为"人均浏览页面数趋势分析折线图",如图 10-18 所示。不难发现,各个页面的人均浏览页面数趋势整体平稳。

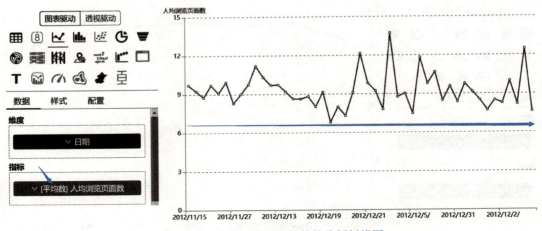

图 10-18　人均浏览页面数趋势分析折线图

7. 各版块浏览时长、人均浏览页面数分析

对各版块浏览时长、人均浏览页面数的分析可以进一步对比各个版块网页的质量。具体操作:拖拽分类型中的"网站版块"到"维度"框,拖拽数值型中的"浏览时长""人均浏览页面数"到"指标"框(均选择"平均数"),拖拽"网站版块"到"颜色框",选择"散点图",将其命名为"各版块浏览时长、人均浏览页面数的散点图",如图 10-19 所示。

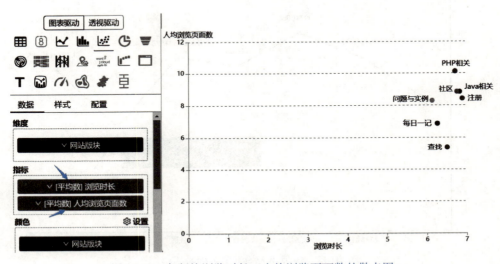

图 10-19　各版块浏览时长、人均浏览页面数的散点图

分析图 10-19 发现,从人均浏览页面数角度而言,"查找"版块的人均浏览页面数明显较少,"PHP 相关"版块的人均浏览页面数明显领先;从浏览时长角度而言,"注册"版块的浏览时长最长,也许在注册环节需要精简步骤,简化流程。

8. 流量来源分析

流量来源分析可以帮助网站管理者更好地完成网站引流工作。具体操作：拖拽分类型的"媒介来源"到"维度"框，拖拽数值型的"UV"到"指标"框，选择"柱形图"，如图 10-20 所示。单击"保存"按钮，将该图形保存为"流量来源"。

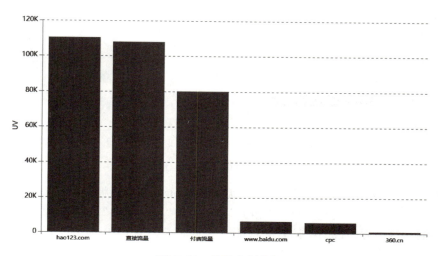

图 10-20　流量来源分析

分析图 10-20 不难发现，网站的流量主要来自 hao123.com、直接流量和付费流量。

9. 退出访客数分析

退出访客数分析可以帮助企业了解哪些网页和版块的内容不满足用户的需求。具体操作：拖拽分类型的"网站版块"到"维度"框，拖拽数值型的"退出访客数"到"指标"框，选择"雷达图"，如图 10-21 所示。

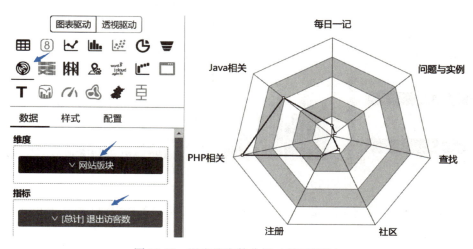

图 10-21　退出访客数分析（基于版块）

单击"退出访客数"前的下拉按钮，选择"排序"中的"升序"。单击"保存"按钮，将该图形保存为"退出访客数（基于版块）"，如图 10-22 所示。

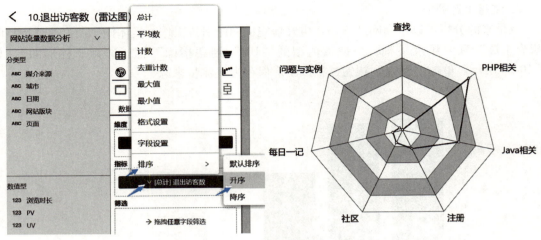

图 10-22 退出访客数（基于版块）

分析图 10-22 不难发现，"PHP 相关"版块和"Java 相关"版块的退出访客数最多。结合图 10-8 和图 10-22 分析发现，"PHP 相关"版块和"Java 相关"版块的访问量和退出访客数都是最多的。这一方面说明了访客的特征——非常感兴趣 PHP 和 Java 的相关信息，也反映了两个版块目前不能满足访客的需求，亟须首先进行改善和提高。

类似操作：拖拽分类型的"日期"到"维度"框，拖拽数值型的"退出访客数"到"指标"框，选择"柱状图"，如图 10-23 所示。单击"保存"按钮，将该图形保存为"退出访客数（基于日期）"。

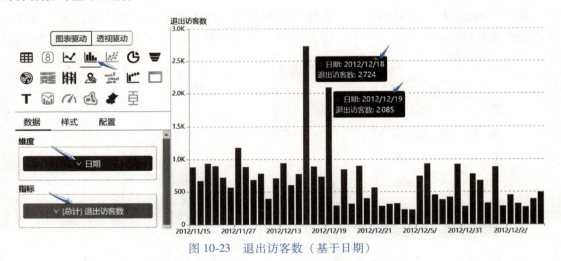

图 10-23 退出访客数（基于日期）

分析图 10-23 不难发现，2012 年 12 月 18 日和 2012 年 12 月 19 日的"退出访客数"明显增加，需要进一步收集资料分析原因。

10.4 实训总结

网站流量分析是对于网站访问数据的分类和归纳，并在此基础上进行统计分析，如数据预测、聚类分析、相关性分析等较为复杂的分析算法。常见的分析主题有网站访问量的增长趋势、用户访问量的最高时段、访问最多的网页、停留时间、用户访问来源（如搜索引擎）、搜索词等，这些都是网站流量分析的基本要素。通过网站流量分析，可以掌握用户的访问趋势、网站访问热点（哪个频道、哪个页面）、用户停留时间、重点页面的跳出率、商品购买流程是否顺畅等，从而优化网站的重点页面和主要流程，提高用户体验。

在本实训中，通过分析网站访问量、网站退出访客数、网站流量来源、网站人均浏览等，了解了整个网站的运营情况（见图 10-24），每个访客的平均浏览页面数约为五页，PHP 和 Java 两个版块用户关注度较高，对于退出率较高的几个页面应该重点优化。对于付费来源的访客应该重点深入挖掘，提高重点关键词的搜索引擎优化（Search Engine Optimization，SEO）。

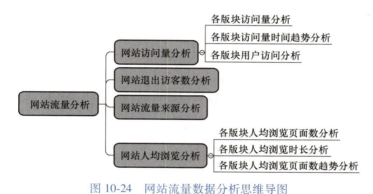

图 10-24　网站流量数据分析思维导图

10.5　实训思考题

网站流量分析可以起到如下五个作用：①及时掌握网站推广的效果，减少盲目性；②分析各种网络营销手段的效果，为制定和修正网站营销策略提供依据；③通过网站访问数据分析进行网站营销诊断，包括对各项网站推广活动的效果分析、网站优化状况诊断等；④有利于用户进行很好的市场定位；⑤作为网站营销效果评价的参考指标。

本实训仅仅考虑了"网站版块"与"浏览时长"、PV、UV 等的特征与关联，并没有考虑"城市""日期""媒介来源"与"浏览时长"、PV、UV 等的特征与关联。请读者思考如何通过数据分析和数据挖掘，发现新的规律（如不同城市访客的特征），解决新的问题。

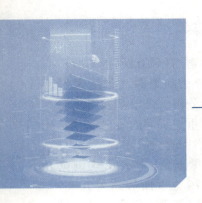

第 11 章
楼盘数据分析实训

11.1 实训背景

大数据作为热词,已然不算新鲜,各行各业对大数据的竞相追逐如火如荼,电子商务、O2O、物流配送等领域的企业都在运用大数据创新自己的业务范围。在房地产界,万科与百度的联手、恒大与阿里的联盟、万达与京东的合作,无不为了得到房地产以外的大数据,为企业的发展保驾护航。

目前大数据已经渗透到房地产开发的方方面面,从前期的项目开发、产品设计到后期的精准营销、物业服务,无不体现着大数据的种种优势。例如,对于住宅项目来说,传统的开发商往往会通过区域环境、经济、人口以及房地产历史成交数据等,来判断在一个区域投入开发的可行性。借助大数据平台,开发商甚至可以获取房地产以外的数据,比如对于区域人口的实际规模、家庭的实际收入水平、消费情况、支出结构、存款还款信息等。这些数据恰恰对于房地产市场的需求预测和了解购买者的偏好有很大的帮助。很显然,大数据已经渗透到房地产开发的方方面面,从大数据在项目投入阶段的需求预测与选址定位、产品设计阶段的用户需求定制,到营销阶段的精准销售、社区服务阶段的精细化服务,无不体现出大数据应用的强大优势。

展望未来,也许房地产开发企业出售的不再是房子,而是基于大数据的服务。具体而言,就是利用自身拥有的大数据,整合社区微商圈与设置电商最后一公里入口,提供社区金融服务,提供社区养生养老服务,提供基于 APP 的创新物业服务。

总之,基于大数据的楼盘数据分析,不仅可以通过海量的房产数据准确判断每年房地产行业的发展趋势与变化,找出关键问题,还可以快速获悉目前房产的销售情况,基于城市建设的未来规划指导自身的各项工作。

11.2 实训简介

本实训选择 2015 年 1~11 月的苏州市楼盘成交数据,研究 2015 年苏州的楼盘交易情况,主要通过对地区成交面积、数量、金额、均价等数据的分析,了解苏州市特别是工业园区的售房现状和趋势。

11.2.1　原始数据情况

本次实训的原始数据情况如图 11-1 所示，包括项目名称、项目所在区县、成交套数、成交面积、成交均价、成交金额等字段。

排名	项目名称	区县	成交套数(套)	成交面积(㎡)	成交均价(元/㎡)	成交金额(万元)	计数项:套数
1	美嘉商业广场	吴中区	494	20666	16771	34658.52	41
2	合景领峰	吴中区	492	20996	7534	15817.03	64
3	东方时代广场	相城区	458	37859	9219	34903.91	103
4	新区港龙城市商业广场	高新区	434	19974	10645	21263.02	33
5	大运城	吴中区	428	18982	14924	28329.18	44
6	睿峰商务广场	吴中区	388	17681	7391	13067.86	49
7	星湖都市生活广场	工业园区	379	16159	16480	26629.57	57
8	星云汇生活广场	相城区	357	17785	8836	15714.26	78
9	星湖花海	相城区	325	11467	7563	8672.94	33
10	苏州世茂运河城	姑苏区	303	42283	15089	63802.48	21
11	丽丰时代商业广场	高新区	301	7257	21117	15324.47	2
12	宝隆乌托邦	姑苏区	295	13311	8590	11434.86	10
13	浙建·枫华紫园	吴中区	285	13914	7009	9752.45	68
14	高扬国际广场	工业园区	283	29575	14811	43802.35	0
15	吴宫馆	吴中区	242	10712	8509	9115.01	17
16	合景峰汇国际	相城区	241	11987	9898	11864.64	27
17	欧蓓莎中华美食城	吴中区	231	10545	8229	8677.59	19
18	龙湖时代天街	高新区	188	14171	35002	49602.28	25
19	君地曼哈顿广场	工业园区	185	21523	11254	24220.93	23
20	南环汇邻中心	姑苏区	182	9451	12279	11605.21	4
21	吴中万达广场	吴中区	170	13520	23695	32036.33	203
22	中交MINI墅	高新区	163	8331	7134	5943.29	69
23	金隶时尚商业中心	相城区	157	4811	20478	9851.9	7
24	宝地商务广场	相城区	150	8495	9182	7800.33	9

图 11-1　苏州市楼盘原始成交数据

11.2.2　实训分析过程

首先，确定问题。即通过对各区县房产成交套数、成交金额、成交均价等的分析，了解目前房地产的总体情况。

其次，分解问题。本次实训需要了解的问题包括：①成交均价与成交金额的关系；②成交面积、成交均价和成交金额之间的关系。

最后，通过图表联动等功能，可视化评估、总结问题，发现规律性的现象。

11.3　实训过程

11.3.1　数据上传

将原始数据上传至 BBL 平台。具体操作如下：

第一步，进入 BBL 系统，单击"创建新项目"按钮，在出现的对话框中选择"数据源"，单击上传按钮后出现如图 11-2 所示的对话框，将对话框中的表名命名为"房地产数据分析"。

第二步，单击"下一步"按钮，出现如图 11-3 所示的数据上传对话框，选择要上传的

图 11-2　新建项目中的数据源命名界面

Excel 文件，进行上传即可。

图 11-3　新建项目中的数据源上传界面

11.3.2　数据处理

当原始数据上传 BBL 后，需要对其进行预处理。具体操作如下：

第一步，在新出现的编写 SQL 界面（见图 11-4）中，单击"执行"按钮，对油井数据进行处理。SQL 执行成功后，系统默认分配给每个字段一种数据类型和一种可视化类型，用户可以配置它们，进行可视化建模。

图 11-4　编写 SQL 数据

第二步，单击"下一步"按钮，进入编辑数据模型与权限界面（见图 11-5），单击"保存"按钮。

11.3.3　数据可视化分析

1. 新增可视化分析图表

从"数据视图"界面切换到"可视化分析"界面，单击可视化分析界面中的"+"按钮，如图 11-6 所示。

第 11 章　楼盘数据分析实训

图 11-5　编辑数据模型与权限

图 11-6　可视化分析界面

2. 选择一个数据视图

进入可视化图表编辑界面,单击"选择一个数据视图",选择"房地产数据分析",如图 11-7 所示。

图 11-7　"选择一个数据视图"的对话框

3. 各区县房产成交套数分析

通过各区县房产成交套数分析可以了解苏州地区各个区县房产交易的整体情况。具体操作:

第一步,拖拽分类型中的"区县"到"维度"框,拖拽数值型中的"成交套数"到

· 229 ·

"指标"框,选择图表区的"饼图",结果如图11-8所示。

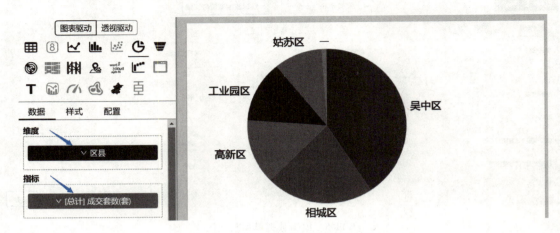

图11-8　各区县房产成交套数分析

第二步,将维度指标拖拽分析区域中的"数据"切换到"样式",单击"饼图"下的"环状",单击"标签"下的"显示标签"按钮,最后将该图形保存为"2015年苏州各区县房产成交套数",如图11-9所示。

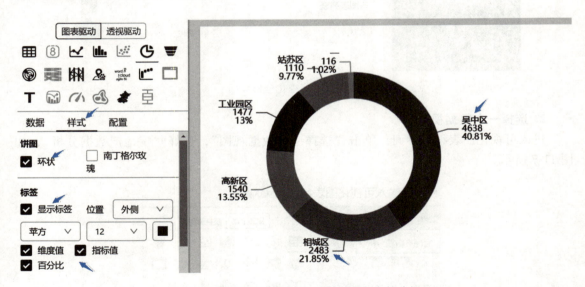

图11-9　显示标签后的各区县房产成交套数分析

从图11-9可以看出,苏州吴中区2015年成交房产套数最多,为4683套,占苏州2015年房产总成交套数的40.81%;排名第二的是相城区,成交2483套,占比21.85%。

4. 房产成交均价与成交金额关系分析

在了解了热门区县后,进一步分析房产成交均价和成交金额的关系。具体操作如下:

第一步,拖拽分类型中的"区县"到"维度"框,拖拽数值型中的"成交均价""成交金额"到"指标"框,选择图表区的"散点图",结果如图11-10所示。

第 11 章　楼盘数据分析实训

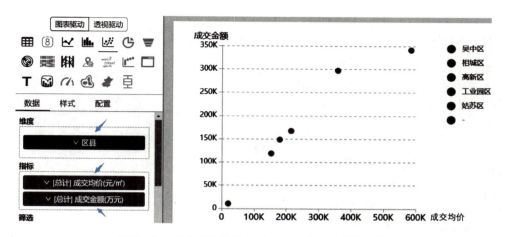

图 11-10　房产成交均价与成交金额关系分析散点图

第二步，单击"成交均价"前的下拉按钮，选择"平均数"，结果如图 11-11 所示。

图 11-11　房产成交均价与成交金额关系分析（平均数）

第三步，为了将各个区县进行区分，将分类型中的"区县"拖拽至"颜色"框中，将各个区县设置为不同的颜色，并单击"保存"按钮，如图 11-12 所示。

第四步，将维度指标分析区域中的"数据"切换到"样式"，选择标签下的"显示标签"，则各个区域房价的成交金额都在散点图中显示出来（见图 11-13）。最后，将该图形保存为"2015 年苏州各区县房产成交均价与成交金额的关系"。

从图 11-13 中可以看出，2015 年苏州工业园区房产成交均价最高，约为 21091.82 元/m^2；姑苏区的房产成交均价约为 15253.70 元/m^2，高新区的房产成交均价约为 14970.33 元/m^2，房产成交均价相差无几。

· 231 ·

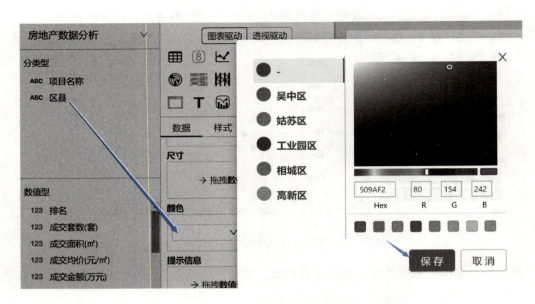

图 11-12 颜色调整界面

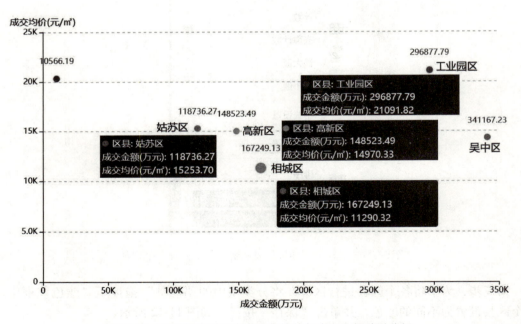

图 11-13 显示标签后的房产成交均价与成交金额关系分析

5. 各地段房产成交面积分析

各个地段的房产成交面积，也是楼市分析的重要内容。具体操作如下：

第一步，拖拽分类型中的"项目名称"到"维度"框，拖拽数值型中的"成交面积"到"指标"框，选择图表区的"柱形图"，结果如图 11-14 所示。

第 11 章　楼盘数据分析实训

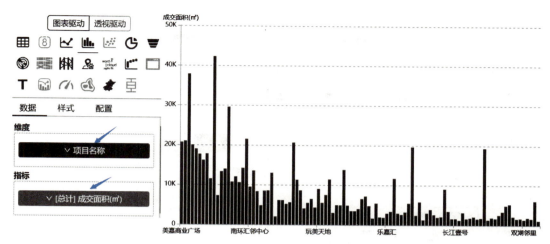

图 11-14　2015 年苏州工业园区各地段成交面积

第二步，将"区县"拖入维度指标拖拽分析区域中的"筛选"框，在弹出的"筛选配置"对话框中选择"值筛选"，然后在"值列表"中选择"工业园区"，从左侧"值列表"导入右侧"所选值"，如图 11-15 所示。

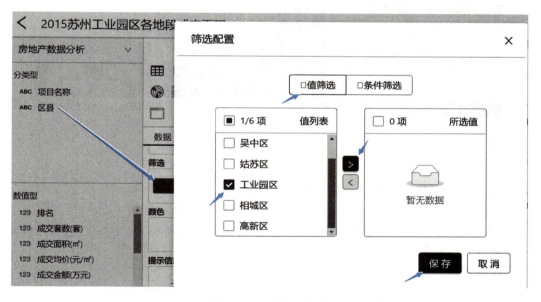

图 11-15　值筛选操作界面

第三步，从"值筛选"界面切换到"条件筛选"界面，在"区县"中的运算符号框选择"="，运算对象栏填写"工业园区"，最后单击"保存"按钮，如图 11-16 所示。

第四步，选择指标维度分析区域中的"标签"下的"显示标签"，效果图如图 11-17 所示，将图表命名为"2015 年苏州工业园区各地段成交面积"，单击"保存"按钮。

从图 11-17 可以看出，2015 年苏州工业园区成交面积最大的地段为高扬国际广场，成交面积为 29575m^2。面积最小的地段为双湖邻里，成交面积为 1369m^2。

· 233 ·

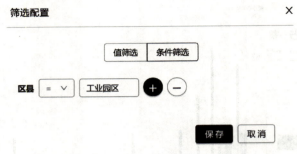

图 11-16　条件筛选操作界面

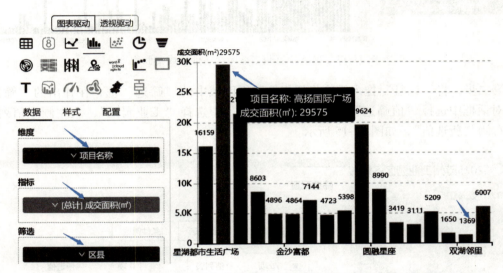

图 11-17　2015 年苏州工业园区各地段成交面积分析（筛选条件为"工业园区"）

6. 各地段房产成交均价分析

各地段房产均价分析可以进一步了解热门房产及其分布。具体操作：

第一步，拖拽维度中的"项目"到"维度"框，拖拽度量中的"成交均价"到"指标"框，将"区县"拖入筛选器，在弹出的"筛选配置"对话框中，切换到"条件筛选"，在"区县"中的运算符号框选择"="，运算对象栏填写"工业园区"，单击"保存"按钮，如图 11-18 所示。

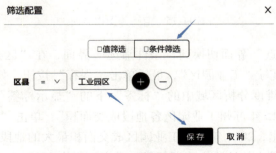

图 11-18　条件筛选操作界面

第二步，选择图表显示区域中的"雷达图"，单击"成交均价"前的下拉按钮，选择排序下的"升序"，同时，选择"平均数"。按升序排列后的 2015 年苏州工业园区各地段房产均价雷达图如图 11-19 所示，单击"保存"按钮。

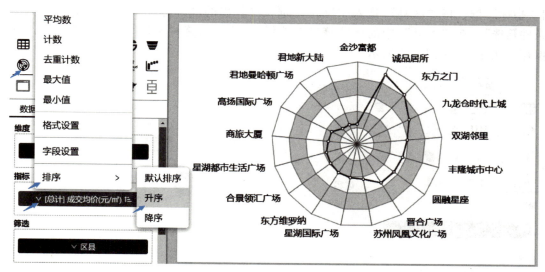

图 11-19　按升序排列后的 2015 年苏州工业园区各地段房产均价分析

第三步，将指标维度分析区域中的"数据"切换到"样式"，选择标签下的"显示标签"，单击"保存"按钮，将该图表保存为"2015 年苏州工业园区各地段房产均价"，如图 11-20 所示。

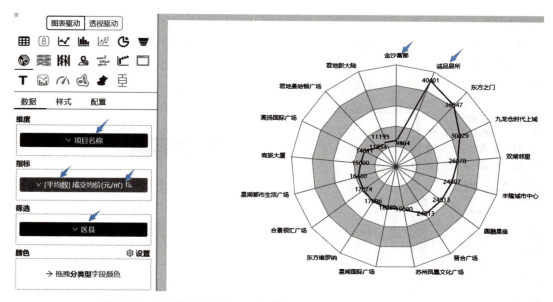

图 11-20　显示标签后的 2015 年苏州工业园区各地段房产均价分析

由图 11-20 可知，2015 年苏州工业园区各地段房产均价最高的地方为诚品居所，均价为

· 235 ·

40401元/m^2；2015年苏州工业园区各地段房产均价最低的地方为金沙富都，均价为9804元/m^2。

7. 各地段房产成交金额分析

第一步，拖拽分类型中的"项目名称"到"维度"框，拖拽数值型中的"成交金额"到"指标"框，将"区县"拖入"筛选"框，在弹出的"筛选配置"对话框中，切换到"条件筛选"，在"区县"中的运算符号框选择"＝"，运算对象填写"工业园区"，单击"保存"按钮，如图11-21所示。

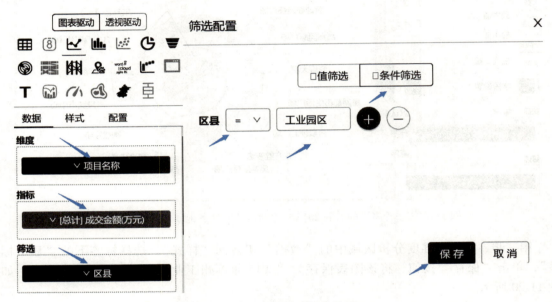

图11-21　条件筛选操作界面

第二步，选择图表区的"折线图"，将指标维度分析中的"数据"切换到"样式"，单击"标签"下的"显示标签"，结果如图11-22所示。单击"保存"按钮，保存图表为"2015年苏州工业园区各地段成交金额"。

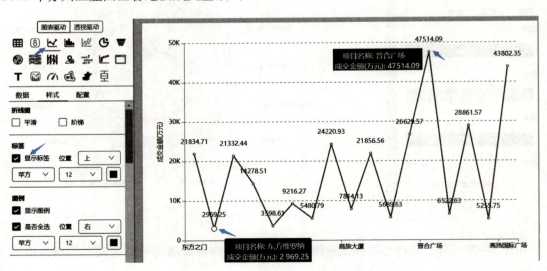

图11-22　2015年苏州工业园区各地段成交金额情况

· 236 ·

由图 11-22 所示，2015 年苏州工业园区成交金额最高的地段为晋合广场，成交金额为 47514.09 万元；成交金额最低的地段为东方维罗纳，成交金额为 2969.25 万元。

11.3.4 数据可视化应用

通过仪表盘可视化应用模式，可以让可视化组件灵动起来，图文并茂，实现用户与数据的直接对话，帮助用户更好地观察与分析数据。

1. 创建新仪表盘

从"可视化分析"界面切换到"可视化应用"界面，单击"创建新仪表盘"，如图 11-23 所示。

图 11-23 创建新仪表盘

2. 仪表盘命名

在"新增数据门户"的对话框中，输入仪表盘名称、描述，选择"发布"选项，最后单击"保存"按钮，如图 11-24 所示。

图 11-24 新增数据门户对话框

3. 新增仪表盘

单击屏幕左上角的"+"（即仪表盘"新增"按钮），在弹出的对话框中输入新增仪表盘的名称"房地产数据分析"，选择"Dashboard"类型，最后再单击"保存"按钮，如

图11-25所示。

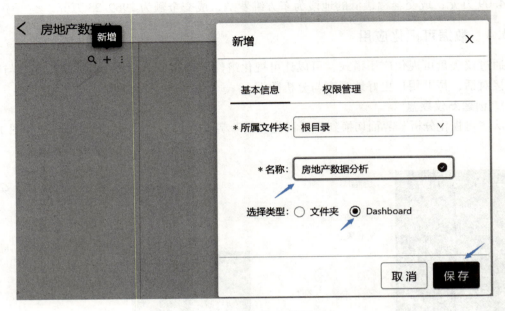

图11-25　新增仪表盘界面

4. 添加图表

单击屏幕右上角的"+"（即图表"新增"按钮），弹出"新增图表"界面。选择新增的图表，并单击"下一步"按钮（见图11-26），接着单击"保存"按钮，完成图表的添加。

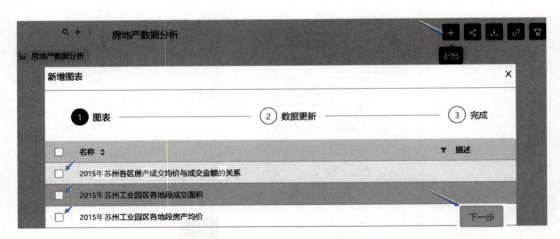

图11-26　新增图表界面

5. 联动设置

第一步，单击右上角"联动关系配置"按钮，进行联动设置，如图11-27所示。
第二步，在弹出的"联动关系配置"界面中，单击"新增"按钮，如图11-28所示。

第 11 章　楼盘数据分析实训

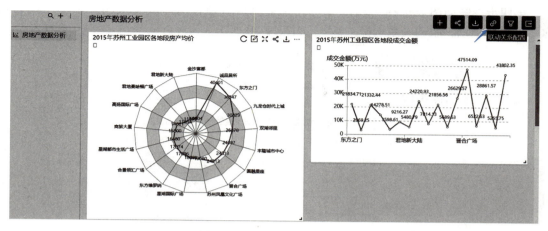

图 11-27　联动关系配置界面

图 11-28　新增联动关系配置界面

第三步，在弹出的界面中设置"新增联动项"，包括"触发器""联动图表"和"关系"。其中，触发器选择"2015 年苏州工业园区各地段房产均价"下的"项目名称"作为联动项，如图 11-29 所示。

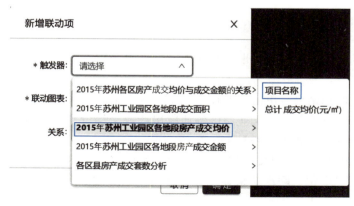

图 11-29　设置 2015 年苏州工业园区各地段房产成交均价触发器

· 239 ·

第四步,联动图表选择"2015年苏州工业园区各地段房产成交金额"下的"项目名称"作为联动项,联动关系选择"=",如图11-30所示。

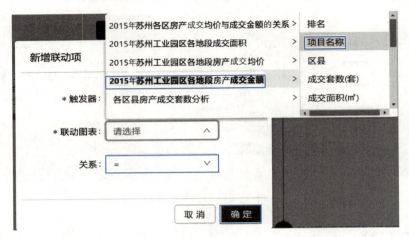

图11-30 设置2015年苏州工业园区各地段房产成交金额触发器

第五步,构建的"2015年苏州工业园区各地段房产成交均价"和"2015年苏州工业园区各地段房产成交金额"的联动关系如图11-31所示,单击"保存"按钮。

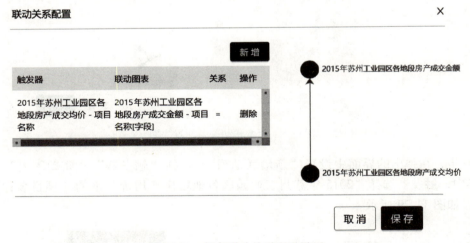

图11-31 保存联动关系配置界面

第六步,联动前的2015年苏州工业园区各地段房产成交均价中显示"可联动标识",如图11-32所示。

第七步,查看联动结果。单击"2015年苏州工业园区各地段房产成交均价"中的"金沙富都",即可实现2015年苏州工业园区各地段房产成交均价和2015年苏州工业园区各地段房产成交金额的联动,如图11-33所示。

对比图11-32和图11-33可知,联动操作后"2015年苏州工业园区各地段房产成交金额"的图形出现明显变化。联动结果显示,2015年苏州工业园区金沙富都地段成交金额为5255.75万元。

第 11 章　楼盘数据分析实训

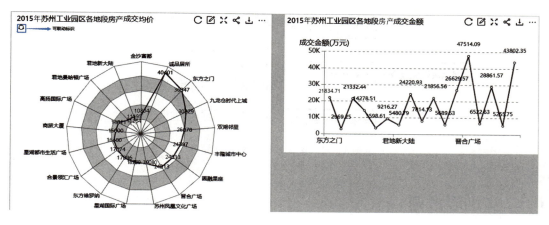

图 11-32　联动前的仪表盘界面

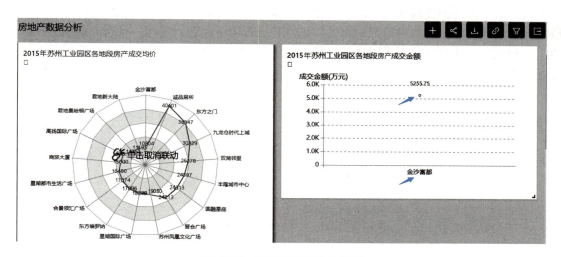

图 11-33　联动后的仪表盘界面

11.4　实训总结

本实训从楼盘成交面积、价格、套数三个维度进行了全面分析（见图11-34），可以帮助购房者和从业者了解楼市的总体情况、楼盘的分布、成交面积、成交均价等，从而整体了解房地产行业的现状和发展趋势，挖掘购房者的真实需求，减少盲目跟风、过时和主观化的认知。

在本实训中，通过分析成交套数和成交面积可以发现：2015年苏州市吴中区的楼盘成交套数最多，姑苏区成交套数最少。工业园区的成交套数不算很高，但是成交面积较大，这说明工业园区尚有较大的楼盘市场可以开拓。而最后的图表联动显示：工业园区内晋和广场、高扬国际广场等成交多的地段成交均价较低，东方之门和诚品居所的成交均价较高。在楼盘建设上可以以此作为建设依据，甚至企业选址也可以此作为参考。

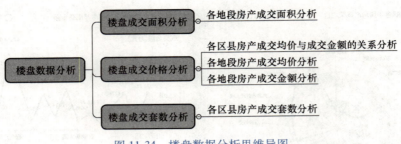

图 11-34 楼盘数据分析思维导图

11.5 实训思考题

本实训仅仅列举了苏州市工业园区楼盘成交情况和趋势,并没有详细分析其他城区,如吴中区、姑苏区等的楼盘成交情况和趋势,也没有对建筑面积等其他指标进行分析和比较。请深入了解原始数据表和房地产的相关知识,并思考以下问题:①深入分析其他指标所反映的信息和规律;②广泛分析不同区县之间的共性和个性;③有针对性利用图表联动方法,进行进一步的可视化探索分析,发现新的规律(如不同区县楼盘的特征),解决新的问题。

第 12 章
公司销售数据分析实训

12.1 实训背景

信息技术的普及使零售行业中积累了大量与生产、管理和运营相关的数据，这些数据中隐藏着诸多有价值的知识，可以帮助企业提高销量、降低成本，达到利润最大化。然而，零售行业中存在着数据量大、数据利用率低的问题，许多场景中的数据规模甚至已经超出传统数据分析方法所能承受的极限。因此，越来越多的研究者致力于研究大数据分析在零售行业中的应用，旨在通过大数据分析技术发掘蕴含在数据中的宝贵知识和财富。

大数据分析指的是对规模巨大的数据进行分析，将其应用在企业中，分析销售数据的变化，可以找出产品销售的规律性，如哪种产品更受欢迎、不同地区对不同产品的需求量等，从而对该地区需求量高的产品重点投放。企业的业务数据涉及销售数据、财务数据、人力数据、产品数据等多种类型，而销售数据在所有数据中的重要性毋庸置疑。通过分析销售数据，将有助于发现经营问题，降低销售成本，最终提高企业的销售利润。

12.2 实训简介

本实训使用某公司 2009—2012 年的销售数据进行分析，通过从整体销售情况分析、区域分析、产品线分析、客户分析四个角度对销售数据进行深入分析，以了解该公司的销售情况。

12.2.1 原始数据情况

本实训使用的原始数据如图 12-1 所示，包括订单号、订单日期、顾客姓名、订单数量、销售额、折扣点等字段（其中，销售额、利润额、单价的单位均为"元"；运输成本的单位为"元/km"）。

12.2.2 实训分析过程

首先，确定问题。本实训主要基于某公司 2009—2012 年的销售数据，对其销售状况进行切片分析，挖掘数据的现实含义，发现数据之间的关联性。实训目的是使得该公司能够预测市场走向，从而为制定有针对性、便于实施的营销战略奠定良好基础。

订单号	订单日期	顾客姓名	订单数量	销售额	折扣点	运输方式	利润额	单价	运输成本	区域	省份
3	2010/10/13	李鹏晨	6	261.54	0.04	火车	-213.25	38.94	35	华北	河北
6	2012/2/20	王勇民	2	6	0.01	火车	-4.64	2.08	2.56	华南	河南
32	2011/7/15	姚文文	26	2808.08	0.07	火车	1054.82	107.53	5.81	华南	广东
32	2011/7/15	姚文文	24	1761.4	0.09	大卡	-1748.56	70.89	89.3	华北	内蒙古
32	2011/7/15	姚文文	23	160.2335	0.04	火车	-85.13	7.99	5.03	华北	内蒙古
32	2011/7/15	姚文文	15	140.56	0.04	火车	-128.38	8.46	8.99	东北	辽宁
35	2011/10/22	高亮平	30	288.56	0.03	火车	60.72	9.11	2.25	东北	吉林
35	2011/10/22	高亮平	14	1892.848	0.01	火车	48.99	155.99	8.99	华中	湖北
36	2011/11/2	张国华	46	2484.7455	0.1	火车	657.48	65.99	4.2	华中	河南
65	2011/3/17	李丹	32	3812.73	0.02	火车	1470.30	115.79	1.99	华南	广西
66	2009/1/19	谢浩谦	41	108.15	0.09	火车	7.57	2.88	0.7	华北	北京
69	2009/6/3	何春梅	42	1186.06	0.09	火车	511.69	30.93	3.92	西北	甘肃
69	2009/6/3	何春梅	28	51.53	0.03	飞机	0.35	1.68	0.7	华南	广东
70	2010/12/17	张瑶培	48	90.05	0.03	火车	-107.00	1.86	2.58	华南	广东
70	2010/12/17	张瑶培	46	7804.53	0.05	火车	2057.17	205.99	5.99	华北	北京
96	2009/4/16	杨国宇	37	4158.1235	0.01	火车	1228.89	125.99	8.99	华北	北京
97	2010/1/28	胡晓	26	75.57	0.03	火车	28.24	2.89	0.5	西南	四川
129	2012/11/18	黄东亮	4	32.72	0.09	火车	-22.59	6.88	8.19	华南	广西
130	2012/5/7	张宏波	3	461.89	0.05	飞机	-309.82	150.98	13.99	华南	海南
130	2012/5/7	张宏波	29	575.11	0.02	火车	71.75	18.97	9.03	华东	福建
130	2012/5/7	张宏波	23	236.46	0.05	火车	-134.31	9.71	9.45	华北	天津
132	2010/6/10	杨肇辉	27	192.814	0.03	火车	-86.20	7.99	5.03	西北	新疆
132	2010/6/10	杨肇辉	30	4011.65	0.05	大卡	-603.80	130.98	54.74	西北	新疆
134	2012/4/23	王霞环	11	1132.6	0.01	火车	-310.21	95.99	35	华中	河南

图 12-1　某公司销售数据截图

其次，分解问题。对该公司销售数据的分析从四个角度进行，不同角度下的分析内容包括：①整体销售情况分析，主要指对该公司各年份销售总额与利润总额的分析。②区域分析，具体包括各地区订单数量-销售额-利润额分析、各省份订单数量-销售额-利润额分析、各省份运输成本分析、广东运输成本结构分析。③产品线分析，具体包括产品价格构成分析、各类产品订单数量分析、各类产品利润额分析、子类产品订单数量分析、子类产品平均利润分析、子类产品平均运输时长-成本分析、订单等级-订单数量-利润额分析、亏损产品情况分析、运输方式-成本分析。④客户分析，主要是指该公司大客户筛选分析。

最后，通过图表联动等功能，可视化评估、总结问题，发现规律性的现象。

12.3　实训过程

12.3.1　数据上传

进入系统，单击"创建新项目"，在出现的对话框中选择"数据源"，单击上传按钮 后出现如图 12-2 所示的对话框，将表名命名为"销售数据分析"，再单击"下一步"，上传本次实训所需的 Excel 数据文件，如图 12-3 所示。

12.3.2　数据处理

在新出现的"编写 SQL"界面（见图 12-4）中，对数据进行处理，执行成功后，系统默认分配给每个字段一个数据类型和一种可视化类型，用户也可自主进行配置，进行可视化建模（在本实训的所有界面中，销售额、利润额、成本等金额的单位均为"元"）。

图 12-2　新建项目中的数据源命名界面

第 12 章　公司销售数据分析实训

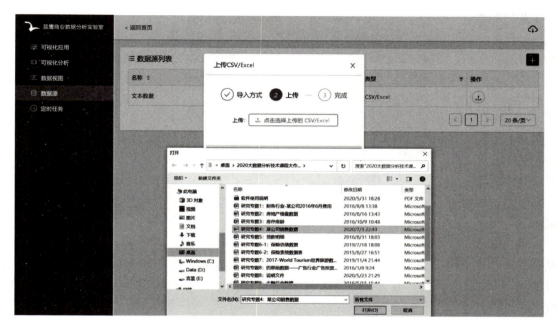

图 12-3　新建项目中的数据源上传界面

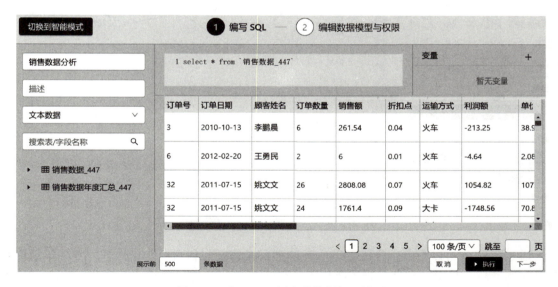

图 12-4　基于 SQL 语言的数据加工界面

单击"下一步",进入"编辑数据模型与权限"界面,如图 12-5 所示。

12.3.3　数据可视化分析

1. 不同年份销售额与利润额分析

分析公司 2009—2012 年整体销售量变化趋势与盈亏情况,有助于了解公司的经营状

· 245 ·

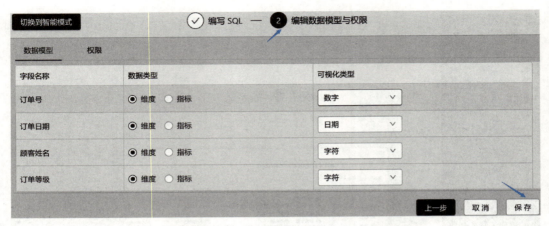

图 12-5　编辑数据模型与权限界面

况，判断公司业务的未来发展方向。具体操作为："维度"选择"年份"，"指标"选择"[总计] 销售额"与"[总计] 利润额"，图表类型选择"折线图"，输出结果，如图 12-6 所示。

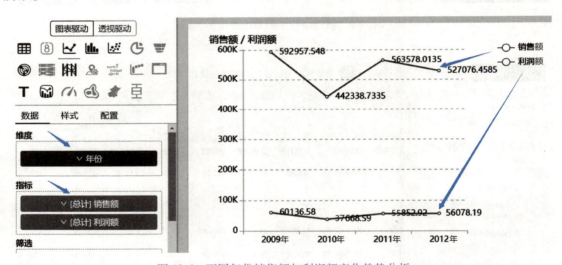

图 12-6　不同年份销售额与利润额变化趋势分析

通过图 12-6 可以看出，公司 2009—2012 年间销售额与利润额均有波动，2009 年销售额与利润额最高，2010 年整体呈现下降趋势，2011 年销售额与利润额均有提升，2012 年销售额下降，但利润额略有增加。由上述趋势可知 2012 年公司产品销售策略有所调整，产品成本可能有所降低。总体而言，公司盈利情况良好。

2. 各地区订单数量-销售额-利润额分析

分析各地区的订单数量、销售额与利润额，可以识别公司产品热销的主要地区，便于在产品数量上进行差别投放。具体操作为："维度"选择"区域"，"指标"选择"[总计] 订单数量""[总计] 销售额""[总计] 利润额"，图表类型选择"柱状图"，输出结果，如图 12-7 所示。

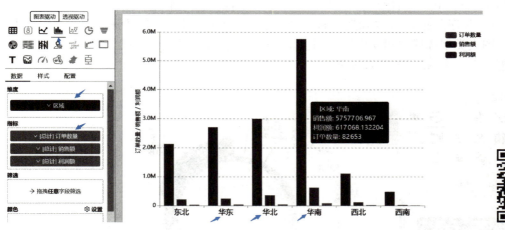

图 12-7　不同地区订单数量-销售额-利润额分析　　　图 12-7　彩图

通过图 12-7 可以看出，华南地区的订单数量、销售额与利润额均为最高，华北和华东次之。可见华北、华东、华南三个地区应该是公司的主要目标市场。

3. 各省份订单数量-销售额-利润额分析

在明确公司产品的主要销售地区后，进一步分析各省份的订单数量、销售额与利润额，可以找出地区内最主要的产品销售省份。具体操作为："维度"选择"省份"，"指标"选择"[总计] 订单数量""[总计] 销售额""[总计] 利润额"，图表类型选择"条形图"，输出结果如图 12-8 所示。

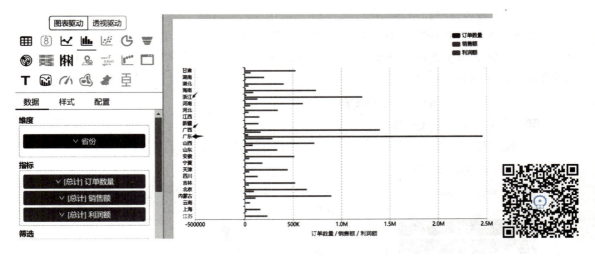

图 12-8　各省份订单数量-销售额-利润额分析　　　图 12-8　彩图

通过图 12-8 可以看出，广东的订单数量、销售额与利润额均为最高，广东、广西、浙江是公司产品销售的主要省份。

4. 各省份运输成本分析

通过分析各省份的产品运输成本，可以判断不同省份的运输成本差异，以便公司采取更加经济合理的运输方式。具体操作为："维度"选择"省份"，"指标"选择"[总计]运输成本"（按照"降序"排列），"筛选"选择"[总计]运输成本"（条件筛选中，运输成本大于100），图表类型选择"饼状图"，并选择"样式"中的"显示标签""环状"和"南丁格尔玫瑰"，输出结果，如图12-9所示。

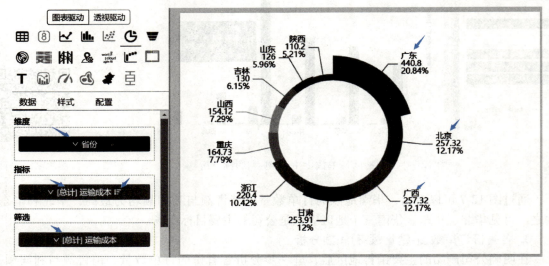

图12-9　各省份运输成本分析

通过图12-9可以看出，广东、北京、广西的产品运输总成本最高，前文分析其订单数量也最高。因此，运输成本与订单数量间应该存在关联。

5. 广东运输成本结构分析

"维度"选择"省份""运输方式"，"指标"选择"[总计]订单数量"，筛选条件选择"广东"，图表类型选择"饼状图"，如图12-10所示，在"样式"中选择"环状"，输出结果如图12-11所示。

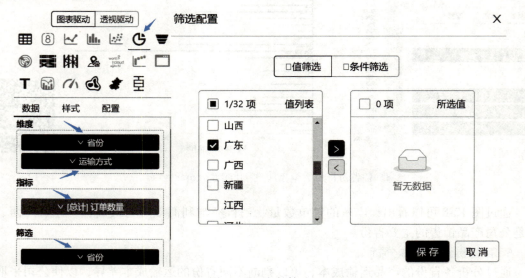

图12-10　省份筛选

选择运输成本最高的广东作为分析对象，通过图 12-11 可以看出，广东的所有订单中，以火车运输的产品订单数量最多，有 26353 单；其次是以大卡运输的产品订单，有 4353 单；以飞机运输的订单数量最少，只有 3527 单。

6. 产品价格构成分析

分析公司的产品价格构成，不仅可以了解公司有哪些在销产品，还可以根据各类产品的价格判断其市场定位，并可对比竞争公司的产品价格，及时进行价格调整。

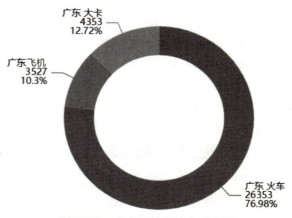

图 12-11　广东订单运输方式分析

具体操作为："维度"选择"产品子类别"，"指标"选择"[平均数] 单价"（从默认的"总计"调整为"平均数"，排序为"降序"），选择"饼状图"，并选择"样式"中的"环状"和"南丁格尔玫瑰"，输出结果，如图 12-12 所示。

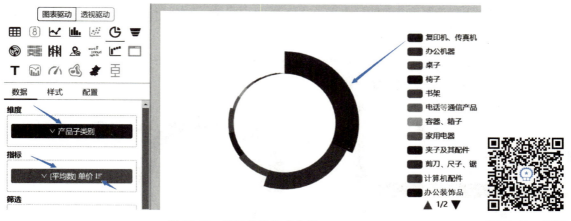

图 12-12　产品价格构成分析　　　　　　　　　　图 12-12　彩图

从图 12-12 可以看出，在公司所有的在售产品中，复印机、传真机与办公机器的价格最高。另外，通过将鼠标停留在不同产品区间，可以发现复印机、传真机和办公机器的价格区间为 500~1000 元，单击"▼"显示下一页还能看到笔/美术用品、标签、橡皮筋价格最低，售价低于 10 元。

7. 各类产品订单数量分析

分析各类产品的订单数量，可以看出公司各产品类别的销售情况。具体操作为："维度"选择"产品类别"，"指标"选择"[总计] 订单数量"，图表类型选择"饼状图"，并选择"样式"中的"显示标签""环状"，输出结果，如图 12-13 所示。

从图 12-13 可以看出，公司办公用品的订单数量最大，占订单总量的 55.12%；其次是家具产品，占订单总量的 20.61%；最后是技术产品，占订单总量的 24.27%。可见公司的产品中，办公产品的市场销路最好。

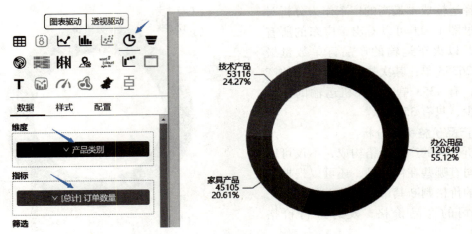

图 12-13　不同产品类别订单数量分析

8. 各类产品利润额分析

各类产品的订单数量分析有助于识别市场中销量最高的产品类别，但各类产品的利润额分析有助于判断公司产品销售收益的构成情况。具体操作为："维度"选择"产品类别"，"指标"选择"[总计] 利润额"，图表类型选择"饼状图"，并选择"样式"中的"环状""南丁格尔玫瑰"和"显示标签"，输出结果，如图 12-14 所示。

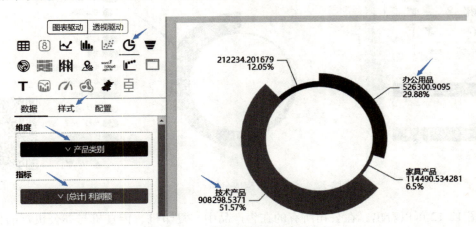

图 12-14　不同产品类别利润额分析

从图 12-14 可以看出，虽然办公用品的订单量最高，但其总利润仅占公司销售利润总额的 29.88%，技术产品利润总额最高，占 51.57%，可见技术产品的利润空间最大。

9. 子类产品订单数量分析

进一步分析子类产品的订单数量，可以确定具体哪种产品销量最高。具体操作为："维度"选择"产品子类别"，"指标"选择"[总计] 订单数量"（排序为"降序"），图表类型选择"饼状图"，并选择"样式"中的"环状""南丁格尔玫瑰"和"显示标签"，输出结果，如图 12-15 所示。

从图 12-15 可以看出，纸张的订单数量最多，占总体的 14.47%；将鼠标停留在"夹子及其配件"等子类产品区间上，不难发现，"夹子及其配件"订单数量仅次于纸张，占总体

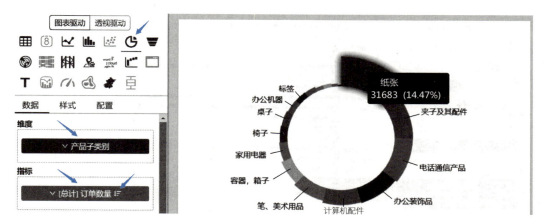

图 12-15　子类产品订单数量分析

的 10.72%；再次是电话通信产品，占总体的 10.56%。结合前文所述的产品价格构成分析，可见该公司单价低的产品最为畅销。

10. 子类产品平均利润分析

分析子类产品的平均利润，可以判断各产品的具体盈亏状况。具体操作为："维度"选择"产品子类别"，"指标"选择"[平均数] 利润额"（从默认的"总计"调整为"平均数"），图表类型选择"柱状图"，在"样式"中选择"堆叠"中的"条形图"，输出结果，如图 12-16 所示。

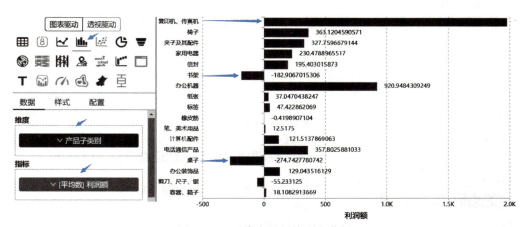

图 12-16　子类产品平均利润分析

从图 12-16 可以看出，平均利润最高的产品类别是单价最高、销量最低的"复印机、传真机"，应进一步加强营销策略，提高销量。"书架""桌子"等产品利润为负数，应适当减少销量，及时止损。

11. 子类产品平均运输时长-成本分析

分析子类产品的平均运输时长与运输成本，有助于发现产品类型与运输之间的关系。具体操作为："维度"选择"产品子类别"，"指标"选择"[平均数] 运输成本"与"[平均数] 运送时长"，将"[平均数] 运送时长"按照降序方式排序，图表类型选择"柱状图"，在"样式"中选择"堆叠"中的"条形图"，输出结果，如图 12-17 所示。

· 251 ·

商务数据分析导论

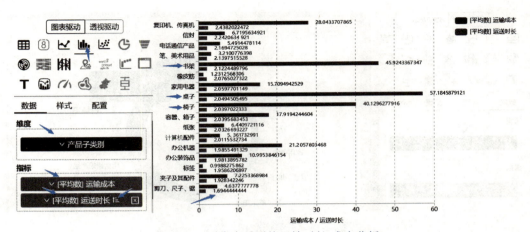

图 12-17 子类产品平均运输时长-成本分析

从图 12-17 可以看出，除"剪刀、尺子、锯"等产品平均运送时长在 1.5 天左右外，其他类型的产品平均运送时间均在 2 天左右，差别不大，说明产品类型对运送时间的影响应该较小。但观察不同产品的运输成本，可以看出差异较大，桌子、书架、椅子等体积大的产品运输成本最高，而体积小的产品运输成本最低。

12. 订单等级-订单数量-利润额分析

分析不同等级的产品订单数量与利润额，可以发现公司订单数量与利润额最高的订单等级。具体操作为："维度"选择"订单等级"，"指标"选择"［总计］订单数量"与"［总计］利润额"，图表类型选择"柱状图"，在"样式"中选择"堆叠"中的"条形图"，输出结果，如图 12-18 所示。

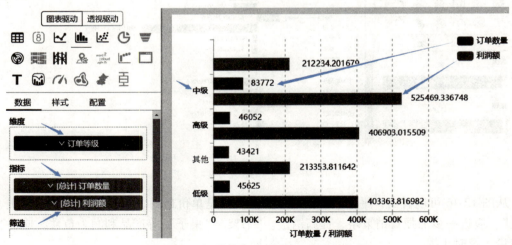

图 12-18 订单等级-订单数量-利润额分析

从图 12-18 可以看出，公司订单数量和利润额最高的订单等级为"中级"，其次是"高级"与"低级"。订单等级为"其他"的订单数量与利润额均为最低。

13. 亏损产品情况分析

统计利润为负值的各种产品利润额，可以找出亏损情况最严重的产品。具体操作："维度"选择"产品子类别","指标"选择"[总计]利润额"(排序为"升序"),"筛选"选择"[总计]利润额",筛选条件为"利润总额<0",图表类型选择"饼状图",输出结果,如图12-19所示。

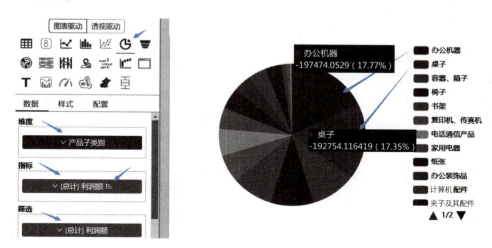

图 12-19　亏损产品情况分析

从图12-19可以看出,"办公机器"亏损情况最严重,亏损金额达到197474.05元;其次是"桌子",亏损金额达到192754.12元。对于亏损的产品类别,公司销售部门应及时找出亏损原因,改变销售策略,改善当前亏损情况。

14. 运输方式-成本分析

分析不同类型运输方式的平均运输成本,有助于公司结合产品类型、运送距离等因素选择合适的产品运输方式(运输成本的单位均为"元/km")。具体操作为:"维度"选择"运输方式","指标"选择"[平均数]运输成本"(从默认的"总计"调整为"平均数"),"筛选"选择"运输方式"(去除为空值的运输方式),图表类型选择"雷达图",输出结果,如图12-20所示。

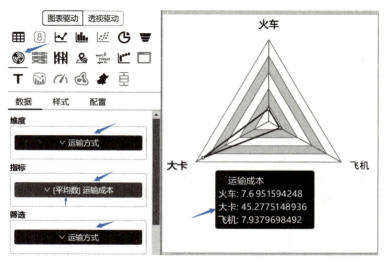

图 12-20　运输方式-成本分析

从图 12-20 可以看出，在三种运输方式中，大卡的平均运输成本最高，为 45.28 元/km，飞机与火车的运输成本相当，分别为 7.94 元/km 和 7.70 元/km。因此，在远距离发货且距离相近的情况下，最好使用飞机进行产品运输，节约运输成本，也能缩短用户的收货时间。在近距离运输中，尽量使用火车进行运输，来降低产品的运输成本，扩大利润空间。

15. 大客户筛选分析

统计客户的订单数量和利润总额，可以帮助公司识别购买力较强的大客户，便于后期的客户管理和产品精准营销。具体操作为："维度"选择"顾客姓名"，"指标"选择"［总计］订单数量"与"［总计］利润额"，图表类型选择"散点图"，输出结果，如图 12-21 所示。

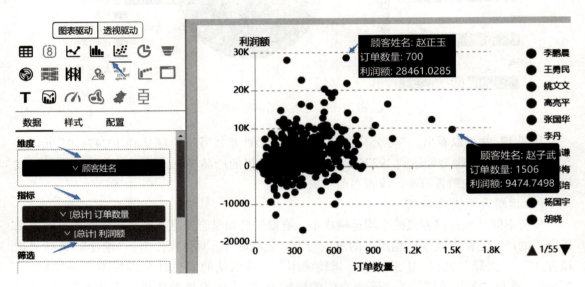

图 12-21　客户订单数量-利润额分析

从图 12-21 可以看出，在订单数量层面，顾客赵子武的总订单数量最高，共有 1506 笔订单。在利润额层面，顾客赵正玉的总利润贡献最高，共有 28461 元。可以初步判断，顾客赵子武购买的产品价格较低，因此总利润不高，顾客赵正玉购买的产品数量虽然较少，但其购买的应该是高价、高利润的产品。通过对不同顾客购买产品类别的后续统计，可以识别出对公司利润贡献较高的重要客户，并根据客户的产品需求进行精准营销。

12.3.4　数据可视化应用

通过 BBL 中数据可视化应用的仪表盘，可以让可视化组件灵动起来，图文并茂，实现用户与数据直接对话，帮助用户更好地观察与分析数据。

1. 新增仪表盘

从"可视化分析"界面切换到"可视化应用"界面，单击"创建新仪表盘"，如图 12-22 所示。

第 12 章 公司销售数据分析实训

图 12-22 创建新仪表盘

在"新增数据门户"的对话框中，输入仪表盘名称、描述，选择"发布"，最后单击"保存"按钮，如图 12-23 所示。

图 12-23 新增数据门户对话框

单击屏幕左上角的"+"（即仪表盘"新增"按钮），在弹出的对话框中输入新增仪表盘的名称"销售数据分析"，选择"Dashboard"类型，最后再单击"保存"按钮，如图 12-24 所示。

图 12-24 新增仪表盘示意图

2. 编辑仪表盘——添加图表

单击屏幕右上角的"+"（即图表"新增"按钮），弹出"新增图表"对话框。选择新增的图表，并单击"下一步"（见图 12-25），接着单击"保存"按钮，完成图表的添加。

· 255 ·

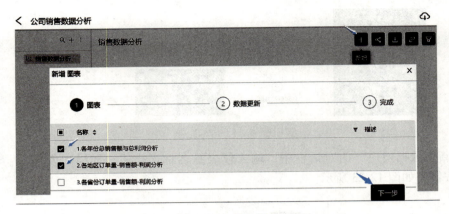

图 12-25　新增图表

3. 编辑仪表盘——全局控制器配置（筛选）

第一步，进入"仪表盘"界面后，单击屏幕右上角的"全局控制器配置"按钮，如图 12-26 所示。

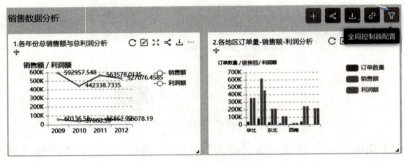

图 12-26　全局控制器配置示意图

第二步，在弹出的"全局控制器配置"对话框中单击"控制器列表"右侧的"+"按钮，（见图 12-27），出现一个"新建控制器"对话框。

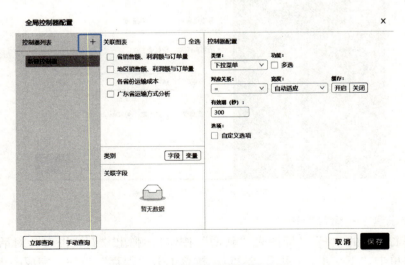

图 12-27　新增全局控制器配置

第三步，单击"新建控制器"右侧的笔形按钮 ✎ ，编辑控制器的名称，将其改为"区域销售控制器"，并单击右侧的"√"，如图 12-28、图 12-29 所示。

图 12-28 编辑控制器名称

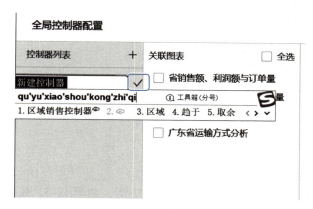

图 12-29 输入新控制器名称

第四步，选择"关联图表"，如图 12-30 所示。

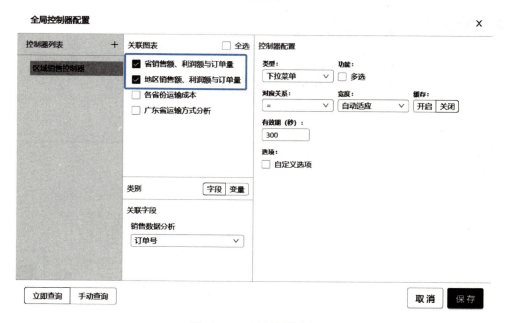

图 12-30 选择关联图表

第五步，选择关联字段，如"区域"，如图12-31所示。

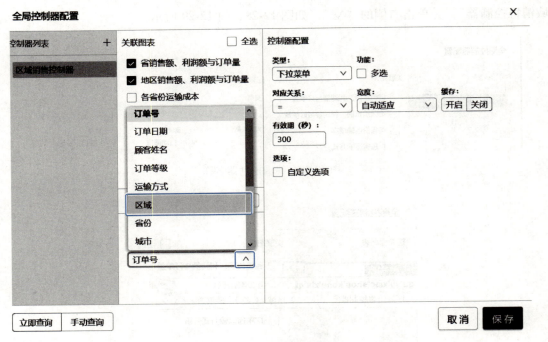

图12-31　选择关联字段

第六步，设置控制器配置，并单击"保存"按钮，如图12-32所示。

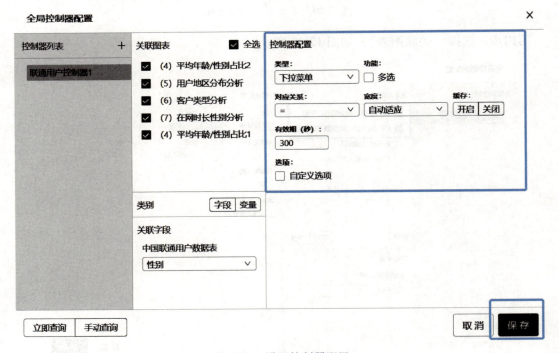

图12-32　设置控制器配置

第七步，通过构建的筛选器进行互动式可视化分析，在"区域销售控制器"下的"请选择"对话框中，选择"华南"作为筛选条件（见图 12-33），筛选前后结果如图 12-34、图 12-35 所示。

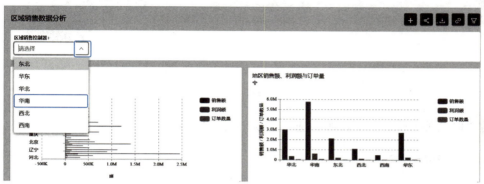

图 12-33　筛选操作界面

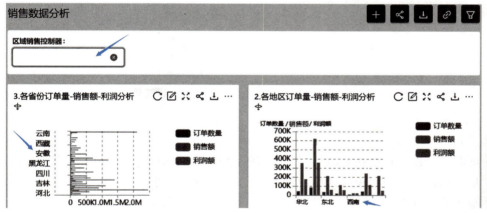

图 12-34　筛选前的仪表盘可视化界面

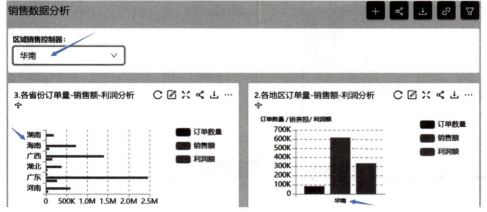

图 12-35　筛选后的仪表盘可视化界面

· 259 ·

4. 编辑仪表盘——联动设置

单击右上角"联动关系配置"按钮，进行联动设置，如图 12-36 所示。

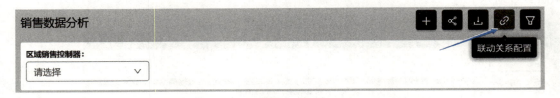

图 12-36　联动关系配置

在弹出的"联动关系配置"页面中，选择"新增"，如图 12-37 所示。

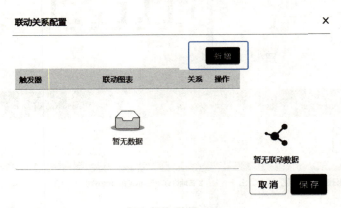

图 12-37　新增联动关系配置

在弹出的页面中设置"新增联动项"，包括"触发器""联动图表"和"关系"。其中，触发器选择"地区销售额、利润额与订单数量"下的"区域"（见图 12-38），联动图表选择"各省份运输成本"下的"区域"（见图 12-39），关系保持原选项"="，并单击"确定"按钮，保存设置好的触发器和联动图表（见图 12-40）。

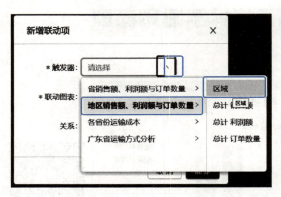

图 12-38　设置触发器

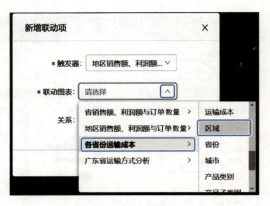

图 12-39　设置联动图表

构建的联动关系如图 12-41 所示，单击"保存"按钮。

第 12 章 公司销售数据分析实训

图 12-40 保存联动项设置

联动关系配置

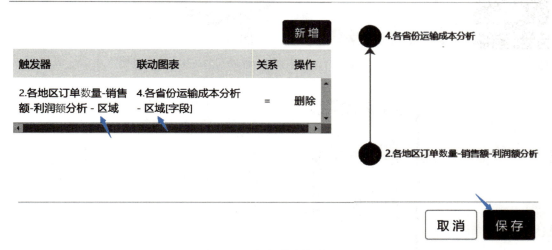

图 12-41 保存联动关系配置

进入联动前的仪表盘界面,则地区销售额、利润额与订单数量中显示"可联动标识",如图 12-42 所示。

单击"地区销售额、利润额与订单数量"中的"华南",则"各省份运输成本"的图形出现明显变化,以此可查看联动结果,如图 12-43 所示。

5. 编辑仪表盘——下钻上卷

鼠标右键单击选择需要下钻的字段(见图 12-44),单击"华北"地区,在"钻取"中选择合适的字段,如"城市"。

得到的钻取结果如图 12-45 所示,接下来可以进一步选择下钻字段,也可以单击图形左下角的"返回"按钮,完成"上卷"。

· 261 ·

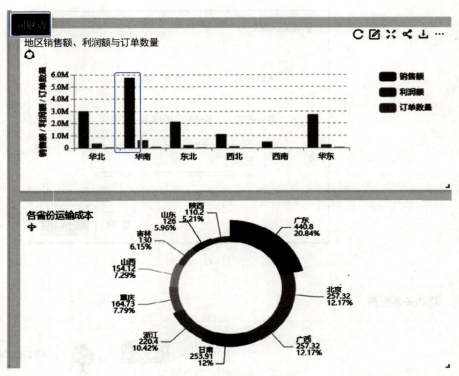

图 12-42 彩图

图 12-42 联动前的仪表盘界面

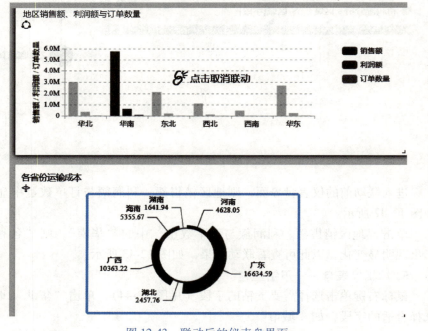

图 12-43 彩图

图 12-43 联动后的仪表盘界面

第 12 章 公司销售数据分析实训

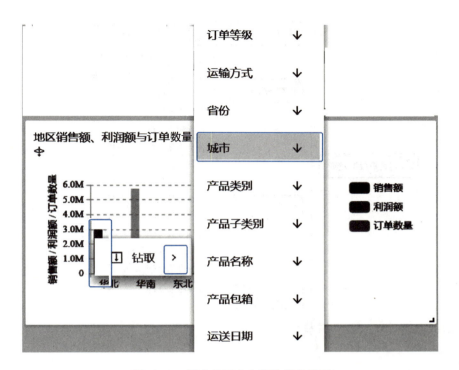

图 12-44 用户地区分布钻取操作界面

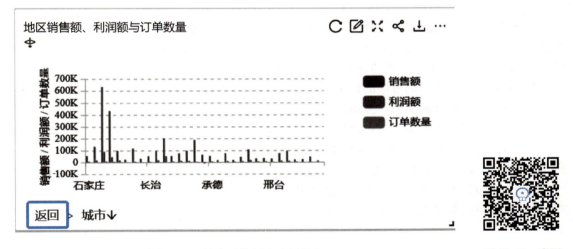

图 12-45 钻取后的用户地区分布 　　　　　　　　　图 12-45 彩图

12.4 实训总结

本次实训从整体销售情况分析、区域分析、产品线分析、客户分析四个角度分析了公司 2009—2012 年间的销售数据，如图 12-46 所示。

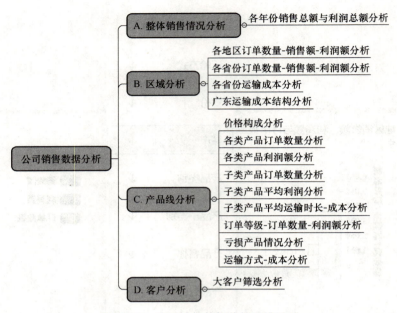

图 12-46　公司销售数据分析思维导图

12.5　实训思考题

由于无法根据现实情况评估数据的准确性,并且在分析过程中没有行业数据或竞争对手的销售数据进行比较参照,本实训中分析的结果可能存在一定偏差。此外,本实训对源数据的挖掘不够充分,还可进行更加深入的分析,例如:

1)分析每个顾客不同等级的订单数量,对顾客的购买能力进行等级划分。
2)分析不同顾客购买的产品类别,识别其产品偏好,以便后期产品的精准营销。
3)分析不同订单等级、订单数量、订单金额与折扣点之间的关系。
4)引入行业/竞争对手的销售数据,确定公司产品的细分市场。
5)筛选区域/省份内购买力最强的大客户。
6)分析包装类型与运输成本之间的关联。
7)通过对产品子类-销售量-产品名称的分析,识别公司各类产品中的热销产品与滞销产品。

参 考 文 献

[1] 张文霖，刘夏璐，狄松. 谁说菜鸟不会数据分析：入门篇［M］. 4 版. 北京：电子工业出版社，2019.
[2] 陈红波，刘顺祥，等. 数据分析从入门到进阶［M］. 北京：机械工业出版社，2019.
[3] 石胜飞. 大数据分析与挖掘［M］. 北京：人民邮电出版社，2018.
[4] 程显毅，曲平，李牧. 数据分析师养成宝典［M］. 北京：机械工业出版社，2018.
[5] BSR 大数据科学研究会. 数据化决策：数据分析与高效经营［M］. 岳冲，译. 北京：人民邮电出版社，2018.
[6] 仓桥一成. 图解商务统计：商务数据分析与精细化运营［M］. 张珺，译. 北京：人民邮电出版社，2018.
[7] 桑文锋. 数据驱动：从方法到实践［M］. 北京：电子工业出版社，2018.
[8] 朱晓峰. 大数据分析概论［M］. 南京：南京大学出版社，2018.
[9] 李军. 数据说服力：菜鸟学数据分析［M］. 北京：人民邮电出版社，2016.
[10] 朝乐门. 数据科学［M］. 北京：清华大学出版社，2016.
[11] 斯夸尔. 干净的数据：数据清洗入门与实践［M］. 任政委，译. 北京：人民邮电出版社，2016.
[12] 佘莉，刘闯，韩筱璞，等. 商务数据分析［M］. 北京：清华大学出版社，2016.
[13] 数极客. 数据分析师常用的数据分析方法有哪些？［EB/OL］.［2021-07-09］. http://blog.sina.com.cn/s/blog_1607b5bb50102zwin.html.
[14] CrazyPM 产品经理. 数据分析三大手法之"细分分析"［EB/OL］.［2021-07-09］. http://www.crazypm.com/zixun/248762.html.
[15] 王艺. 南丁格尔玫瑰图：为敬畏生命而生［EB/OL］.［2021-07-09］. https://www.sohu.com/a/221082306_416207.
[16] 豆瓣小组-鲜肉包. 23 个图表帮你解决可视化烦恼. https://www.douban.com/group/topic/131816495/.
[17] VAPA. 常用数据分析样图案例［EB/OL］.［2021-07-09］. https://www.cnblogs.com/Vapriest/p/12997296.html.
[18] 数据海洋. 一份高质量数据分析报告的三板斧［EB/OL］.［2021-07-09］. http://www.itongji.cn/detail?type=1039.
[19] Cdadata. 优秀的数据分析报告_数据报告的诞生［EB/OL］.［2021-07-09］. http://www.cdadata.com/9554.
[20] LAILQ. 数据分析的 3 大阶段 6 大步骤［EB/OL］.［2021-07-09］. https://blog.csdn.net/u013480893/article/details/90195725?utm_medium=distribute.pc_relevant_t0.none-task-blog-BlogCommendFromMachineLearnPai2-1.edu_weight&depth_1-utm_source=distribute.pc_relevant_t0.none-task-blog-BlogCommendFromMachineLearnPai2-1.edu_weight.
[21] 简书. 躺在稻田里的小白菜. 数据探索［EB/OL］.［2021-07-09］. https://www.jianshu.com/p/a22e8d3101b2.
[22] 云海天教程. 提取在线数据的 9 个最佳网页抓取工具［EB/OL］.［2021-07-09］. https://www.yht7.com/news/27560.
[23] 浙大学报英文版. 60 多类图表的使用场景及制作软件推荐［EB/OL］.［2021-07-09］. https://m.sohu.com/a/302421530_613208.
[24] 数据分析网. 产品经理必会的 10 种数据分析方法［EB/OL］.［2021-07-09］. https://www.afenxi.com/46564.html.
[25] 毕然. 大数据分析的道与术［M］. 北京：电子工业出版，2016.
[26] 数据分析技术. 数据和分析带来五大积极业务成果［EB/OL］.［2021-07-09］. https://blog.csdn.net/jiahaowanhao/article/details/79017395.